Early Childhood Social Education

교육과정 현장 적용을 위한

유아사회교육

김승희 저

양 성 원

머리말

어느 날 한 친구가 재미있는 심리퀴즈를 냈습니다.

“당신은 무인도에 가게 되면 꼭 가져갈 것 3가지는 무엇입니까?‘

무인도.

사람이 없는 곳입니다.

내가 가면 나 밖에 사람이란 없는 곳입니다.

만약 당신이라면 당신은 무엇을 가져갈 것인가요?

…

사람은 먹는 것, 입는 것, 잘 곳이 필요합니다.

하지만 정말 필요한 것은 사람입니다.

그냥 사람도 아니고 친밀히 상호작용할 수 있는 대상입니다.

사람은 상호작용이라는 메커니즘으로 특별한 관계를 만들고 그 관계 가운데에서 참 행복을 누립니다. 그곳이 사회입니다.

한 가정에 한 자녀도 낳기 어려운, 그래서 더욱 개인주의가 부추겨지는 현대사회에서 영유아에게 “관계”를 통한 행복을 알게 해주는 것은 쉬운 일이 아닙니다.

하지만 그래서 더욱 교육이 필요합니다.

본 서 〈교육과정 현장적용을 위한 유아사회교육〉은 맞벌이 부부라는 현대사회의 특징으로 필요불가결해진 영유아의 조기 교육기관의 경험을 통한 사회교육의 중요성을 강조하여 집필되었습니다.

교육과정 현장적용을 위한 이론과 실제, 즉 총 2부로 구성된 본 서는 제1장부터 제7장까지 영유아사회교육의 중요성, 영유아 사회교육 관련이론, 교육과정과 영유아사회교육, 영유아의 사회관계, 영유아의 사회성 발달을 돕는 물리적 환경, 영유아사회교육의 교수학습방법 및 평가, 그리고 영유아사회교육 프로그램으로 구성된 이론편과 제8장부터 제 13장까지 나에 대한 인식과 존중(자아개념), 나와 다른 사람에 대한 감정(정서), 가족관계(애착), 또래관계(우정), 공동체의 중요성1(도덕성), 공동체의 중요성2(사회적 가치와 태도, 기술, 지식)으로 구성된 실제편이 있습니다.

우리 몸의 각 기관이 일정한 신체리듬과 원리를 가지고 움직여야 신비하고 건강한 생명을 갖듯이 영유아가 자신이 속한 사회에서 자신이 지켜야 할 규칙을 준수해야할 중요성이 바로 영유아가 갖고 있는 권리에서 출발하며 그것이 영유아가 누려야할 참 행복의 기초라는 것을 배우는 곳이 바로 어린이집이고 유치원이기를 바랍니다.

그래서 건강한 사회의 비밀이 우리 영유아에게 있다는 것을 증명해 보이는 본 서 〈교육과정 현장적용을 위한 유아사회교육〉 이기를 바랍니다.

특히 본 서에 수록된 실제편에서 교육계획안과 교수자료를 제공해 준 백석문화대학교 유아교육과 학생들이 저의 지도하에 수업에 임하였던 최선의 모습에 감동하여 학생들의 동의를 얻어 자랑스러움을 가슴에 안고 학생들의 이름을 함께 소개하였습니다.

이 책이 집필되기까지 저의 가장 배려심 많은 친구들이 되어 준 양성원의 임직원 분들게 깊은 감사를 드리며, 또 그 분들의 든든한 친구 되어주시는 강철원 대표님께 진심으로 감사의 마음을 드립니다.

심리퀴즈는 정답이 없습니다.

해석이 있을 뿐이지요.

정답이 있든 없든

저는 무인도에 영유아들을 절대로 초대하지 않겠습니다.

2017년 2월

저자 김승희.

차 례

PART 01

교육과정 현장 적용을 위한 "이론"

PART 02

교육과정 현장 적용을 위한 "실제"

PART 01

교육과정 현장 적용을 위한 "이론"

01
CHAPTER

영유아 사회교육의 중요성

사람은 사회 속에서 자신의 존재 의미를 알고 행복을 찾는다. 그것을 찾는 과정에서 사회에서 접하게 되는 많은 환경들이 있다. 인적 · 물리적 환경들과의 상호작용을 통하여 영유아들은 실제적인 사회적 성장을 하게 된다. 그러한 성장에 유의미한 영향을 주는 것은 영유아가 자신에게 있어서 사회가 갖는 의미와 그 사회의 구성원으로서 갖추어야 할 요건을 아는 것에서부터 비롯된다. 영유아가 속해있는 사회에서 유능한 민주시민으로서의 준비를 위하여 영유아의 사회에 대한 의미와 사회구성원의 요건에 대한 영유아 사회교육의 중요성을 되새겨 보고자 한다.

1. 영유아 사회교육의 개념

1) 영유아 사회교육의 정의 및 의미

인간은 출생과 함께 많은 다양한 관계 속에서 자신을 알아가고 주변 환경과 영향을 주고받으면서 자신과 공동체의 행복을 구현하기 위하여 발달 및 성장을 한다. 그것은 인간이 그가 속한 '사회'라는 공동체의 일원으로서 존재 의미를 가지고 있기 때문이다.

인간이 사회적 존재라는 것은 학교교육에서 사회교육의 당위성을 강조하는 것이다.

즉, 사회적 존재라는 것은 인간이 혼자서는 살 수 없으며, 둘 이상의 관계 속에서 살아야 한다는 것을 말한다.

모든 인간은 사회적 존재로 태어난다는 의미에서 공통분모를 갖기는 하지만, 사회생활을 어떻게 하느냐에 따라 사회적 존재로서의 의의와 가치가 달라진다. 여기에 교육의 필요성이 있다. 말하자면 사회교육은 영유아가 유능하게 사회생활을 영위할 수 있도록 필요한 자질을 키워 주는 교육이라고 할 수 있다(박찬옥 외, 2016). 사회구성원으로서 그 사회가 요구하는 가치와 태도를 갖추도록 교육하여 스스로 사회적 유능성을 키우는 것이다. 사회적 유능성은 가치, 지식, 공감, 태도, 기술로 이루어질 수 있다. 하지만 영유아 사회교육의 목적은 그 사회가 어떤 사회든 그 사회 상황에서 유능한 사람을 키우는 것만이 아니다. 이제까지 인류가 이상적 사회로 지향하고 소망해 오던 사회, 즉 민주사회의 가치를 수용하고 그 사회에 적응하는 유능한 민주시민을 교육하는 것이 진정한 목적이다(이순형 외, 2016). 그와 더불어 유아교육의 목적이 영유아의 심신의 건강과 조화로운 발달을 도와 민주시민의 기초를 형성하는 것(교육과학기술부, 2013)이라는 측면에서 영유아 사회교육은 교육과정에서 중요하게 다루어져야 할 영역이라고 할 수 있다.

영유아 사회교육의 사전적 의미는 영유아가 생활방식을 변화시키고 진보시키는데 필요한 기술을 형성하고 지식과 태도, 그리고 가치를 발달시키도록 도와주는 동시에, 문화와 생활방법을 영유아에게 전달하는 영유아 교육과정의 한 영역이라고 하며(유아교육사전, 1997), 미국의 NCSS(The National Council of Social Studies : 미국 사회교육위원회)는 사회교육이 시민적 자질의 증진을 목적으로 하는 사회과학과 인문학을 통합한 학습 분야로, 교육과정 내에서의 사회교육은 인문학, 수학 그리고 자연과학뿐만 아니라 인류학, 경제학, 역사, 법학, 철학, 정치학, 심리학, 종교학 및 사회학 같은 학문에서 학습자에게 적절한 교육 내용을 추출하여 이끌어 낸 통합적이고 체계적인 학습이라고 하였다(NCSS, 1994).

영유아 사회교육의 정의에 대하여 많은 학자들은 다음과 같이 견해를 밝히고 있다.

[표 1-1] 영유아 사회교육의 정의

학자명	영유아 사회교육의 정의
Michaelis (1980)	영유아가 사회적 관계 속에서 사회생활과 의사결정에 잘 참여할 수 있는 민주시민으로 성장하도록 이루어지는 교육
Melendes, Beck, & Fletcher(2000)/ Seefelt(2005)	영유아의 사회성발달뿐만 아니라 역사, 지리, 경제, 다문화교육 등을 포함하는 사회생활 및 사회과학 지식을 통합하여 영유아의 건전한 태도와 가치관을 형성하도록 하는 교육
최혜순 (1992)	영유아에게 사회적 행동기술과 사회과학적 지식을 알려줌으로써 사회적 발달을 촉진하는 과정
이은화, 김영옥 (2008)	영유아가 사회에서 여러 관계를 잘 유지하며 사회생활에 요구되는 인간다운 능력을 길러 현명하게 살아갈 수 있도록 지원하는 교육
최기영 외(2008)	영유아가 민주사회의 시민적 자질의 기초를 함양할 수 있도록 원만한 인간관계 경험과 사회과학은 물론 인문학, 자연과학, 예술 등의 학문 분야를 통하여 기초적인 사회적 지식과 사회적 기술의 습득, 사회적 태도 및 가치관 형성을 돕기 위한 체계적인 교육활동
김규수 외(2015)	영유아를 대상으로 사회생활에 필요한 지식과 개념, 가치와 태도, 행동과 기술을 습득하게 하여 민주시민의 자질을 가진 바람직한 사회구성원이 되도록 돕는 의도적이며 조직적으로 제공하는 교육
박찬옥 외(2016)	영유아가 자신과 주변 세계와의 관계를 탐구하고 판단하는 경험을 통하여 사회적 지식, 기술, 태도를 익히고 활용함으로써 유능한 민주시민으로 성장하도록 돕는 교육영역

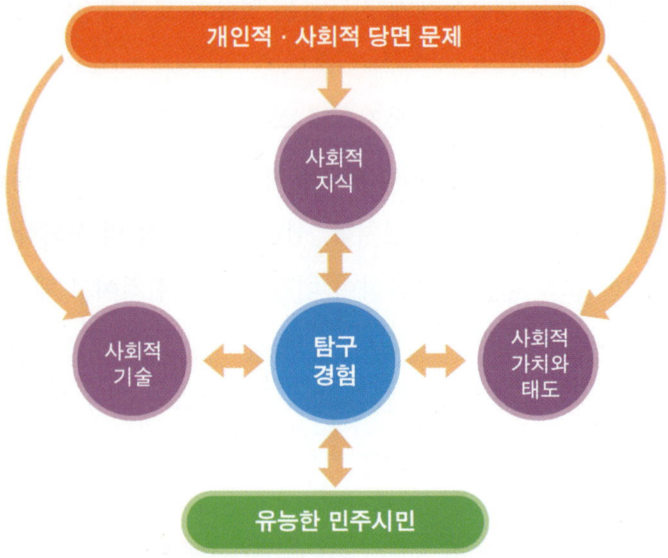

[그림 1-1] 영유아 사회교육의 개념도

2) 영유아 사회교육의 필요성

인간은 출생과 더불어 개인이 원하든 원하지 않든 사회구성원이 된다. 사회구성원이 된다는 것은 그 사회가 가지고 있는 전반적인 환경에 대해 수용과 적응을 해야 함을 의미한다. 이에 영유아 사회교육은 영유아들이 갖는 발달적 특징과 함께 현대사회에서 나타나는 제반현상에 적응하기 위해 사회구성원으로서 요구되는 역량을 갖추기 위하여 영유아들에게 매우 중요한 교육영역이다. 영유아 사회교육의 필요성에 대해 정리해 보면 다음과 같다.

적기(optimal period)이다

영유아기는 모든 발달영역의 기초적 발달을 이루는 최적기이다. 이 시기는 영유아 사회교육의 내용으로 다루는 사회적 가치, 개념, 태도를 비롯하여 바람직한 인성을 형성하기에 매우 중요하다.

✻ 상호보완적 발달을 돕는다

영유아의 사회성발달은 다른 발달영역에 직 · 간접적 영향을 준다. 예를 들면, 사회성이 발달된 영유아는 안정된 관계 형성으로 긍정적인 정서발달을 이루고 그것은 또한 자신감과 성취감을 갖게 하여 사물의 현상에 적극적인 탐구력을 통한 인지발달뿐만 아니라 능동적인 활동 참여를 통하여 신체발달을 이룬다.

✻ 자신에 대한 인식과 존중을 실현한다

영유아가 사회구성원이 된다는 것은 사회 속에서 형성되는 관계 가운데 자신의 모습을 발견하고 상호작용을 통하여 자신에 대한 인식과 존중에 대한 중요함을 알며 자아를 실현하는 데 중요한 의미가 있다. 영유아는 사회교육을 통하여 보다 긍정적인 자기 인식을 돕고 자신에 대한 존중이 유능한 민주시민의 바탕임을 안다.

✻ 사회적응력의 최적화를 돕는다

영유아들이 사회 제반 현상을 바르게 이해하고 새로운 사회문제에 대처할 수 있는 사회문제해결능력, 인간관계 기술, 의사결정능력 등 사회적 능력을 함양하도록 돕는다. 영유아기는 가정을 벗어나 친구, 교사, 이웃 등 타인과 사회적 관계를 확장시켜 나가는 시기이다. 사회적 지식의 습득뿐만 아니라 사회적 기술을 적절히 활용함으로써 바람직한 관계 형성을 돕는 것이 필요하다.

✻ 문제 발생 가능성을 예방한다

영유아는 의사소통, 대인관계, 부모의 양육태도, 주거환경 등 물리적 환경과 인적 환경에 있어서 문제 발생 가능성이 있다. 현대사회의 복합적인 사회구조와 가치의 변화로 영유아들은 성장에 있어서 지속적인 영향을 받고 서서히 사회적응에 있어서 문제를 나타내게 된다. 영유아기의 문제행동은 해결되지 않았을 경우 청소년기의 비행으로 이어져 성인이 되었을 때 사회적 갈등의 원인이 될 우려가 있다.

✻ 창의적 문제해결능력을 증진한다

현대사회는 예측하기 어려운 급변하는 정보로 가득하다. 이를 올바르게 습득하여 당면한 과제 또는 문제에 창의적인 해결능력을 발휘하는 것은 매우 중요한 역량이다. 영유아기는 창의성발달이 극대화를 이루는 시기이다. 이 시기의 사회교육을 통한 문제해결능력의 함양은 영유아가 살아갈 미래사회에서의 행복한 삶의 중요한 열쇠가 될 수 있다.

다문화사회로의 경쟁력이다

글로벌 시대에 맞추어 영유아들은 이제 단일문화가 아닌 다문화에 대한 적응과 수용이 필요하다. 영유아들은 유치원, 이웃, 지역사회에서 자연스럽게 다른 나라 사람들을 만날 수 있고, 그들과 사회적 상호작용이 빈번하게 이루어지는 세계화의 시대에 있다. 하지만 무엇보다 영유아들은 영유아 사회교육을 통하여 사회 · 문화적 차이에 대한 존중을 생활화해야 할 것이다.

2. 영유아 사회교육의 목표 및 내용

1) 영유아 사회교육의 목적 및 목표

모든 교육기관의 교육은 바람직한 민주시민을 기르는 데 그 궁극적인 목적이 있다. Seefeldt(2001)는 모든 교과영역 중 사회교육 영역이 다른 교과교육 영역에 비해 영유아의 사회적 역량, 즉 사회적 지식, 기술, 태도 및 가치를 습득할 수 있도록 도울 수 있는 가장 적합한 교육 영역이라고 주장하였다. 왜냐하면 사회적 역량은 사회 구성원으로서 미래사회에 기능하게 될 필수 역량으로서, 영유아가 삶을 영위하는 가장 기초적인 단위인 가정에서부터 학교, 사회공동체에 참여함을 통하여 이루어지는 배움을 강조하는 사회교육으로 가장 잘 길러지기 때문이다.

이러한 사회적 역량의 함양을 통하여 영유아 사회교육이 이루고자 하는 가장 중요한 목적이자 목표는 유능한 민주시민의 양성이다(박찬옥 외, 2016). 이러한 목적 하에

Michaelis(1980)은 다음의 네 가지 범주로 영유아 사회교육의 목표를 설명하였다(김규수 외, 2015).

(1) 지식 : 지식이란 민주시민으로서 갖추어야 할 기본적인 소양을 위한 개념으로 주변 세계에 대한 이해 및 일반화 개념들을 강조한다.

① 역사, 경제, 사회, 심리 등 사회문화와 관련된 지식들
② 환경, 에너지, 남녀평등과 같은 환경 시사와 관련된 지식들
③ 교통, 통신, 분배, 소비 등과 같은 기능수단에 관련된 지식들
④ 가정, 이웃, 지역사회, 국가 등의 대인관계에 관련된 지식들

(2) 사고과정 : 탐구과정, 인지과정 또는 지적 능력의 과정으로 간주한다.

① 비판적 사고과정의 발달
② 창의적 사고과정의 발달
③ 논리적 사고과정의 발달
④ 문제해결능력의 발달
⑤ 적용능력의 발달

(3) 기술 : 기술은 민주시민 양성을 위한 다양한 사회적 기술 목록들이 포함된다.

① 자신의 의사를 표현하고 설득할 수 있는 언어적 능력
② 집단에 참여하고 결정을 위한 대안들을 선정, 개발할 수 있는 능력
③ 정보를 수집하고 연구, 평가할 수 있는 연구능력
④ 자료를 해석하고 풀어나갈 수 있는 해석능력
⑤ 사회적 갈등해결능력

(4) 민주적 태도 및 가치관 형성 : 유능한 시민으로서 갖추어야 할 민주적 태도와 행동 양식 및 개인의 도덕적이고 윤리적인 가치관 형성에 관련된 목록들이 포

함된다.

① 긍정적인 태도 형성

② 올바른 가치 기준 형성

③ 민주사회 형성을 위한 행동양식 형성

NCSS의 영유아 사회교육의 목적 및 목표

◈ **목적 : 민주시민의 양성**

◈ **목표**

① 영유아 개인의 발달(개인의 긍정적 발달과 효율적 의사결정능력 촉진)

② 영유아의 사회적 시민능력 함양(사회생활에 필요한 지식, 기술, 태도)

③ 사회적 지식 습득(사회생활 적용을 통한 문제해결)

④ 사회적 다양성을 이해하고 존중(다양한 특성의 개인과 문화 존중)

⑤ 세계 시민의식 함양(개인 및 세계시민으로서의 감각발달)

2) 영유아 사회교육의 내용

(1) 사회과학적 지식

영유아에게 사회과학적 지식을 가르치는 것은 실제적인 지식을 알게 하기 위해서라기보다는 영유아로 하여금 자신과 자신이 살고 있는 사회를 알 수 있도록 기본개념 형성을 돕는 것이다(이영자, 유효순, 이정옥, 2001). 영유아 사회교육 내용의 근원이 되는 사회과학 분야로는 심리학, 사회학, 지리학, 역사학, 경제학, 인류학, 생태학 등이 있다(안선, 김희진, 2003). 사회과학의 각 영역에서 영유아 사회교육 내용으로 추천되는 개념들을 구체적으로 살펴보면 심리학에서는 나와 관련된 개념, 사회학에서는 가족, 교육기관, 지역사회, 집단생활, 집단 간의 관계, 국가와 관련된 개념, 지리학에서는 생활장소의 인식, 방향과 위치, 지도, 사는 지역, 지리적 환경에 따른 대처방식, 다

[표 1-2] 사회과학적 지식 내용

사회과학	범주		내용
심리학	나		• 나에 대한 인식 • 나에 대한 존중감
사회학	가족		• 가족의 구조 • 가족구성원의 역할 • 가족 중요성
	교육기관		• 함께 지내는 사람들의 인식, 역할, 관계 • 유치원과 가정의 공통점과 차이점
	지역사회		• 나와 이웃의 관계, 역할 • 동네 기관의 종류와 역할
지리학	방향과 위치		• 사물의 위치와 방향
	지도		• 지도의 기능
	우리가 살고 있는 지역		• 생활 장소로서의 인식 • 지역의 특징 • 주변 지역의 구성과 형태
	지리적 환경과 대처방식		• 사람들이 살고 있는 지리적 환경 • 환경과 생활
	다른 지역 간의 상호작용		• 다른 지역 사람들 간의 상호작용 및 방법
역사학	시간의 경과	시간	• 시간의 순서 • 시간의 흐름
		변화	• 시간의 흐름에 따른 사람의 변화 • 시간의 흐름에 따른 환경의 변화 • 생활방식의 변화
		지속성	• 시간이 흘러도 지속되는 것들
	시점	과거	• 지나간 때
		현재	• 오늘 날짜의 요일, 날씨 • 지금 시각
		미래	• 다가올 때 • 앞으로 할 일
경제학	자원의 부족함		• 사람의 필요와 자원의 유한성 • 재활용
	생산과 소비		• 생산 • 분배 • 소비 • 광고 • 물건구매

	직업	• 다양한 일 • 일의 필요와 즐거움
	돈의 기능	• 돈의 기능 • 돈의 가치
	필요한 것과 원하는 것	• 필요한 것 • 원하는 것
법학	규칙	• 규칙의 필요성 • 규칙의 준수
	책임	• 행동에 대한 책임과 그 필요성
정치학	기본권리	• 사람이 가진 기본 권리
		• 남녀의 권리
		• 학생의 권리와 교사의 권리
인류학	국가	• 세계를 구성하는 여러 나라
	인종	• 사람들의 다양한 외모
	문화적 차이	• 각 나라의 풍습과 생활 • 언어
	공통점	• 여러 나라 사람의 공통점
생태학	상호의존성	• 생태계의 상호의존성 • 자연보호
	환경오염	• 환경파괴와 오염 • 환경오염 방지

출처 : 이옥주(2006). 유아 사회교육의 교수내용지식에 관한 연구.

른 지역 간의 상호작용과 관련 개념, 역사학에서는 시간, 변화, 지속성, 과거, 현재, 미래에 관련된 개념, 경제학에서는 자원의 부족과 재활용, 생산, 분배, 소비, 직업, 돈의 기능과 활용에 관련된 개념, 광고 관련 개념, 인류학에서는 인종, 문화적 차이점과 공통점, 생태학에서는 상호의존성, 환경오염 및 방지, 자연보호 등이고(이옥주, 2006), 정치적 개념으로 단체 깃발, 공약 혹은 선언, 시민 참여 등이 있다(Jarolimek, J., 1986; Seefeldt, 2001). 이에 대해 [표 1-2]에서 정리하여 제시하였다.

(2) 사회적 기술

사회적 기술은 사회과학적 개념들에 대해 지식적인 이해와 가치 및 태도의 형성이 실생활에 구체적 행동으로 나타날 수 있도록 돕는 유용한 능력이다(이영자, 유효순, 이정옥, 2001).

여러 학자들에 의해 추천되는 영유아 사회교육의 내용 중 사회적 기술의 범주는 자기조절 기술, 친사회적 기술, 사회학습 기술의 세 가지로 크게 나눈다. 자기조절 기술은 다양한 방법으로 표현하는 자기점검 기술과 정서 및 행동을 조절하는 자기통제 기술로 나뉜다(나은숙, 2006). 친사회적 기술은 구체적으로 도와주기, 나누어주기, 공유하기, 협동하기, 협상하기와 같은 일상의 사회생활에 필요한 기본 능력이다. 사회학습 기술은 사고 기술이라고도 하며 사회학습을 하는 데 필요한 학습 기술로서 먼저 정보를 탐색하고 정보를 수집하는 방법을 알며, 지구본 지도, 그림, 그래프 등과 같은 상징적 표상을 읽을 수 있는 정보획득 기술(안선, 김희진, 2003)과 비교, 분류, 분석, 요약, 해석, 그래프화할 수 있는 능력과 초보적 형태의 지도를 그릴 수 있는 능력 및 대안과 결론을 통해 결정을 하는 정보 조직 활용 기술(안선, 김희진, 2003)로 나눈다.

(3) 사회적 가치 및 태도

모든 교육이 가치와 관련되어 있지만, 특히 사회교육은 영유아에게 그들의 삶에 있어서 핵심적인 개념들을 이해하고 고려해야 할 많은 선택과 결정의 문제에 있어서 중요한 판단의 기준, 즉 가치관과 관련이 있다. 가치관은 바람직하다고 생각하는 견해라고 정의할 수 있으며(Stevens & Allen, 1996), 생활 속의 여러 상황이나 맥락에서 판단이나 선택을 하게 될 때 일관되게 적용하는 기준과 그것을 정당화하는 근거 혹은 신념을 체계화한 것이다.

[표 1-3] 사회적 기술 내용

사회적 기술	범주		내용
자기조절 기술	자기점검	자기평가	• 자신이 한 행동에 대해 인지하기 • 자신이 한 행동에 대해 다양한 방법으로 표현하기
		자기결정	• 스스로 계획하기 • 자신의 사고와 행동 결과 예측하기 • 스스로 결정하기
	자기통제	정서조절	• 자신 및 타인의 감정 인식하기 • 자신의 감정을 긍정적으로 표현하기 • 분노감정 다루기 • 거절과 금지 수용하기
		행동조절	• 계획한 대로 실행하기 • 맡은 일을 열심히 하기 • 마무리 잘 하기 • 상황에 맞게 욕구를 지연시키기
친사회적 기술	도와주기		• 타인에게 도움 주기
	양보하기		• 자신의 권리 양보하기
	나누어주기		• 자신의 물건 나누어 가지기
	공유하기		• 자신의 물건을 공유하기 • 자신의 생각, 감정, 시간을 타인과 함께 나누기 • 유치원 물건을 함께 공유하기 • 특정인의 관심과 사랑을 타인과 나누기
	협동하기		• 생각이나 힘을 모아 해결하기 • 어려운 일을 함께 하기
	협상하기		• 나와 타인의 의견이 다름을 알기 • 상황에 적절한 의견이나 대안을 제시하기
사회학습 기술	정보획득 기술		• 정보 탐색하기 • 정보 수집 방법 알기 • 지구본, 지도, 그림, 그래프 등 읽기
	정보조직 활용 기술		• 비교, 분류, 분석하기 • 해석, 요약, 그래프화하기 • 초보적 형태의 지도 그리기 • 대안 및 결론을 통한 의사결정하기

출처 : 이옥주(2006). 유아 사회교육의 교수 내용 지식에 관한 연구.

일반적으로 태도란 어떤 특정 대상에게 일관되고 안정된 인지, 감정, 행동 경향을 말한다. 즉, 태도와 가치는 다양한 관점에 따른 인간의 가치나 신념의 질로서 인간의 행동을 결정하는 내적 상태라고 할 수 있으며, 어떤 것에 대해 느끼는 감정이나 정서에 반응 가능한 영향을 주고 어떻게 행동할 것인가를 결정하는 요소로 설명된다(이은화, 김영옥, 2000).

[표 1-4] 사회적 가치와 태도 내용

사회적 가치와 태도	범주	내용
보편적 가치	예절	• 상황에 맞는 행동하기 • 적절한 인사말 하기 • 어른을 공경하기
	정직	• 잘못을 솔직하게 말하기 • 거짓말하지 않기 • 도둑질하지 않기
	절약	• 물건 및 자원을 아껴 쓰기 • 자신 및 타인의 물건 간수 잘 하기 • 저축하는 습관 갖기
	긍정적 사고	• 친구의 좋은 점 찾기 • 남에게 고마운 마음 갖기
	타인 존중	• 적절한 호칭 사용하기 • 남의 생각 존중하기 • 타인 방해하지 않기
	전통윤리 존중	• 조상의 문화적 유산 존중하기 • 전통예절 존중하기 • 명절 때의 바른 태도 인지하기
	청결	• 영유아 자신을 청결하게 하기 • 영유아 주변을 청결하게 하기
개별적 가치	개인의 종교	종교의 선택이 다를 수 있음을 알고 존중하기
	개인의 정치적 신념	지지하는 신념이 다를 수 있음을 알고 존중하기
	개인의 선호	개인이 좋아하는 것이 다를 수 있음을 알고 존중하기

출처 : 이옥주(2006). 유아 사회교육의 교수 내용 지식에 관한 연구.

영유아 사회교육 내용으로서 가치와 태도는 크게 사회에서 공통적으로 필요로 하는 보편적 가치와 개별 영유아에게 특수한 개별적인 가치로 구분할 수 있다(이영자, 유효순, 이정욱, 2001). 보편적 가치로는 자신에 대한 긍정적인 태도 및 가치, 지식 및 학습에 대한 긍정적인 태도 및 가치, 민주적인 태도 및 가치가 포함된다. 구체적으로 영유아에게 형성되기를 바라는 민주적 태도 및 가치에는 개인의 가치, 자유와 책임, 공정성, 평등, 개인권리의 보호 및 강화, 그리고 민주적 의사결정이 포함된다. 개별적 가치는 각 개인에 의해서 수용되는 특수한 가치로서, 어떤 특정한 경향의 음악, 옷, 종교적 믿음, 정치적 신념 등을 선호하는 것과 같은 개인적인 취향이나 선호에 의해서 결정되는 것을 말한다. 이에 대하여 [표 1-4]에 정리하여 제시하였다.

3. 영유아 사회교육의 방향

1) 영유아 사회교육의 성격

그동안 사회교육학계에서는 사회교육의 방향을 크게 두 가지 차원에서 구분하여 논의해 왔다. 하나는 사회과학적 지식 중심의 입장이고, 다른 하나는 사회적 기술 및 태도 중심의 입장이다. 사회과학적 지식을 강조하는 학자들은 과거로부터 현재, 미래에까지 이르는 사회현상과 제도, 생활 면에 복잡하게 얽혀 있는 지식들에 대한 습득이 중요하다고 주장한다. 그러나 사회과학 분야에 대한 결과적인 지식을 수동적으로 수용하는 방식보다는 유아가 스스로 다양한 문제 상황을 탐구하는 경험을 통해 사회과학적 지식을 구성 또는 재구성하는 방식이 효과적이다. 또한 사회성발달론자들은 사회적 기술, 태도 등의 습득이 민주시민 육성의 기초임을 주장한다. 기본생활습관에서부터 친사회적 행동 기술 등 실제 삶에 적용될 때 사회적으로 유능한 민주시민이 된다고 본다.

다음은 영유아 사회교육의 성격을 바탕으로 현대 영유아 사회교육이 갖추어야 할 조건이다(박찬옥 외, 2016).

✻ 통합적이어야 한다

실제로 사회문화적 상황은 단일한 성격이라기보다는 여러 가지 요인들에 의해 얽혀서 만들어지는 것이므로 영유아가 한 가지 상황이나 맥락에 처한다 해도 실제로 상황에 내재되어 있는 여러 가지 요인들을 동시에 경험하게 된다.

✻ 유의미한 학습이 되어야 한다

영유아가 영유아교육기관에서 만나게 되는 사물이나 현상, 인물들이 모두 영유아에게 의미 있게 다가오는 것은 아니다. 영유아가 흥미와 동기가 유발되어 스스로 자발적으로 대상에게 접근하여 다양한 방법으로 탐색 · 시도함으로써 관련된 지식, 기술, 태도를 습득하고 행복할 수 있을 때 그 학습은 영유아에게 유의미하다.

✻ 흥미로운 것이어야 한다

학습의 동기를 이끄는 흥미에 대하여 Seefeldt(2001)는 영유아 사회교육에 있어서 영유아의 흥미에 영향을 미치는 요인으로 직접 학습, 자기 선택, 사회적 상호작용을 들었다.

2) 영유아 사회교육의 동향

각 시대와 사회가 가지는 특징에 따라 영유아 사회교육은 그 접근방식에 있어서 다르게 수행되었다. 다음 [표 1-5]는 Seefeldt(2001)와 Banks(2008)에 의한 영유아 사회교육의 접근방식에 대해 비교 정리한 것이다.

[표 1-5] 영유아 사회교육의 접근방식

접근방식	의미	장점	단점
사회생활 (1920 ~ 30년대)	사회적 기술이 민주시민생활에 필요하다.	사회적 기술은 민주사회에서 살아가는 데 중요하다. 협동하기, 나누기, 협상하기, 타인 입장 고려하기 등의 능력이 길러질 수 있다.	사회적 학습의 복잡성은 간과되고 단순한 습관훈련과 기술 형성에 초점을 두기 쉽다.
직접 환경 (1930년대)	주변 환경을 직접 경험하면서 상호 관계성을 인지한다.	현재 직접 경험하는 세계에 작용하는 현상들 간의 관계성을 감각적으로 인식할 수 있다.	가족, 지역사회 등 주제를 단순화하여 사실적 지식들을 전달하는 데 그칠 수도 있다.
공휴일 (1930년대 이후)	공휴일은 가족, 사회, 문화를 즐겁게 인식할 수 있는 자원이다.	다른 나라나 지역의 문화를 다각도에서 심층적으로 이해할 수 있다.	전형적인 관광식 위주의 내용들을 열거하는 데 그칠 수도 있다.
개념의 구조화 (1960년대)	사회과학적 개념 형성은 중요한 사회적 능력이다.	개념 형성을 위한 사회적 탐구과정이 강조됨으로써 유아의 비판적 사고력이 길러질 수 있다.	자칫 자식 중심으로 흐를 수 있다.
사회문화적 환경 (1960년대 이후)	사회문화적 환경은 유아발달에 중요한 요인이다.	사회적 지식, 기술, 태도가 통합적으로 유의미하게 이루어질 수 있다.	다양한 사회문화적 현상이나 환경에 관련된 사실들을 단순하게 전달하는 데 그칠 수도 있다.
다문화 시대 (1990년대 전후)	문화적 다양성은 사회교육의 가치 있는 자원이다.	서로 간의, 문화 간의 차이를 존중하고 융합하여 새로운 문화를 창출하는 힘을 기를 수 있다.	다양한 문화적 자료나 사실들을 수집하거나, 반편견의식만을 강조하는 데 그칠 수도 있다.

출처 : 박찬옥, 서동미, 엄은나(2016). 유아사회교육.

영유아 사회교육은 영유아들이 유능한 민주시민이 되기 위하여 모든 사회과학적 지식과 가치, 태도를 습득하도록 강요하는 것이 아니다. 영유아기에는 성인기에 필요한 복잡한 지식, 기술, 태도를 정교화하는 데 필요한 기초요소로서 직관적 수준의 아이디어와 관심을 발달시켜야 한다(NCSS, 1989). 영유아 사회교육을 통하여 영유아들은 자신의 존재를 알아감으로써 얻게 되는 자아존중감에서부터 성인기에 있을 각종 갈등문제에 대한 해결력을 함양하면서 건강하고 행복한 사회의 주역으로 준비될 것이다.

02
CHAPTER

영유아 사회교육 관련 이론

사회 속에서 영유아가 행복한 삶을 영위해야 하는 필요성만큼 이루어져야 할 영유아 사회교육의 바람직한 수행을 위해서는 영유아에게 있어서 사회성은 어떤 의미가 있고, 왜 사회성이 발달해야 하며, 사회성은 어떻게 발달되는지에 대한 이론에 대한 이해가 수반되어야 한다. 본 장은 영유아 사회교육을 통하여 증진될 사회성발달 및 사회성발달 관련된 이론적 접근을 살펴봄으로써 영유아 사회교육이 현장에 적용되는 원리를 보다 근본적으로 알아보고자 한다.

1. 사회성발달이론

1) 사회성의 개념

사회성의 사전적 의미는 한 개인이 사회적응을 어느 정도로 하느냐와 대인관계의 원만함의 정도이다. 애착이 어떤 특정한 사람과의 친밀함에 대한 의미를 가진다면, 사회성은 보다 다양한 사람과의 긍정적인 관계 형성에 대한 의미를 뜻한다(국립특수교육원, 2009). 또한 영유아 사회교육의 궁극적 목적인 민주시민의 역량인 사회적 유능성은 주어진 맥락과 문화 내에서 가치 있게 여겨지는 대인관계 내에서의 목적과 사회적 결과에 대한 성취를 이루기 위하여 사고, 정서, 행동을 통합하는 능력이다(Dundee University, 1999 ; McCay & Keyes, 2002). 즉, 사회적 유능성은 사회가 적절하게 수용할 수 있는 방식으로 사회적 상황을 인식하고, 해석하고, 반응하는 개인의 능력이라고 할 수 있다(Kostelnik et al., 2009).

사회적 유능성의 정의는 사회마다 다르다. 사회마다 강조하는 가치에 따라 또는 표현되는 행동에 따라 다르게 정의되지만 일반적으로 대부분의 사회에서 사회적 유능성으로 강조되는 공통적인 요소는 다음과 같다.

✲ 사회적 가치

배려, 공평성, 사회적 공정성, 정직, 책임감, 건강한 생활습관과 성적 태도, 융통성

✲ 긍정적 자아정체감

유능감, 개인적인 힘, 가치 있다는 느낌, 목적의식, 자신의 미래에 대한 긍정적 관점

✲ 대인 간 기술

친근한 관계 유지하기, 생각 · 욕구 · 감정 전달하기, 애정 표현하기, 협동, 타인에

게 친근하게 접근하기, 자신의 정서 표현하기, 타인의 정서 이해하기, 사회적 상황을 정확하게 파악하기, 다양한 사회적 상황의 요구에 따라 행동조절하기, 갈등을 평화적으로 해결하기, 좌절 상황을 건설적으로 극복하기, 정서적 지원 주고받기, 타협하기, 자신의 생각을 주장하고 타인의 생각 수용하기, 타인의 권리 인정하기

자기조절

감정 반영하기, 충동 통제하기, 만족 지연하기, 유혹에 저항하기, 또래 압력 극복하기, 자기 자신 돌아보기

계획하고 결정하기

선택하기, 문제해결하기, 계획 세우기, 미래 계획하기, 사회적 목표 성취를 위해 긍정적인 행동 수행하기

문화적 유능성

다양한 배경을 가진 사람들에 대한 지식, 위안 및 존중하기, 문화적으로 다양한 배경을 가진 다른 사람들과 효과적으로 상호작용하는 능력, 불공정한 처우 인식하기, 불공정한 처우에 대해 이의 제기하기, 사회적 공정을 위해 행동하기

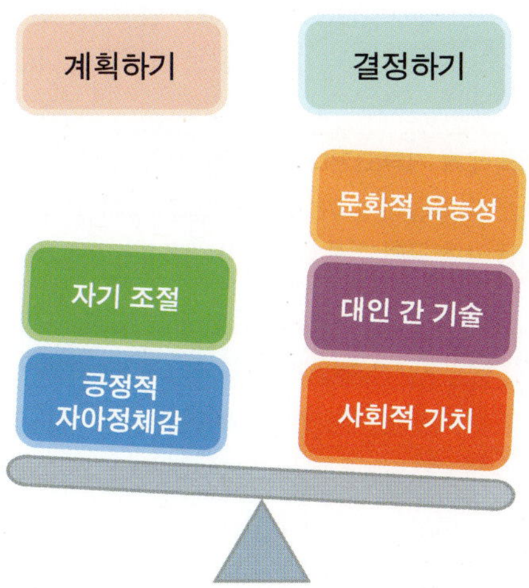

[그림 2-1] 사회적 유능성의 요소

[표 2-1] 사회적으로 유능한 영유아에게서 관찰되는 행동

구분	행동 특성
개인적인 속성	• 대체로 기분이 좋다. • 교사에게 지나치게 의존하지 않는다. • 대체로 교육기관에 자발적으로 온다. • 대체로 좌절을 적절히 극복한다. • 다른 사람에게 공감할 수 있는 능력을 보인다. • 한두 명의 또래와 긍정적인 관계를 형성하여 진심으로 배려하고, 이들이 결석하면 보고 싶어 한다. • 유머를 이해하는 능력을 보인다. • 심하게 외로워하지 않는다.
사회적 기술	• 대체로 다른 사람에게 긍정적으로 다가간다. • 자신이 바라는 것과 좋아하는 것을 분명하게 표현하고, 자신의 행동이나 입장에 대한 이유를 제시한다. • 자신의 권리와 요구를 적절하게 주장한다. • 자신을 괴롭히는 또래에게 쉽게 위협받지 않는다. • 욕구불만과 분노를 효과적으로 표현하고, 논쟁을 증폭시키거나 다른 사람에게 해를 입히지 않는다. • 놀이나 작업이 진행되고 있는 집단에 다가가서 참여할 수 있다. • 진행 중인 대화나 활동에 참여해서 적절하게 기여할 수 있다. • 차례를 잘 지킨다. • 다른 사람들에게 관심을 보이고, 정보를 교환하며, 적절하게 정보를 요청할 수 있다. • 다른 사람들과 적절하게 협상하고 타협할 수 있다. • 부적절하게 주의를 끌거나 다른 사람들의 놀이나 일을 방해하지 않는다. • 다른 나라에 온 또래나 성인을 수용하고 함께 즐긴다. • 미소 짓기, 손 흔들기, 끄덕이기와 같은 몸짓으로 다른 아이들과 비언어적으로 상호작용한다.
또래관계	• 다른 아이들에게 거부되거나 무시되기보다 대체로 수용된다. • 때때로 다른 아이들이 놀이, 우정, 작업을 함께 하자고 청한다. • 다른 아이들이 친구라고 부르고 같이 놀이나 만들기를 하자고 한다.

출처 : McClellan & Katz(2001). Assessing young children's social competence. ERIC Clearinghouse on Elementary and Early Childhood Education.

2) 사회성발달이론

영유아는 출생과 함께 주 양육자와 맺는 관계를 통하여 사회성발달이 시작된다. 사람들과의 상호작용이라는 메커니즘으로 이루어지는 사회화에 대하여 많은 학자들의 이론을 살펴보고자 한다.

(1) 정신분석적 접근

정신분석적 접근에서는 인간의 사회 · 정서발달이 일련의 단계를 따라 발달한다고 본다. 여기에는 Freud의 심리성적 이론과 Erikson의 심리사회적 이론이 있다.

① 심리성적 이론

Freud(1856~1939)는 인간 행동의 동기가 기본적 욕구 충족에 있다고 보았다. 이러한 욕구와 동기는 대부분 인간이 의식하지 못하는 무의식 속에서 기능하여 원초아, 자아, 초자아로 구성되는 인간의 성격구조를 이룬다.

✲ 원초아(id)

쾌락원리(pleasure principle)에 따르며, 선천적인 생물학적 본능을 포함하는 무의식의 세계에 존재한다. 출생 시에 가지고 태어나며, 성격구조의 가장 원초적인 부분이다.

✲ 자아(ego)

현실원리(reality principle)를 따르며, 충동을 억제하고 현실을 고려하는 자아로서 즉각적인 욕구 충족을 하려는 원초아와 현실 사이의 갈등을 해결하면서 발달한다. 생후 6~8개월에 나타나 1~2년이 지나면서 발달을 시작하여 2~3세까지 수립되며, 성격구조에서 이성적, 논리적, 문제해결의 기능을 가지고 있다.

✲ 초자아(super-ego)

영유아는 사회화 과정에서 자신이 속한 사회의 규칙과 기준을 습득하는 가운데 부모와의 동일시로 부모의 도덕적 기준과 가치를 내면화시키면서 초자아를 발달시킨다. 이렇게 내재화된 기준과 가치는 그것을 어길 시에 죄책감을 동반하게 되어 그에 대한 행동을 자제하게 된다. 옳고 그름을 판단할 수 있도록 또 영유아가 자신의 행동을 통제할 수 있도록 양심의 원리에 따르며 5~6세부터 10~11세 사이에 발달한다.

Freud는 '리비도'라는 성적 에너지에 따른 본능을 강조하였는데, 리비도의 집중 부위에 따라 다섯 단계의 발달을 설명하였다. 각 단계마다 욕구가 충족되면 다음 단계로 이행되나 욕구 충족이 되지 않았을 경우에는 고착(fixation)이 일어나 그 단계의 특징에 따른 고착행동이나 고착성격으로 나타난다.

[표 2-2] Freud의 심리성적 발달단계

단계	연령	내용
구강기 (oral stage)	출생~1세	• 리비도가 입 주위에 집중 • 빨기, 깨물기, 삼키기 등 입의 행동으로 쾌감을 얻음 • 과도한 구강만족이나 결핍은 구강기 고착행동 특성으로 나타남(우유부단, 의존적인 성격과 과음, 폭식 등). ● **성공적 해소** 지나친 의존이나 질투심 없이 다른 사람과 신뢰하며 상호작용하고 자기 신뢰를 잃지 않고 다른 사람에게 의지하는 능력 획득
항문기 (anal stage)	1~3세	• 리비도가 항문에 집중 • 배설물의 배설과 보유를 통하여 쾌감을 얻음 • 배변훈련으로 본능적 욕구의 만족지연을 요구받음 • 처음으로 사회 기대에 순응하며 타인의 요구를 고려 • 지나친 배변훈련이나 청결이 강요됨으로써 고착행동으로 나타남(인색하고 강박적인 성격 등). ● **성공적 해소** • 개인적 자율성, 독립적인 능력, 죄책감이나 수치심을 느끼지 않고 행동하는 자기결정능력, 다른 사람에게 지나치게 고집부리지 않고 자기비하 없이 협력할 수 있는 능력 획득
남근기 (phallic stage)	3~6세	• 리비도가 성기에 집중 • 이성부모에 대한 강한 애정으로 남아는 오이디푸스 콤플렉스, 여아는 엘렉트라 콤플렉스 경험 • 콤플렉스 극복을 위한 동일시과정으로 초자아 형성 ● **성공적 해소** 성 주체성을 확립하고 건전한 호기심과 건강한 지적 욕구발달. 주위 환경의 대상에 대한 통제심과 충동 억제 기능의 초자아 획득

잠복기 (latency stage)	6~12세	• 리비도가 인지적 · 사회적 활동으로 집중 • 학업과 기술 및 또래관계 형성에 전념 • 성적 욕구가 억압되어 무의식 속에 잠재 ● **성공적 해소** • 실패나 패배에 대한 큰 두려움 없이 자율적인 근면성 획득, 일과 사랑에 만족을 얻을 수 있는 기초 마련
생식기 (genital stage)	12세 이후	• 리비도가 이성에게 집중 • 신체적 · 성적 성숙으로 성적 욕구의 표출 • 현실 적응을 돕는 자아와 적절한 초자아의 발달이 이상적 ● **성공적 해소** 성적 욕구를 다스리는 능력과 성숙한 대상과의 관계 형성. 부모로 독립하여 자아정체성 확립, 자기실현능력과 일 · 사랑에 의미있는 참여. 창조적이고 생산적인 목표와 가치 추구.

출처 : 이순형 외(2016). 유아사회교육.

Freud는 이러한 단계를 통하여 사회화가 이루어지며 한 개인에게 인생의 초기 경험이 사회화에 있어서 결정적이라고 주장함으로써 부모 양육방식의 중요성을 강조했다.

정신분석적 이론에서 사회화는 다른 사람들의 행동을 '모방'하여 그들의 특징들을 자신의 것으로 만들고자 하는 '동일시'를 통하여 발달한다. 모방은 1세 미만부터 가능하고 동일시는 표상(representation)을 할 수 있는 2세 이후부터 할 수 있다(장혜순, 2006). 영유아들이 동일시를 통하여 오이디푸스적 또는 엘렉트라적 위기를 극복하고 초자아를 형성하게 되는데, 그로 인해 나타나는 영유아들의 친사회적 행동은 자발적이기보다 죄책감 때문에 잘못된 행동을 피하고 따르려는 친사회적이며 도덕적인 가치기준의 표현이라는 것이다.

② 심리사회적 이론

Erikson(1902~1994)은 영유아가 사회적 요구와 기대 속에서 자신의 개인적 욕구와 능력을 잘 조절함으로써 발달한다고 보았다. 사회적 맥락을 강조하며 8단계로 전 일생의 발달적 접근을 설명하며 각 단계에는 해결해야 할 심리사회적 위기(psychosocial crisis)가 있음을 제시하였다. 이 위기의 극복 여부에 따라 영유아들은 성격을 형성하게 된다.

[표 2-3] Erikson의 심리사회적 발달단계

단계	심리사회적 위기	연령	내용
1	기본적 신뢰감 vs 불신	출생~1세	• 일관성, 예측 가능성, 신뢰성 있는 양육자와의 상호작용
2	자율성 vs 수치심	1~3세	• 영아의 자율성 연습 – 원할 때 잡아당기고 원하지 않을 때 밀쳐내기 – 걸어다니면서 외부세계 탐색 – 스스로 밥 먹으려 함 – '안 돼', '싫어'라는 말로 외적인 통제 거부 • 배변훈련 (괄약근 통제) • 위기를 해결하는 정도에 따라 의지(will) 발달
3	주도성 vs 죄책감	3~6세	• 계획을 세우고 목표를 설정하여 달성하려는 노력 • 목표달성의 희망을 잃을 때 위기가 옴 • 오이디푸스적 • 흥미 있는 계획에 동등한 자격으로 참여하게 함으로써 도움 • 가장 중요한 사회적 대상은 가족, 특히 부모
4	근면성 vs 열등감	6~12세	• 자아성장의 결정적 단계 • 인지적 · 사회적 기술 숙달 • 자신의 근면성에 자신감을 갖지 못하면 열등감 느낌 • 중요한 사회적 대상은 교사와 또래친구
5	정체감 vs 역할 혼미	12~20세	• 아동기와 성인기의 교차점 • 기본적인 사회적 · 직업적 정체감을 형성하지 못하면 역할 혼미를 느껴 생의 후기를 부정하거나 영웅에 대한 무조건적 동일시나 충성 보임 • 중요한 사회적 대상은 또래 친구
6	친밀감 vs 고립감	20~24세	• 친밀한 우정, 동료애, 사랑을 만들지 못하면 고독감과 고립감 느낌 • 중요한 사회적 대상은 애인, 배우자, 친한 친구
7	생산성 vs 침체감	24~65세	• 생산성의 기준은 문화에 따라 다름 • 생산적인 자신의 일을 하거나 자녀 출산과 양육 • 자신에 대해 생산성을 느끼지 못할 때 자기중심적 태도 • 중요한 사회적 대상은 배우자와 자녀
8	자아통합 vs 절망	65세 이상	• 지나온 생애가 성공적이고 행복하면 자아통합감 • 가장 중요한 것은 일생 동안의 사회적 경험

출처 : 김혜금 외 (2014). 유아사회교육.

(2) 성숙주의적 접근

성숙주의이론은 영유아의 사회화를 평가하기 위해 각 연령에 따라 나타나는 표준 행동을 정하여 평가의 준거로 적용한다. Gesell은 각 연령별 영유아의 행동발달을 관찰하여 수집하고, 각 연령에 맞는 발달상의 '규준(norm)'을 발견하여 정리하였다. 규준이란 고정불변의 엄격한 사실을 강조한다는 것이 아니라 특정한 연령층에서 볼 수 있는 행동의 지표이다. 이러한 성숙주의 입장에서의 발달상 규준은 영유아의 발달을 객관적이며 상대적으로 이해할 수 있도록 돕는다는 측면에서 큰 의의가 있다.

이 이론에 있어서의 사회화란 성장과정에서 이루어지는 사회적 경험을 자연스럽게 전개되는 발달단계에 따라 순차적으로 습득해 가는 것을 말한다. 즉, 성숙주의 접근에서는 각 연령별 행동 규준에 비추어 영유아의 사회화를 평가하고 사회화 과정을 자녀 양육의 이루어지는 실제와 관련된 규준을 부모에게 알리고 양육의 방법을 자문해 주는 것을 주된 임무로 한다(조순옥 외, 2016).

하지만 영유아의 사회화 정도를 너무 지나치게 규범적 척도에 의존하여 평가함으로써 자칫 영유아의 발달을 규준에 맞도록 재촉할 수 있는 맹목적 목표를 갖게 되는 우려와 함께 사회화 과정에서 환경의 영향을 소홀히 한다는 점, 그리고 점차 이루어지는 사회화 과정에의 지체나 일탈 등에 대한 미흡한 설명이 비판의 내용이 되고 있다(김혜금 외, 2014).

(3) 인지발달적 접근

Piaget는 영유아의 사회화 과정이 영유아가 속해 있는 사회에서 주어지는 수많은 정보들에 대한 동화, 조절과정에 의한 인지발달과 병행하는 사회적 상호작용이라고 보았다. 영유아는 인지발달과 함께 그가 속한 사회로부터 정보를 수집하고 표상하고 처리하는 능력의 변화뿐만 아니라 정보에 대한 해석의 변화도 경험함으로써 그에 대하여 다르게 반응할 수 있다. 즉, 사회화 과정은 영유아의 인지발달단계에 따른 끊임없는 사회적 상호작용을 통하여 사회적 행동을 지속적으로 습득해 나가는 과정이라고 할 수 있다.

도식(scheme)

영유아가 자신의 경험을 이해하기 위해 구성하는 조직화된 사고와 행위 패턴으로서의 인지구조로, 조직화와 적응이라는 기제를 통하여 환경과의 끊임없는 접촉으로 획득

조직화(organization)

사용가능한 도식들을 지식체계로 결합하고 통합하는 과정

적응(adaptation)

환경의 요구에 순응하기 위하여 선천적으로 가지고 태어나는 기능으로서, 동화와 조절을 통하여 인지구조의 불평형상태에서 평형상태를 이루어 인지발달을 한다.

① **동화**(assimilation) : 외부의 자극을 자신이 이미 가지고 있는 도식으로 통합하여 해석하는 인지과정

② **조절**(accommodation) : 새로운 정보를 받아들이는 데 기존의 도식을 수정하는 과정

③ **불평형**(disequilibrium) : 새로운 경험과 기존 정보의 인지구조 사이에 불일치로 긴장과 갈등을 유발하는 상태

[1]

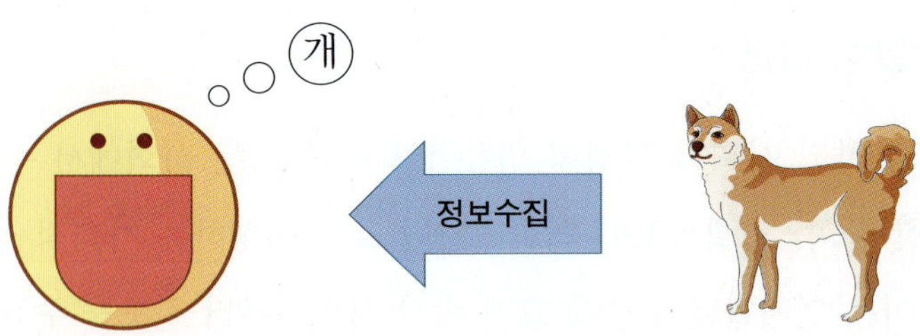

〈정보수집단계 : 개에 대한 기존 정보를 가지고 있다〉

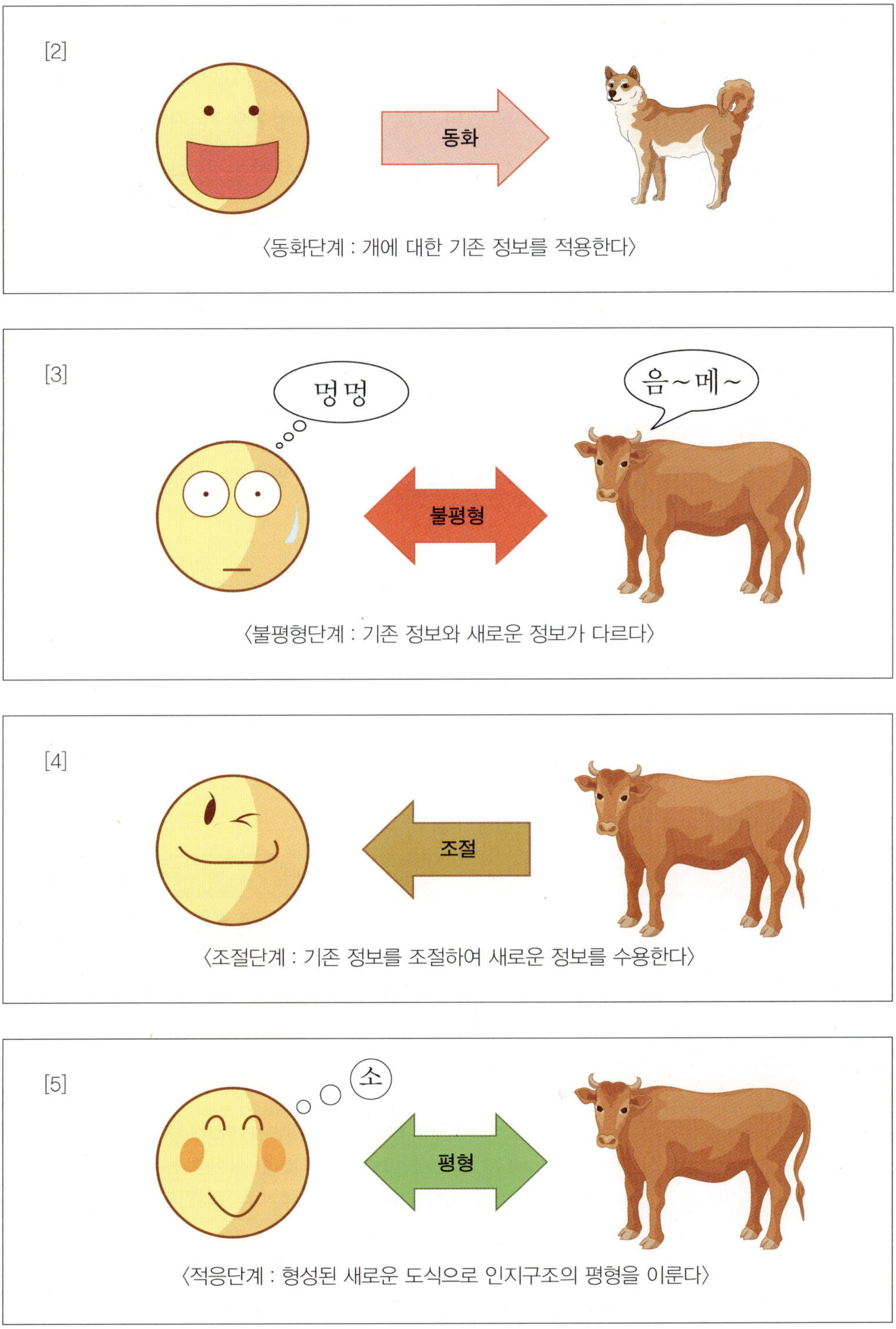

〈동화단계 : 개에 대한 기존 정보를 적용한다〉

〈불평형단계 : 기존 정보와 새로운 정보가 다르다〉

〈조절단계 : 기존 정보를 조절하여 새로운 정보를 수용한다〉

〈적응단계 : 형성된 새로운 도식으로 인지구조의 평형을 이룬다〉

[그림 2-2] 동화와 조절을 통한 적응과정

[그림 2-2]는 영유아가 동화와 조절을 통하여 주변 환경인 사회에 적응하는 과정이다. 예를 들면, [1] 영유아는 머리가 1개, 다리가 4개, 꼬리가 1개, 귀가 2개인 동물이 "개" 라는 기존 정보를 가지고 있었다. [2] 어느 날 영유아가 가지고 있는 기존 정보에 맞는 동물을 대면하고 그 대상에 기존 정보를 적용하는 동화를 한다. [3] 그런데 다른 날 영유아는 기존 정보와 같은 대상(소 : 머리가 1개, 다리가 4개, 꼬리가 1개, 귀가 2개)을 대면하게 되어 "개"라고 동화를 하려고 한다. 그때 그 동물이 "음~메~" 소리를 냄으로써 영유아는 기존 정보의 "개"의 소리는 "멍멍"이라는 것을 생각하고 인지구조의 불평형을 경험한다. [4] 새로운 대상을 만난 것을 안 영유아는 그 대상이 "개"가 아니라 "소"임을 인지하고 새로운 정보를 수용하여 기존 정보를 조절한다. [5] 새로운 정보의 수용으로 형성된 새로운 도식으로 인지구조의 평형을 이루며 영유아는 환경에 적응하게 된다.

영유아의 사회화 과정에 영향을 미치는 인지발달은 4단계로 나누어지며, 각 단계에 따른 사고구조의 특성과 한계가 있으므로 인지적 구성주의이론이라고도 하였다. Piaget의 인지발달단계를 사회성발달과 연관하여 [표 2-4]에 제시하였다.

[표 2-4] 사회성발달 관련 Piaget의 인지발달단계

단계	연령	내용
감각운동기 (sensory motor stage)	출생~약 2세	• 자신의 감각이나 운동을 통해 환경을 경험 (단순 반사 ➜ 복잡한 협응행동) • 6개월경 외부의 대상과 자신의 신체의 분리 인식 • 대상영속성 개념 형성 • 지연모방 가능 • 후기에 친숙한 대상에 대한 상징 사용 가능
전조작기 (preoperational stage)	약 2~7세	• 전개념적 사고(preconceptual thinkng)단계 : 2~4세경 – 내적인 표상을 여러 가지 다양한 상징이나 기호로 표현 – 상상놀이 중 역할놀이는 사회성과 사회인지능력 발달 촉진

		• 직관적 사고(intuitive thinking)단계 : 4~7세 – 가장 발달한 지각적 속성에 의해 그 대상이나 사태의 성격을 판단하는 사고양식 – 주변 세계를 설명하고 예측하는 단순한 규칙 형성 – 사람의 동일한 외적 측면에 주목 ➡ 다른 사람의 의도, 동기 파악하지 못함 – 보존개념 형성되지 않았음 – 자기중심적 사고 – 후기에 탈중심화를 통하여 조망수용과 사회적 역할수용이 가능해짐
구체적 조작기 (concrete operational stage)	약 7~11세	• 사물의 이면에 있는 기본적 규칙성 파악 • 사람과 사물의 불변적인 기본적 속성을 앎 • 조망수용능력 생김 • 사회적 도식 ➡ 쉽게 상상할 수 있고 친숙한 사람이나 사상
형식적 조작기 (formal operational)	약 11~15세	• 구체적 사실에 얽매이지 않고 가상적인 추론이 가능 • 다른 사람의 세계로부터 자신을 분리하여 가치 부여

출처 : 김혜금 외(2014). 유아사회교육.

(4) 사회문화적 접근

Vygotsky는 영유아가 자신의 경험을 바탕으로 능동적으로 세상을 탐색하는 존재라는 Piaget의 의견에 동의하되, 인간의 발달이 개인이 속한 사회문화적 맥락 안에서 부모, 교사 그리고 유능한 또래와의 상호작용을 통해 이루어진다고 주장한다(Shaffer, 2009).

Vygotsky는 영유아의 사회화 과정을 위한 사회적 상호작용에 있어서 비계설정(scaffolding)과 근접발달영역(ZPD : Zone of Proximal Development)이란 개념을 중요하게 다룬다. 근접발달영역이란 학습자가 다른 사람의 도움 없이 스스로 달성할 수 있는 실제적 발달수준과 다른 능숙한 사람의 도움을 받아 달성할 수 있는 잠재적 발달수준 사이의 범위를 말한다. 현재 실제적 발달수준이 같아도 잠재적 발달수준이 다를 수 있으므로 근접발달영역은 개인에 따라 차이가 있을 수 있는데, 이러한 근접발달영역에서의 교육적 수행이 비계설정이다.

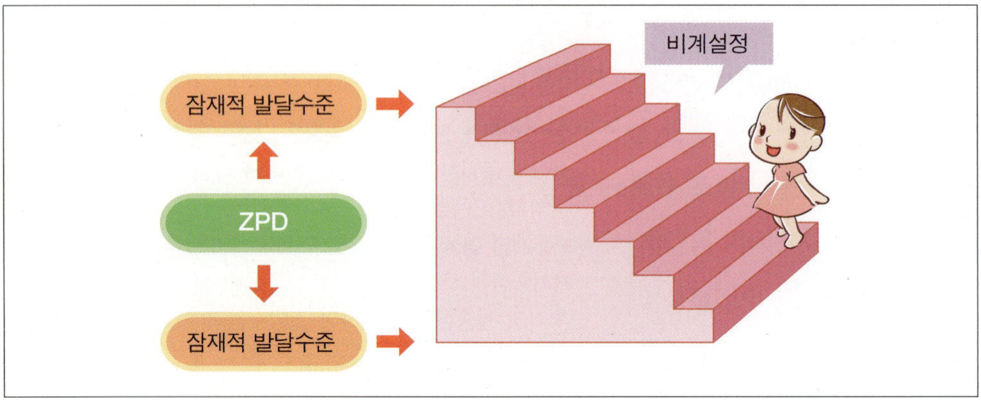

[그림 2-3] 비계설정과 근접발달영역(ZPD)

사회문화적 접근에서는 언어가 영유아의 사고발달에 필수적인 요소이다. 사회적 상호작용의 가장 큰 매개 역할을 하는 것이 언어인데, 특히 혼잣말(private speech)은 영유아가 어려운 문제를 해결하고 목표를 달성하고자 할 때 나타나는 언어이다. 영유아의 큰 소리 혼잣말은 자신 스스로에게 지시를 내리는 것과 같은 역할을 하여 자기조절, 자기지시기능을 한다. 그 이후에 이러한 큰 소리 혼잣말은 속삭임으로, 결국에는 내면화된 언어적 사고인 내적 언어(inner speech)로 바뀐다. Vygotsky는 사고발달의 중요한 도구로서 자기조절기능을 하는 혼잣말을 많이 사용하는 영유아가 그렇지 않은 영유아에 비해 사회적 유능성이 보다 크다고 주장한다(이순형, 2016).

(5) 행동주의적 접근

행동주의이론은 인간의 발달이 사회적 환경의 영향에 의해 결정된다는 것이다. 행동주의의 대표학자인 Watson은 러시아 생리학자 Pavlov의 고전적 조건 형성의 원리가 인간의 행동에도 적용된다는 것을 보여 주면서 발달의 주요한 기제가 조건화에 의한 학습이라고 주장하였다.

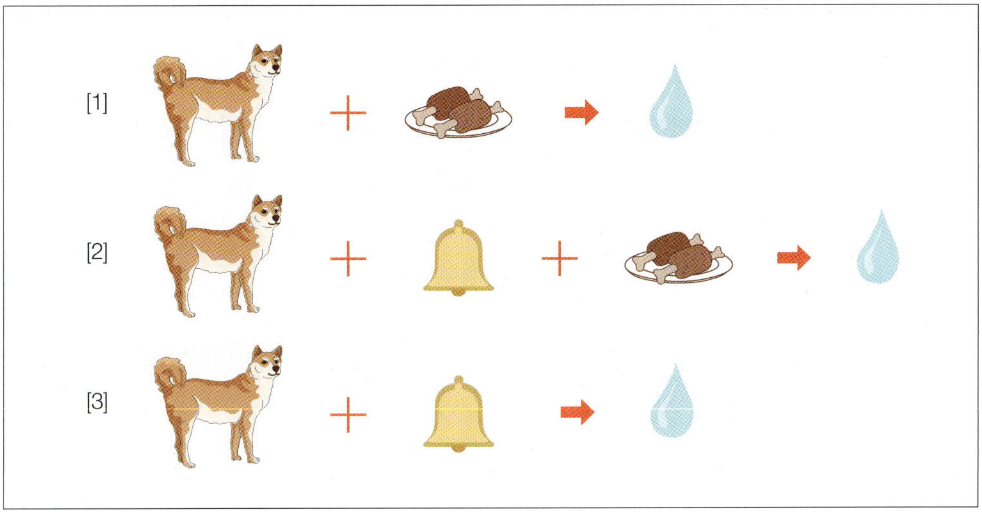

[그림 2-4] Pavlov의 고전적 조건 형성 원리

고전적 조건 형성 원리는 자극(음식)과 중립자극(종소리)의 연합을 반복했을 때 중립자극만으로도 음식에 대한 선천적인 반사 반응인 타액 분비를 하게 되는 학습된 반응 형성을 말한다.

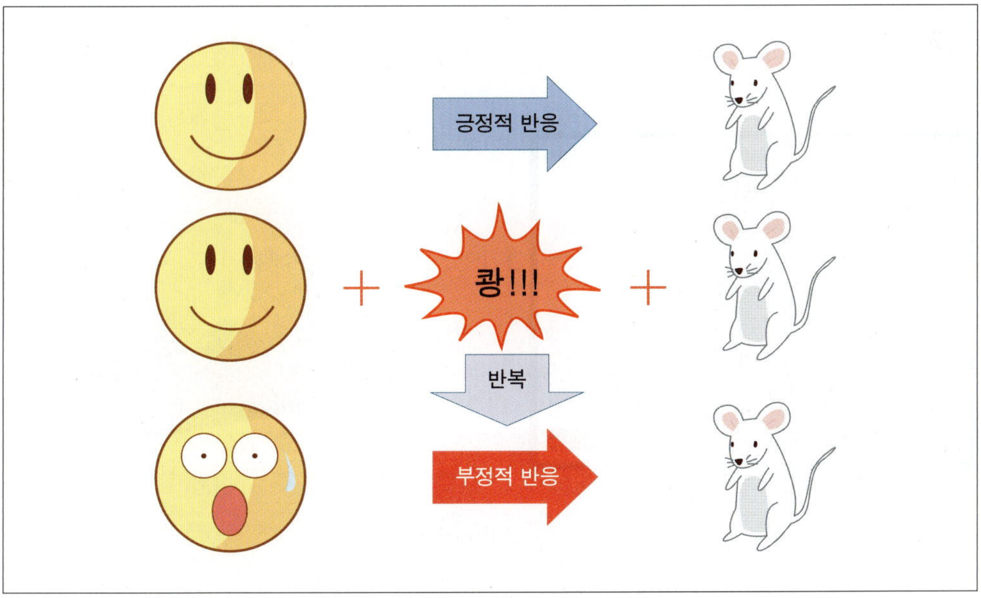

[그림 2-5] Watson의 흰 쥐 실험

Watson은 흰쥐에게 긍정적 반응을 보이는 9개월 된 영아에게 공포 반응을 일으킬 수 있는 큰 소리를 흰쥐와 연합하여 반복 제시하는 실험을 하여 영아가 그 이후에는 흰쥐 자체에 대해 공포 반응을 일으키는 조건 형성을 이루게 된다는 실험을 보여 줌으로써 정서도 학습될 수 있다는 근거를 마련하였다(이순형 외, 2016).

(6) 사회학습이론

사회학습이론도 발달에 있어서 환경의 영향에 대하여 주장하나 강화보다는 관찰과 모방에 초점을 맞추어 강조한다(Siegler et al., 2006).

사회학습이론은 발달에서, 특히 인지적 측면을 중요시하였는데, 이에 따라서 관찰학습을 수행하기 위한 네 가지 구성요소, 주의(attention), 기억(retention/memory), 운동재생(initiation/motor), 동기(motivation)를 필요로 한다. 관찰학습은 다른 사람의 행동에 주의하여 보고, 관찰한 것을 부호화(encoding)하여 기억으로 저장하고, 나중에 이것을 다시 기억하여 실행하는 과정이라는 점에서 인지과정에 의존하고 있다는 것이다.

조작적 조건 형성 이론

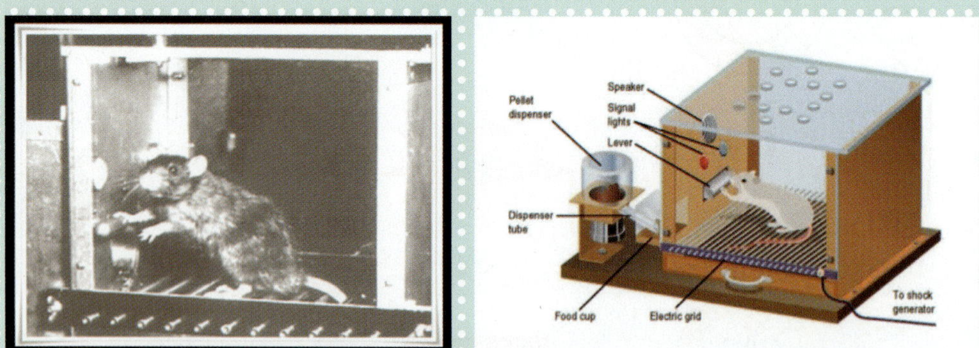

[그림 2-6] Skinner 상자 실험

고전적 조건 형성 원리가 선천적 반사행동에 대한 학습을 설명한다면, 스스로 조작하는 행동에 대한 설명은 스키너의 조작적 조건 형성 원리가 보다 적절하다.

- **조작적 조건 형성의 주요한 원리는 긍정적인 결과로 인한 행동은 계속적으로 반복하고 부정적 결과로 인한 행동은 통제한다는 것이다.**

Skinner는 우리 생활의 대부분의 행동은 지난 과거 행동에 대한 조작적 조건 형성의 결과로 보고, 그 행동에 대해 보상을 받으면 그 행동은 강화(reinforcement)되어 반복하여 나타나고, 반대로 처벌받는 행동은 다시 발생할 확률이 낮아진다고 하였다.
하지만 보상이라는 강화를 줄 때 유의할 사항은 어떤 영유아들은 때로 관심을 얻기 위해 부정적 행동을 할 때가 있다. 이런 경우 부정적 행동을 소거하기 위한 처벌은 부정적 행동을 더욱 강화시키는 결과를 가져올 수 있다. 이때는 그 행동을 무시하는 것이 좋다. 또한 간헐적으로 강화를 받은 행동 역시 소멸되기 어렵다. 그 행동이 가져올 기대를 버리기 어렵기 때문에 그 행동을 지속적으로 반복하게 된다. 예를 들어 영유아가 어떤 요구 때문에 떼를 쓸 경우, 양육자가 일관적이지 않은 태도로 요구를 받아 줄 때도 있고 받아 주지 않을 때도 있다면 영유아의 그러한 행동은 더욱 소멸되지 않을 것이다(이순형, 2016).

사회학습이론에서는 영유아의 적극적인 상호작용을 강조하여 환경으로부터 수동적으로 영향을 받는 것이 아니라 영유아가 환경으로부터 경험하는 것으로 영유아의 행동이 바뀌고 바뀐 행동은 또한 환경에 영향을 미치는 개인, 행동 그리고 환경 간의 상호적 관계를 기초로 한 상호결정론(reciprocal determinism)을 주장하였다.

또한 자신이 원하는 목표를 달성하고자 자신의 행동, 생각 그리고 감정을 효과적으로 조절할 수 있는 정도에 대한 개인적 신념을 자기효능감(perceived self-efficacy)이라고 하여 한 개인의 모방학습의 대상을 결정하는 요인으로 핵심적인 영향을 미친다고 하였다. 왜냐하면 자신이 잘 할 수 있다고 생각되는 행동은 모방하려고 시도할 것이고 그렇지 않을 경우는 피해갈 것이기 때문이다. 자기효능감은 모방학습의 영향요인뿐만아니라 사회적 유능성을 증진시키는 데에도 매우 중요한 역할을 한다. 자신의 정서적 규제에 대하여 자신이 없는 영유아는 자신에 대한 신뢰감이 없기 때문에 비행행동을 할 가능성이 높다고 하였다(Siegler et al., 2006).

2. 마음이론

1) 마음이론의 개념

다른 사람의 생각과 감정을 읽고 이해하는 것은 다른 사람과 원만한 관계를 맺고 유지하는 데 반드시 필요하다(Gnepp & Chilamkurti, 1988). 사회구성원으로서 다양한 사람들과 관계를 맺어야 할 영유아의 사회적 유능성 발달을 돕기 위하여 다른 사람에 대한 이해를 돕는 마음이론에 대해 알아보고자 한다.

(1) 마음이론의 정의

마음이론(theory of mind)은 마음이 어떻게 작용하는지, 행동에 어떻게 영향을 미치는지에 대해 이해하고 사람의 의도, 바람, 믿음, 감정 등 특정한 심리적 과정과 행동 간의 관계를 이해하는 논리적 사고체계이다(Wellman & Gellman, 1998).

여기서 마음이란 정신상태를 산출하는 정신적 표상(mental representation)을 통칭하는 개념이며, 마음이론(theory of mind)이란 영유아가 타인의 입장을 조망하고 공감하는 능력으로, 한마디로 표현하면 '마음에 대한 이해'를 의미한다(유은정, 2005).

마음을 이해한다는 것은 다른 사람의 생각, 감정, 바람, 의도 등을 이해한다는 것이고, 마음을 이해함으로써 다른 사람의 행동을 예측하고 설명할 수 있게 된다. 연령이 증가함에 따라 영유아의 마음에 대한 이해는 다른 사람의 행동과 생각에 대한 '외면적이고 물리적인 이해'에서 '내면적이고 심리적인 이해'로 발달하게 된다(Barisch & Wellman, 1995). 마음이론의 발달은 초기단계가 생후 1년 정도가 지나면서 시작되는데, 다른 사람의 바람과 행동의 연관성을 이해하는 것이 이 단계의 중요성이다(Phillips, Willman, & Spelke, 2002). 만 2세 정도에 한 개인이 무엇을 바라는 마음이 행동을 유발할 수 있다는 생각이 보다 확고해진다. 하지만 믿음이 행동에 영향을 미친다고는 생각하지 못한다. 그러다가 만 3세가 되면 믿음, 신념 등 한 개인의 생각과 행동을 연결지은 관계를 이해하기 시작하지만 아직 불완전하다. 틀린 믿음(false belief)에 대해서는 더욱 이해하기 힘들어 한다.

틀린 믿음

주어진 상황에서 어떤 사건이 진실이 아님에도 불구하고 진실이라고 믿는 것을 말한다. 실제로 우리는 일상생활에서 틀린 믿음을 많이 갖게 되는데, 이는 사실에 대한 정확한 정보가 부족하기 때문에 나타난다. 가령, 한 아이가 냉장고에 넣어두었던 아이스크림을 동생이 몰래 꺼내 먹는 것을 보지 못했다면 그 아이는 아이스크림이 아직도 냉장고에 있을 것이라는 틀린 믿음을 갖게 된다. 유아가 틀린 믿음을 이해한다는 것은 특정 사실에 대해 어떤 사람이 가지고 있는 믿음이 그 사람 마음속에 가지고 있는 정신적 표상이며, 이 표상이 옳을 수도 틀릴 수도 있음을 이해하는 것이다(김혜리, 김수진, 2002 : 송정, 엄정애, 2008에서 재인용). 그런 의미에서 틀린 믿음을 이해한다는 것은 마음의 표상적 특성을 궁극적으로 이해하는 것이므로 유아가 마음이론을 습득했다는 증거가 될 수도 있다.

출처: 송정, 엄정애(2008)

(2) 마음이론에 대한 관점

영유아가 마음이론을 어떻게 습득하느냐에 따라 학자들은 세 가지 견해를 제시하고 있다 (이시자, 2003).

✽ 생득적 관점

마음이론은 선천적으로 습득되는 것으로, 영유아들이 다른 사람의 마음에 대해 이해하는 능력인 이 마음이론은 생득적인 내적 메커니즘에 의해 대체적으로 만 4세 이전에 습득된다.

✽ 경험주의적 관점

마음이론은 영유아가 출생 후 현실생활의 사회적 경험을 통하여 형성되는 것으로 설명한다. 마음이론에 관련된 마음의 현상을 이해하기 위해 필요한 개념들과 행위 관계에 대한 추론은 영유아의 직접적인 사회적 경험으로부터 습득된다고 본다(Harris, 1994). 따라서 영유아가 마음이론을 습득할 수 있는 후천적으로 가장 최초의 환경인 가족, 특히 부모와의 직접적인 언어적 상호작용은 영유아의 마음이론에 매우 큰 영향을 미친다.

✽ 구성주의적 관점

다른 사람의 마음의 현상과 행동이 관련이 있다는 마음현상의 인과관계에 대한 끊임없는 예측을 반복하면서 영유아 스스로 마음현상의 개념들을 구축하고 확장해 나가는 것이다(Wellman, 1990).

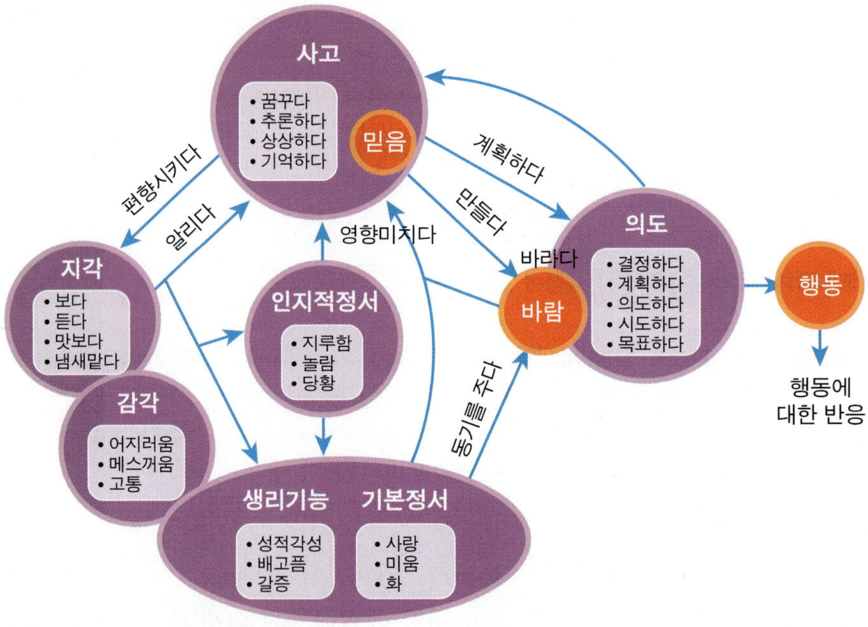

[그림 2-7] 마음이론의 작용 원리

출처 : Wellman(1990). 박애자(2008) 재인용.

2) 마음이론의 발달

마음이론의 발달은 영유아의 사회적 행동에 영향을 미칠 뿐만 아니라 인지발달에 있어서도 중요성을 가진다. 즉, 마음이론의 발달은 영유아의 차후 미래에서의 행복한 삶을 보장한다고 해도 과언이 아닐 것이다. 마음이론이 어떻게 발달하는지에 대한 원리와 방법은 영유아의 마음이론 발달을 도울 수 있다. 따라서 마음이론의 발달에 관한 탐구는 매우 의미 있는 작업이다.

(1) 마음이론의 발달에 관한 이론적 관점

마음이론발달에 관하여 인지발달이론과 역할수용이론, 그리고 사회학습이론의 관점으로 논의된 내용은 다음과 같다.

① 인지발달이론에 따른 마음이론의 발달

유아가 다른 사람의 마음을 이해한다는 것은 그가 가지고 있는 사회적 경험에 따른 내적 표상에 기인한 사회적 도식이라고 보는 관점이다. Piaget는 자아중심성이나 현실 세계와 심리적 세계를 혼동시키는 물활론적 사고 때문에 6세 이전에는 마음에 관한 인식이 어렵다고 하였다. 이러한 관점에 따라 [표 2-5]는 마음이론발달 시기별 인지적 발달 특성을 정리한 것이다.

[표 2-5] 마음이론발달 시기에 따른 인지적 발달 특성

발달 시기	발달 특성
~2세	• 자신이 타인과 구별되는 독립적 존재라는 도식을 지니고 있다. • 친숙한 타인에 대한 심상을 형성한다. • 사람들이 자신의 시야에서 사라져도 계속 존재한다는 대상영속성을 이해하게 된다.
2~7세	• 사회적 세계를 설명하고 예측하는 데 도움이 되는 단순한 규칙을 형성하게 된다 (예 : 아버지는 남자이고 어머니는 여자이다). • 아직까지 사고구조의 편중화 경향 때문에 이번 상황이나 사람을 이해함에 있어 특정 부분에만 주목하며 타인이 숨겨진 동기, 의도, 개인적 심기기능을 완벽하게 추론해 내지 못한다. 즉, 보이는 행동 이면을 고려할 수 없다. 또한 자기 중심성으로 인해 타인의 조망이나 의견을 고려하지 못하는 경향을 보인다.
7~11세	사물이나 사람의 기본적이며 불변하는 속성을 이해할 수 있게 된다. 자기중심성에서 벗어나 타인의 소망이나 느낌을 이해할 수 있으며, 여러 사람의 의견을 고려하여 자신의 견해를 바꿀 수도 있다. 그러나 이 시기의 사회적 도식은 직접 경험하여 아동에게 친숙하거나 쉽게 상상할 수 있는 사람이나 사상에 제한되어 있다.
11세 전후	친숙하지 않거나 가설적인 도식을 이해할 수 있게 된다.

출처 : 구광현, 이희경 (2002). 유아사회교육.

② 역할수용(role-taking)이론에 따른 마음이론의 발달

Selman(1980)은 다른 사람의 관점을 이해하기 위한 기술로서, 역할수용능력의 발달을 설명하였다. 자기중심적 사고에 있는 영유아는 역할수용능력이 미흡하나 인지발달과 함께 역할수용능력이 발달하게 되면서 영유아가 맺고 있는 인간관계의 의미와 특성에 대한 이해가 점차적으로 변화하게 된다. 예를 들면, '우정'에 있어서 자기중심적 사고에 있던 영유아는 역할수용능력의 발달로 '자신에게 이익을 주는 사람들'이라는 개념에서 벗어나 서로 상호적 관계로서 정서적 지원을 주고받는 배려하는 관계라는 관점을 갖게 된다(Shaffer, 2009).

Selman은 영유아의 반응을 사회적 갈등 상황에 따라 구분하여 사회적 역할수용능력(조망수용 능력)의 발달을 [표 2-6]과 같이 다섯 수준으로 나누었다(박성연, 2006).

[표 2-6] 역할수용능력의 발달

단계	연령	내용
0수준 자기중심적/ 미분화된 조망	대략 3~6세	• 자신과 다른 사람의 관점을 구분하지 못한다. • 자신이 좋고 옳은 것은 다른 사람도 그럴 것이다.
1수준 사회정보적 역할수용	대략 6~8세	• 자신과 다른 사람의 관점이 다를 수 있다는 것을 인식한다. • 관점의 차이가 다른 정보의 수용 때문이라고 생각한다. • 자신과 다른 사람이 영향을 주고받고 있음을 이해하지 못한다.
2수준 자기반성적 역할수용	대략 8~10세	• 같은 정보를 가지고도 다른 관점을 가질 수 있다고 이해한다. • 다른 가치관과 목적 때문에 다른 관점을 가질 수 있다고 안다. • 다른 사람의 다른 관점을 고려할 수 있는 능력이 생긴다. • 자신의 행동에 대한 타인의 반응을 예측할 수 있다. • 자신의 관점과 타인의 관점을 동시에 비교, 고려하지 못한다.
3수준 상호적 역할수용	대략 10~12세	• 자신과 타인의 관점을 동시에 고려할 수 있다. • 각자가 상대의 반응을 예측할 수 있다. • 제3자의 관점에서 상황을 볼 수 있다.
4수준 사회적 역할수용	대략 12~15세 이상	• 사회집단 내의 사람들이 사회의 규범과 가치관을 따를 것이라 추정한다. • '일반적 타인(generalized other)'의 관점과의 비교를 통해 또 다른 타인의 관점을 이해하려고 시도한다.

출처 : 이순형 외(2016). 유아사회교육.

③ 연령에 따른 마음이론의 발달

마음이론이 형성되기 이전의 영아에게도 이미 마음의 특성을 이해할 수 있는 전조능력이 있다는 연구들이 발표되고 있다. [표 2-7]은 마음의 특성을 이해하는 영아의 전조능력에 관한 내용이다.

[표 2-7] 영아의 마음특성

전조능력	내용
기본적 구별 능력	• 사람의 얼굴, 목소리, 움직임에 따라 주목하고 흥미 있는 자극을 발견하는 것 • 자극을 지각적으로 분석하고 구별하고 표현하거나 모방하는 것 (예 : 사람 목소리에 주의를 기울이고 어머니 목소리와 다른 여자의 목소리를 구분하는 것. 상대방이 혀를 내밀면 따라서 행동하는 것)
관련성의 이해	• 사람들의 행동이 의도적이고 목적 지향적이라는 것을 이해하는 것 • 타인의 반응을 통해 주관적인 마음의 상태, 즉 상대방의 의도를 읽는 것
주의	• 성인의 정서표현을 통해 성인이 가리키는 특정 대상의 특성을 인식하거나 정보화함으로써 사회적 참조원으로 활용하는 것
정서	• 어떠한 행동이 타인의 정서적 변화나 행동을 가져오는지와 그것을 변화시키는 조건들을 파악하는 것 • 심리적 상태(정서)를 표현하는 언어를 사용하는 것 • 다른 사람과 내가 느끼는 것이 다르다는 것을 아는 것. 유사한 사건에 대한 정서적 경험은 현재의 정서적 반응에 영향을 줄 수 있다는 것. 같은 상황에서도 반대되는 정서를 경험할 수 있다는 것을 이해하게 되는 것

출처 : 박찬옥, 서동미, 엄은나 (2016). 유아사회교육.

연령에 따른 마음이론 발달 특성

◈ 생후 6개월 전후

- 사람의 행동이 특정 대상을 지향하는 것임을 이해할 수 있다.
- 성인의 감정표현에 반응한다.

◈ 1세 전후

- 상대방의 눈길과 얼굴 표정을 보고 자신의 행동을 조절할 수 있다.
- 대상영속성의 획득에 따라 자신과 타인의 구별이 가능해진다.

◈ **1세 반~2세**
- 욕구와 관련된 용어를 사용하기 시작한다(예 : 하고 싶다, 바라다)
- 대화에서 감정표현 어휘를 언급하기 시작한다(예 : 기쁘다, 슬프다)

◈ **2세**
- 사물이나 상황을 가상적으로 상징화하는 행동을 나타내기 시작한다.
- 자신과 타인의 욕구 사이에 명백한 구분을 할 수 있다.
- 자신과 타인의 느낌에 관해 말할 수 있다.

◈ **2~3세**
- 사람의 행동이 바람, 생각 등에 의해 결정된다는 것을 이해한다.
- 타인의 감정이 자신의 감정과 같지 않다는 감정 조망을 하기 시작한다.

◈ **3세경**
- 욕구, 결과, 정서와 행동들 간의 단순한 인과적 관계를 파악할 수 있다.
- 사람이 원하는 것을 얻으면 기분이 좋고 그렇지 못하면 기분이 나쁠 것이라는 것을 인지하고, 사람이 찾고 있던 대상을 발견하면 찾는 것을 멈출 것이고 그렇지 않으면 계속 찾을 것이라는 것을 이해한다.
- 의도적인 행동과 반사행동이나 실수와 같은 비의도적인 행동을 구별할 수 있다.
- 부모, 형제, 또래와의 대화에서 사고나 믿음, 지식들을 의미하는 '안다, 생각하다, 기억하다' 등의 용어들을 빈번하게 사용한다.
- 타인의 생각이나 신념을 표상하고 이해할 수 있게 된다.
- 아직까지 거짓 믿음 과제에 실패하는 경향이 높다.

◈ **3~4세**
- 언어발달과 함께 가까운 대상에게 감정이입을 할 수 있다.
- 정신상태 용어의 사용 빈도가 급증한다.
- 틀린 믿음에 대한 이해능력이 높아진다.

◈ **4세**
- 마음이 표상임을 이해하여 특정 사실을 직접 보거나 듣지 않았을 경우에는 사실과 다른 틀린 믿음을 가지게 된다는 것을 이해한다.
- 정신적 표상에 대한 지식이 계속 증가한다.
- 틀린 믿음에 대한 이해가 가능하다.

◈ **4~5세**
- 타인과의 대화에서 정신상태를 나타내는 동사가 포함된 문장 형태를 능숙하게 사용한다.
- 욕구와 의도적 행동의 결과를 구분할 수 있다.

◈ **6세 이후**
- 정신상태를 추론하여 가장을 이해할 수 있는 능력이 생긴다.
- 실재와 다른 믿음을 기초로 타인의 행동을 정확하게 예측하는 능력이 나타난다.

출처 : 박찬옥, 서동미, 엄은나(2016). 유아사회교육.

(2) 마음이론의 측정

① 마음이론 검사도구

최근 마음이론에 관한 많은 연구를 수행하는 연구자들은 세 가지 과제를 조합한 마음이론 검사도구를 사용한다. Taylor와 Carlson(1997)이 사용한 '내용교체 과제'와 Carlson과 Moses(2001)이 사용한 '위치이동 과제' 그리고 이영자, 이종숙과 신은수(2002)의 '이차틀린 믿음과제'이다.

[표 2-8] 마음이론 검사도구의 하위 범주 내용과 문항 수

하위 범주		내용	문항 수
틀린 믿음	위치이동 능력	물건을 한 장소에 두었다가 다른 장소로 이동시키는 과제를 수행하는 능력	3
	내용교체 능력	전형적인 특성이 잘 나타난 상자를 제시한 후 특성과 다른 물건으로 교체시키는 과제를 수행하는 능력	3
마음 현상	이차틀린 믿음능력	물건의 위치 이동에 대해 이야기하는 과제를 수행하는 능력	3

[표 2-9] 마음이론 검사의 수행 내용

<table>
<tr><th>하위 범주</th><th>구분</th><th colspan="2">수행 내용</th></tr>
<tr><td rowspan="3">위치 이동 능력</td><td>이야기 내용</td><td colspan="2">민수가 사탕을 가지고 재미있게 놀고 있었는데, 나중에 먹으려고 사탕을 여기(빨간 상자)에 두었단다. 그리고 바깥 놀이를 나갔어(인형을 치운다). 민수가 없는 사이에 우리가 사탕을 여기(파란 상자)로 옮기자. (민수 인형이 들어온다) 민수가 돌아왔네. 민수가 사탕을 먹으려고 상자 앞으로 가네.</td></tr>
<tr><td rowspan="2">검사 질문</td><td>선택 질문</td><td>확인 질문</td></tr>
<tr><td>●선택 1
• 검사자 : 민수가 들어왔을 때 사탕이 어느 상자에 들어 있다고 생각할까?
유아 : 빨간 상자(정반응)
●선택 2
• 검사자 : 민수는 사탕을 가질러 어디로 갈까?
• 유아 : 빨간 상자(정반응)</td><td>●확인
• 검사자 : 왜 그렇게 생각하니?
• 유아 : 민수가 빨간 상자에 사탕을 놓고 갔으니까요/ 민수는 우리가 사탕을 파란 상자에 옮기는 것을 못 봤으니까요(정반응).</td></tr>
<tr><td rowspan="3">내용 교체 능력</td><td>이야기 내용</td><td colspan="2">유아에게 내용물의 전형적인 특성이 잘 나타난 과자 상자를 제시한 후, 유아가 상자의 특성을 이해하는지 확인하기 위하여 무엇이 들어 있을지에 대하여 질문한다. 그 후 상자를 열고 실제로는 과자가 아닌 플라스틱 인형이 들어 있음을 확인시켜 준다.</td></tr>
<tr><td rowspan="2">검사 질문</td><td>선택 질문</td><td>확인 질문</td></tr>
<tr><td>●선택 1
• 검사자 : 상자를 열어보지 않았을 때 이 안에 무엇이 들어 있다고 생각했니?
• 유아 : 과자(정반응)
●선택 2
• 검사자 : 상자를 열어보지 못한 다른 친구가 이 상자를 보면 안에 무엇이 들어 있다고 생각할까?
• 유아 : 과자(정반응)</td><td>●확인
• 검사자 : 왜 그렇게 생각하니?
• 유아 : 다른 친구들은 인형이 과자 상자 안에 들어 있는지 모르니까요(정반응).</td></tr>
</table>

<table>
<tr>
<td rowspan="3">이차 틀린 믿음 능력</td>
<td>이야기 내용</td>
<td colspan="2">현이 : 우리 책 읽자. 화장실 좀 다녀올게. 책을 서랍에 두고 나갔다 와야겠다(현이가 나간다).
순이 : 책을 원래 있던 책꽂이에 꽂아 두어야 겠다.(책을 책꽂이에 꽂는다)
나는 현이가 올 때까지 잠깐 물 마시고 와야지. (순이도 나간다)
현이 : 책 읽어야지. 서랍을 열어서 꺼내야 겠다. (서랍을 열어본다)
어? 없네. (두리번거리다가 책꽂이에 있다는 것을 발견한다) 여기 있구나. (책을 확인만 하고 다시 나간다) (현이가 나간 다음 순이가 들어온다. 뒤이어 현이도 들어온다)
현이 : 우리 책 읽자!</td>
</tr>
<tr>
<td rowspan="2">검사 질문</td>
<td>선택 질문</td>
<td>확인 질문</td>
</tr>
<tr>
<td>● 선택 1
• 검사자 : 순이는 현이가 책을 어디에서 찾을 거라고 생각할까?
• 유아 : 서랍(정반응)
● 선택 2
• 검사자 : 현이는 이 책을 어디서 찾을까?
• 유아 : 책꽂이(정반응)</td>
<td>● 확인
• 검사자 : 왜 그렇게 생각하니?</td>
</tr>
</table>

② 내포문 또는 보문구조

마음이론 획득의 대표적인 지표는 실제와 다른 믿음인 틀린 믿음(false belief) 이해과제에서의 성공이라고 본다(송영주, 2009). 최근 많은 연구자들은 유아의 틀린 믿음 이해를 언어의 문법발달과 관련지어 설명할 수 있다고 한다. 예를 들면, 마음이론발달에서 내포된 관계의 이해와 같은 구문론적 지식의 발달이 틀린 믿음 이해에 대한 결정적 증거라는 입장(deVillers & Villers, 2000)이다. 내포문(embedded sentence) 또는 보문구조는 문장 안에 다른 주술관계 문장이 포함된 것이다. 보문(sentential complment)은 마음 상태를 나타내는 '생각하다(think)', '믿는다(believe)', '기억하다(remember)'와 같은 인지동사들을 사용하여 보문에 내포된 명제를 표현한다. 예를 들어, "영수가 초콜릿이 책상 위에 있다고 생각했다"와 같은 문장은 '생각했다'라는 동사가 "초콜릿이 책상 위에 있다"는 보문의 내용을 연결해 주고 있다(이현진, 2003). 또한 "엄마는 과자가 냉장고에 있는 줄 알았지"와 같이 문장 안에는 주술관계(과자가 냉장고에 있다)가 내포되어 있는 것(송영주, 2009)으로 이러한 내포문의 사용 시기가 마음이론 발달 시기와 동일한 4세경이라는 점에서 틀린 믿음 이해와 구문론의 발달이 관련이 있다는 주장이다.

03

CHAPTER

교육과정과 영유아 사회교육

동 시대의 영유아들이 한 사회의 구성원으로서 동일하게 갖추어야 할 조건이 무엇인지 파악하는 것은 개인차가 큰 영유아들의 교육을 책임지고 있는 영유아교사에게 있어서는 매우 중요한 책임이다. 한 국가가 가지고 있는 교육과정에는 그 국가가 필요로 하는 사회적 유능성을 갖춘 민주시민의 자질을 함양할 수 있도록 돕는 교육 내용들이 설계되어 있다. 우리나라 영유아들이 민주시민으로 갖추어지도록 구성된 교육과정 내에서의 영유아 사회교육의 방향과 내용을 다시 한 번 면밀히 살펴보는 것은 매우 중요한 작업이라 할 것이다.

1. 교육과정의 중요성

1) 교육과정의 개념 및 중요성

교육과정(curriculum)이란 한 나라가 그 나라의 한 개인이 사회구성원으로서의 역량을 갖추고 그 개인의 인생이라는 집을 잘 구축하도록 돕는 설계도이다. 그 상황과 그 여건에 맞는 가장 이상적인 벽돌(교육내용)로 구성하기 위하여, 또는 현실에 맞는 가장 이상적인 집을 구현해 내기 위해 건축가(교육전문가)는 쉬지 않고 질문을 할 것이다. 이 집에 누가 살 것인가? 이 집에서 누리는 휴식은 어떤 방식이어야 할까? 그 사람에게 편안한 집인가? 그 사람에게 꿈을 만들어 주는 집인가? 꿈을 소멸시키는 집인가? 집 구조를 어떻게 만들어야 이 사람에게 꿈을 실현하기 위한 작업장으로서도 적절한가? 그 사람과 함께 하는 사람들은 누구인가? 그 사람들과 어떤 것을 나누면 좋을까? 이렇듯 집을 세우는 것만큼 사람의 본질을 고려해야 하고 합리적인 사고를 해야 견고하게 하나의 집을 건축하듯이 교육과정이라는 설계도는 그 사회에서 요구하는 바람직한 사람뿐만 아니라 각 개인의 행복도 지향하는 교육에 있어서의 하나의 전반적이고 공통적인 기준점을 제시한다.

교육과정의 어원은 라틴어 쿠레레(currere)에서 유래했다. 그 의미는 ‘경주로’로서, 육상선수가 목표지점을 향해 달려가는 코스(course)이다. 교육과정의 의미를 쿠레레(currere)에 비유한 것은 경주자가 경주로를 달린다는 것이 학습자가 일정기간 공부하는 과정과 유사하기 때문이다. 즉, 교육과정이란 ‘학습자가 학습할 내용을 일정한 순서에 따라 조직하고 배열한 것’이라고 설명한다(유광찬, 1999).

[그림 3-1] 교육과정의 어원 '쿠레레'의 의미

그러나 교육과정은 관점에 따라 매우 다양하게 해석될 수 있다. 광의의 의미로 생각할 수도 있고 협의의 의미로도 생각할 수 있다. 누가 어느 수준에서, 어떤 준거와 방법으로 결정하느냐, 의도성이 있느냐, 교육의 목적이 무엇이냐, 교육과정의 구성요소는 어떠한가, 시대적 변천에 따른 유형은 어떠한가 등에 따라 다음의 [표 3-1]로 그 개념의 유형이 분류될 수 있다.

[표 3-1] 다양한 준거에 따른 교육과정 개념 유형

준거	관련 학자	교육과정의 개념 유형
교육과정의 구성요소	타일러(Tyler, 1949)	• 교육 목표 설정 • 교육 경험 선정 • 교육 경험 조직 • 교육 평가
교육의 목적	아이즈너와 발렌스 (Eisner & Vallence, 1974)	• 인지과정의 발달에 중심을 둔 교육과정 • 기술로서의 교육과정 • 자아실현으로서의 교육과정 • 학문적 이성주의로서의 교육과정 • 사회재건으로서의 교육과정

교육 내용과 방법	태너 등(Tanner & Tanner, 1980)	• 내용으로서의 교육과정 • 경험으로서의 교육과정 • 계획으로서의 교육과정 • 결과로서의 교육과정
교육과정의 주체수준	굿래드(Goodlad, 1966)	• 수업수준 교육과정 • 기관수준 교육과정 • 사회수준 교육과정
	김종서(1983)	• 국가 및 사회적 수준의 교육과정 • 교사수준의 교육과정 • 학생수준의 교육과정
교육과정 실현수준	김호권(1983)	• 의도된 교육과정(계획으로서의 교육과정) • 전개된 교육과정(실천으로서의 교육과정) • 실현된 교육과정(산출로서의 교육과정)
문서화 여부	잭슨(Jackson, 1978)	• 형식적 교육과정 • 비형식적 교육과정
의도성 여부	아이즈너(Eisner, 1979)	• 표면적 교육과정(사전계획으로서의 교육과정) • 잠재적 교육과정(의도, 계획되지 않으나 학생이 경험하는 교육과정) • 영교육과정(교육적 가치가 있는 특정 내용을 약화하거나 배제된 교육과정)
시대적 변천	파이나(Pinar, 1988)	• 전통주의(교과의 효율적인 운영) • 개념-경험주의(학문 중심 교육과정 지향) • 재개념주의(새로운 관점에서 교육과정 강조)
	임재택(1996)	• 교과 중심 교육과정 • 경험 중심 교육과정 • 학문 중심 교육과정 • 인간 중심 교육과정 • 생태 중심 교육과정

출처 : 전경화 외(2014). 누리과정에 기초한 유아교육과정.

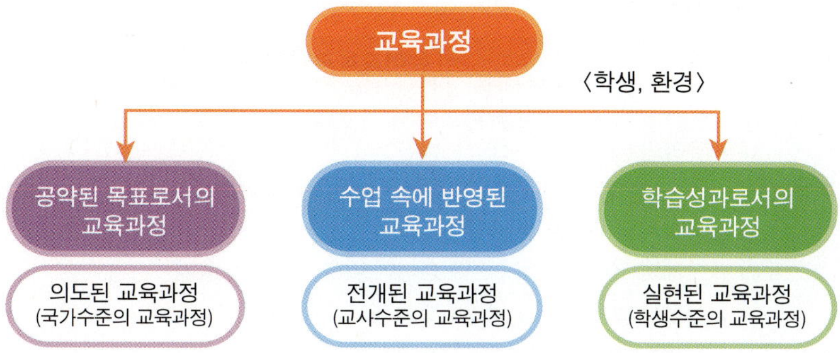

[그림 3-2] 교육과정의 개념 모형(김호권, 1983)

◈교육과정에 대한 대표적 정의◈

- '학습자 또는 학습 집단을 위하여 의도된 학습의 세트'다(Goodlad, 1966).
- '학생들에게서 교육적 성과를 얻기 위하여 일관된 관점으로 무엇을, 어떻게 가르칠 것인가에 대해 의도하여 이루어진 일련의 계획적인 사건들'이다(Eisner, 1979).
- 학교가 책임을 지고 있는 학생들의 조직화되고 의도된 모든 경험이다(Ryan & Cooper, 2000).
- '학습을 위한 문화'를 발전시키거나 학습 환경을 만들기 위한 틀(framework)이다(Goffin & Wilson, 2001).
- 교사를 중심으로 보면 교육과정은 가르치는 내용이나 교과 혹은 의도적 계획으로 정의되며, 배우는 학생을 중심으로 보면 교육과정은 학습 경험 혹은 학습 결과로 정의된다(이귀윤, 1990).
- 학습자에게 학습 경험을 선정하고 조직하여 교육 경험의 질을 구체적으로 관리하는 교육의 기본 설계도다(교육부, 1998).
- 교육을 주도하는 기관이 그 기관이 교육 목표에 따라 학습자의 성장과 발달을 돕기 위하여 체계적으로 개발하여 수립하는 지식과 경험을 포함한 모든 종류의 교육 내용에 대한 사전 계획과 기대하는 결과다(이성호, 2004).

2) 유아교육과정의 특성 및 개념

Tyler에 의해 주장된 교육 목적, 교육 내용, 교육 방법 그리고 교육 평가로 구성된 문서화된 교육과정은 유아교육과정에서도 일반적으로 적용되고 있는 교육과정의 유형이다. 그러나 유아교육과정은 그러한 교육과정에 근거를 두고 있지만 [표 3-2]와 같은 유아교육과정의 특성이 타 연령대의 교육과정과 차이가 있음을 고려해야 한다(Spodek, 1991).

[표 3-2] 유아교육과정의 특성

요소	유아교육과정의 특성
교육 대상	• 교육 대상 연령대가 광범위함 • 유아의 발달단계 강조 – NAEYC에서 제안한 「발달에 적합한 실제(developmentally appropriate practice)」의 관점을 중요시 – 개별 유아의 발달수준에 흥미에 따라 다양하게 교육
교육 목적	• 다양한 목적의 교육과정이 혼재 – 결과에 초점을 맞추는 교육과정 – 유아의 발달을 중시하는 교육과정
교육 내용	• 비형식적 교육과 형식적 교육이 병행 – 미래를 위한 준비교육에 관련된 내용 – 유아의 현재 필요와 흥미를 중요시하는 내용
교수-학습법	• 환경과의 상호작용 중심 – 유아-교재 교구와의 상호작용 – 유아-교사와의 상호작용 – 유아-유아 간 상호작용
평가	• 유아의 발달 변화에 관한 질적 평가 강조 – 지필평가, 서열화 평가 지양 – 관찰, 일화기록, 작품분석, 면담 등 다양한 평가방법 활용

출처 : 전경화 외(2014). 누리과정에 기초한 유아교육과정.

유아교육과정의 개념도 많은 학자와 단체들에 의해 정의되어 왔다. 그중 비교적 체계적이고 포괄적으로 정리하고 있는 학자들은 Schwartz와 Robinson(1982)이다. 이들은 『유아를 위한 교육과정 설계(Designing curriculum for early childhood)』라는 저서에서 유아교육과정 개념에 관하여 [표 3-3]과 같은 유형들로 정의하였다.

[표 3-3] 유아교육과정의 유형

유형	내용	제한점
"우연히 일어난 것"으로서의 교육과정	• 교실에서 어떠한 활동이 이루어지든지 유아들의 흥미에 따라 선택된 활동에 몰입함으로써 학습이 이루어지는 교육과정	• 교육과정의 범위나 목표 등이 넓고 모호 • 관찰력과 직관적 의사결정이 요구되는 교사의 능력이 요구됨

"유아가 학교에서 갖게 되는 모든 경험"으로서의 교육과정	• 유아가 유아교육기관에서 생활하는 동안 갖게 되는 모든 경험 • 교사가 의도하고 계획한 것뿐만 아니라 우발적, 비계획적 사건에서부터 갖게 되는 경험도 교육효과를 나타내는 잠재적 교육과정	• 교육의 범위가 넓어서 교사가 유아기 경험에 영향을 줄 수 있는 사회적 변화나 문화적 요인에 민감해야 함 • 교사의 역할과 책임한계가 불분명
"교수계획"으로서의 교육과정	• 유아들이 유아교육현장에서 접하게 되는 교육목표, 교육내용, 교육방법과 절차 등에 대한 계획을 교육과정으로 규정 • 가장 보편적인 교육과정 개념 • 경력교사나 초임교사에게 다 적용 가능	• 유아의 흥미보다 교사 중심 우려 • 세밀한 관찰에 의하지 않고 정해진 교수계획에 따라 융통성 없는 지도 우려
"교수요목"으로서의 교육과정	• 교육 목적에 의해 유아들에게 무엇을 어떻게 가르칠 것인지에 대해 작성한 문서 • 매우 좁은 의미의 교육과정 개념으로 문서화된 일련의 포괄적인 계획으로서 교육과정을 위한 지침 • 국가나 사회가 설정한 목표나 내용에 따라 유아들에게 교육한 내용을 얼마나 성취했는가를 확인하기에 용이	• 유아교육기관과 지역사회의 특성, 유아들의 흥미와 요구, 현장에서의 실제 경험을 반영하기 어렵다.
"프로그램"으로서의 교육과정	• '프로그램'을 교육과정으로 정의하는 입장은 유아교육 분야에서만 볼 수 있다.	• 목표와 내용이 체계적으로 진술되어 유아의 성취 정도를 이해하기 용이

출처 : Schwartz, S. L. & Robinson, N. F.(1982). Designing curriculum for early childhood.

2. 표준보육과정과 영유아 사회교육

1) 제3차 표준보육과정의 기초

보건복지부는 어린이집이 만 3~5세(누리과정)뿐만 아니라 만 0~2세(영아보육과정)까지 모든 영유아를 대상으로 보육에 대한 담당을 반영하여 2013년 1월 21일에 제3차 표준보육과정을 고시하였다. 제2차 표준보육과정에서는 만 5세 누리과정 시행으로 보육과정을 만 0~4세로 한정하였으나, 제3차 어린이집 표준보육과정은 어린이집을 이용하는 모든 영유아를 대상으로 하여, 만 「0~1세 보육과정」, 「만 2세 보육과정」, 「만 3~5세 보육과정(누리과정)」으로 구성하였다.

(1) 제3차 표준보육과정의 추구하는 인간상

가. 심신이 건강하고 행복한 사람
나. 자율적으로 창의적인 사람
다. 자신과 타인을 존중하고 배려하는 사람
라. 자연과 우리 문화를 사랑하는 사람
마. 다양성을 인정하는 사람

(2) 제3차 표준보육과정의 기본 전제

첫째, 영유아는 개별적인 특성을 지닌 고유한 존재이다.
둘째, 연령에 따라 발달적 특성이 질적으로 다르다.
셋째, 영유아는 그 자체로서 존중받아야 하는 존재이다.
넷째, 영유아는 직접적으로 경험할 때 의미 있는 지식, 기술 및 바람직한 태도를 형성해 간다.
다섯째, 영유아는 일상생활이 편안하고 학습과 경험이 놀이 중심으로 이루어질 때, 최대의 능력이 발휘된다.
여섯째, 영유아는 민감하고 반응적인 성인과의 신뢰 속에서 최적의 발달을 이룬다.
일곱째, 영유아가 속한 가정 및 지역사회가 함께 협력할 때 영유아에게 가장 긍정적인 영향을 미친다(보건복지부, 2013).

(3) 구성 방향

영유아의 발달 특성과 개인차를 고려하여 연령 및 수준별로 구성하고, 어린이집에서 편안하고 행복한 일상생활이 되도록 중점을 두었다. 또한 질서, 배려, 협력 등 기본생활습관과 바른 인성, 자율성과 창의성을 기르며, 전인발달을 이루고 사람과 자연을 존중하며, 우리 문화를 이해하는 데 중점을 두었다(보건복지부, 2013).

2) 제3차 표준보육과정과 사회관계영역

제3차 표준보육과정의 6개 영역 중 사회관계영역은 '나를 알고 존중하기', '나와 다른 사람의 감정 알기', '더불어 생활하기' 의 세 가지 내용 범주로 구성되어 있다.

[표 3-4] 사회관계영역의 만 0~2세 연령별 보육 목표

만 0~1세 보육과정	만 2세 보육과정
친숙한 사람과 관계를 형성한다.	나를 인식하고 다른 사람과 더불어 생활하는 경험을 한다.
가. 자신과 다른 사람을 구별된 존재로 인식한다.	가. 자기존중감을 형성한다.
나. 분화된 기본 정서를 표현하고 타인의 감정에 주의를 기울인다.	나. 자신의 감정을 알고 다른 사람의 감정에 반응을 보인다.
다. 안정적인 애착을 형성하고 또래나 교사와 함께 지낸다.	다. 가족을 사랑하고 또래, 교사와 즐겁게 지내며 간단한 규칙 등을 지킨다.

[표 3-5] 사회관계영역의 만 0~2세 연령별 세부 내용

<table>
<tr><th rowspan="3">내용 범주</th><th colspan="5">만 0~1세</th><th colspan="3">만 2세</th></tr>
<tr><th rowspan="2">내용</th><th colspan="4">세부 내용</th><th rowspan="2">내용</th><th colspan="2">세부 내용</th></tr>
<tr><th>1수준</th><th>2수준</th><th>3수준</th><th>4수준</th><th>1수준</th><th>2수준</th></tr>
<tr><td rowspan="3">나를 알고 존중하기</td><td>나를 구별하기</td><td colspan="2">거울 속의 나에 관심을 가진다.</td><td colspan="2">거울 속의 나를 알아본다.</td><td>나를 구별하기</td><td colspan="2">나와 다른 사람의 모습을 구별한다.</td></tr>
<tr><td rowspan="2">나의 것 인식하기</td><td colspan="4">자기 이름을 부르는 소리에 반응한다.</td><td rowspan="2">좋아하는 것 해보기</td><td colspan="2">내가 좋아하는 것을 찾아본다.</td></tr>
<tr><td colspan="2"></td><td colspan="2">친숙한 자기 물건을 안다.</td><td>좋아하는 놀이나 놀잇감을 선택해 본다.</td><td>스스로 선택한 놀이나 놀잇감을 즐긴다.</td></tr>
</table>

<table>
<tr><td rowspan="2">나와 다른 사람의 감정 알기</td><td>나의 감정을 나타내기</td><td colspan="2">나의 욕구와 감정을 나타낸다.</td><td>나의 감정을 나타내기</td><td colspan="2">여러 가지 감정을 말과 행동으로 나타낸다.</td></tr>
<tr><td>다른 사람에게 주의 기울이기</td><td>다른 사람의 말과 표정, 몸짓에 주의를 기울인다.</td><td>다른 사람이 나타내는 여러 가지 감정에 주의를 기울인다.</td><td>다른 사람의 감정에 반응하기</td><td colspan="2">다른 사람이 나타내는 여러 가지 감정에 반응을 보인다.</td></tr>
<tr><td rowspan="4">더불어 생활하기</td><td rowspan="2">안정적인 애착 형성하기</td><td>양육자와 시선을 맞춘다.</td><td>양육자에게 적극적으로 관심 및 욕구를 표현한다.</td><td rowspan="2">내 가족 알기</td><td rowspan="2">내 가족에게 애정을 표현한다.
내 가족에게 애정을 표현한다.</td><td rowspan="2">내 가족에게 다른 사람과는 구별된 특별한 감정을 갖는다.</td></tr>
<tr><td>주변의 친숙한 사람의 얼굴과 목소리를 인식한다.</td><td>주변의 친숙한 사람에게 애정을 표현한다.</td></tr>
<tr><td rowspan="2">또래에 관심 갖기</td><td colspan="2" rowspan="2">다른 영아와 함께 지내는 것을 경험한다.</td><td rowspan="2">또래와 관계하기</td><td>또래에게 관심을 보인다.</td><td>또래가 있는 곳에서 놀이를 한다.</td></tr>
<tr><td>또래의 이름을 안다.</td><td>또래가 있는 곳에서 놀이를 한다.</td></tr>
</table>

'나를 알고 존중하기'에서는 영아가 거울을 통하여 자신을 인식하는 것에서부터 자신을 다른 사람과 구별하고 자신의 선호를 알아가며 자신에 대한 기본 특성에 대한 인식으로 자기존중감의 기초를 형성하도록 돕는다.

'나와 다른 사람의 감정 알기'에서는 영아가 자신의 말과 행동을 통하여 다른 사람에게 자신의 감정을 표현하고 더불어 다른 사람의 감정에도 주의하여 반응을 할 수 있도록 돕는다.

'더불어 생활하기'에서는 영아가 안정적인 애착에 초점을 두고 주 양육자, 가족, 또래로 확장된 관계를 이해하며 그 관계 가운데에서 경험하는 기본적인 사회적 가치를 경험해 볼 수 있도록 한다.

3. 만 3~5세 연령별 누리과정과 영유아 사회교육

1) 만 3~5세 연령별 누리과정의 기초

보건복지부와 교육과학기술부(2013)는 만 3~5세 유아 모두가 생애 초기의 공정한 출발선을 보장받는다는 목적으로 2012년부터 만 5세에게만 적용되던 어린이집과 유치원의 누리과정이 만 3~4세까지 연계된 공통과정을 완성하여 「3~5세 연령별 누리과정」을 고시하였다. 즉, 만 3~5세 유아를 대상으로 2013년부터 유치원과 어린이집에 자녀를 보내는 모든 가정에 유아학비 · 보육료를 소득에 관계없이 지원하는 정책에 의한 것이다.

(1) 만 3~5세 연령별 누리과정의 구성 방향

가. 질서, 배려, 협력 등 기본생활습관과 바른 인성을 기르는 데 중점을 두어 구성한다.

나. 자율성과 창의성을 기르는 데 중점을 두고, 전인발달을 이루도록 구성한다.

다. 자연과 사람을 존중하고, 우리 문화를 이해하는 데 중점을 두어 구성한다.

라. 만 3~5세아의 발달 특성을 고려하여 연령별로 구성한다.

마. 신체운동 · 건강, 의사소통, 사회관계, 예술경험, 자연탐구의 5개 영역을 중심으로 구성한다.

바. 초등학교 교육과정과 만 0~2세 표준보육과정과의 연계성을 고려하여 구성한다.

(2) 목적과 목표

① 목적

누리과정은 만 3~5세 유아의 심신의 건강과 조화로운 발달을 도와 민주시민의 기초를 형성하는 것을 목적으로 한다.

② 목표

- 기본 운동능력과 건강하고 안전한 생활습관을 기른다.
- 일상생활에 필요한 의사소통능력과 바른 언어사용습관을 기른다.
- 자신을 존중하고 다른 사람과 더불어 생활하는 능력과 태도를 기른다.
- 아름다움에 관심을 가지고 예술경험을 즐기며, 창의적으로 표현하는 능력을 기른다.
- 호기심을 가지고 주변 세계를 탐구하며, 일상생활에서 수학적 · 과학적으로 생각하는 능력과 태도를 기른다.

2) 만 3~5세 연령별 누리과정과 사회관계영역

만 3~5세 연령별 누리과정의 5개 영역 중 사회관계영역은 '나를 알고 존중하기', '나와 다른 사람의 감정 알고 조절하기', '가족을 소중히 여기기', '다른 사람과 더불어 생활하기', '사회에 관심 갖기'의 다섯 가지 내용 범주로 구성되어 있다. 첫 번째 범주, 두 번째 범주, 그리고 나머지 범주들의 내용은 유아가 가족, 친구와 교사, 지역사회, 우리나라 그리고 세계로 점차적으로 그 관심을 확장해 나갈 수 있도록 동심원적 접근방식으로 구성되어 있다.

[표 3-6] 만 3~5세 연령별 누리과정의 사회관계영역 목표

자신을 존중하고 다른 사람과 더불어 생활하는 능력과 태도를 기른다.
가. 자신을 소중히 여기며 자율성을 기른다. 나. 자신과 타인의 감정을 알고, 자신의 감정을 적절하게 표현하고 조절한다. 다. 가족과 화목하게 지내며 서로 협력한다. 라. 친구, 공동체 구성원들과 서로 돕고, 예의 · 규칙 등 사회적 가치를 알고 지킨다. 마. 우리 동네, 우리나라, 다른 나라에 관심을 가진다.

[표 3-7] 만 3~5세 연령별 누리과정의 사회관계영역 세부 내용

<table>
<tr><th rowspan="2">내용 범주</th><th rowspan="2">내용</th><th colspan="3">세부 내용</th></tr>
<tr><th>만 3세</th><th>만 4세</th><th>만 5세</th></tr>
<tr><td rowspan="5">나를 알고 존중하기</td><td rowspan="3">나를 알고 소중히 여기기</td><td>나에 대해 관심을 갖는다.</td><td colspan="2">나에 대해 알아본다.</td></tr>
<tr><td>나와 다른 사람의 차이에 관심을 갖는다.</td><td>나와 다른 사람의 차이점을 알아본다.</td><td>나와 다른 사람의 신체적, 사회적, 문화적 차이를 존중한다.</td></tr>
<tr><td>나를 소중하게 여긴다.</td><td colspan="2">나에 대해 긍정적으로 생각하고 나를 소중하게 여긴다.</td></tr>
<tr><td rowspan="2">나의 일 스스로 하기</td><td>내가 할 수 있는 일을 알아본다.</td><td>내가 할 수 있는 일을 해 본다.</td><td>내가 할 수 있는 일을 스스로 한다.</td></tr>
<tr><td>내가 하고 싶은 일을 선택해 본다.</td><td colspan="2">하고 싶은 일을 계획하고 해본다.</td></tr>
<tr><td rowspan="3">나와 다른 사람의 감정 알고 조절하기</td><td rowspan="2">나와 다른 사람의 감정 알고 표현하기</td><td>자신에게 여러 가지 감정이 있음을 안다.</td><td colspan="2">자신의 감정을 알고 표현한다.</td></tr>
<tr><td>다른 사람의 감정에 관심을 갖는다.</td><td>다른 사람의 감정을 안다.</td><td>다른 사람의 감정을 알고 공감한다.</td></tr>
<tr><td>나의 감정 조절하기</td><td colspan="2">자신의 감정을 조절해 본다.</td><td>자신의 감정을 상황에 맞게 조절한다.</td></tr>
<tr><td rowspan="4">가족을 소중히 여기기</td><td rowspan="2">가족과 화목하게 지내기</td><td colspan="2">가족의 소중함을 안다.</td><td>가족의 의미와 소중함을 안다.</td></tr>
<tr><td></td><td></td><td>가족과 화목하게 지낸다.</td></tr>
<tr><td rowspan="2">가족과 협력하기</td><td>가족구성원을 알아본다.</td><td>가족구성원의 역할에 대해 알아본다.</td><td>다양한 가족구조에 대해 알아본다.</td></tr>
<tr><td>가족을 위하여 내가 할 수 있는 일을 알아본다.</td><td>가족을 위하여 내가 할 수 있는 일을 알아보고 실천한다.</td><td>가족은 서로 도와야 함을 알고 실천한다.</td></tr>
<tr><td rowspan="2">다른 사람과 더불어 생활하기</td><td rowspan="2">친구와 사이좋게 지내기</td><td>친구와 함께 놀이한다.</td><td colspan="2">친구와 협동하여 놀이한다.</td></tr>
<tr><td>나와 친구의 의견에 차이가 있음을 안다.</td><td colspan="2">친구와의 갈등을 긍정적인 방법으로 해결한다.</td></tr>
</table>

다른 사람과 더불어 생활하기	공동체에서 화목하게 지내기		도움이 필요할 때 다른 사람과 도움을 주고받는다.	다른 사람과 도움을 주고받고, 서로 협력한다.
		교사 및 주변 사람과 화목하게 지낸다.		
	사회적 가치를 알고 지키기		정직하게 말하고 행동한다.	
		다른 사람의 소유물을 존중한다.	다른 사람의 생각, 행동을 존중한다.	다른 사람을 배려하여 행동한다.
			친구와 어른께 예의 바르게 행동한다.	
			다른 사람과 한 약속이나 공공규칙을 지킨다.	
			자연과 자원을 아끼는 습관을 기른다.	
사회에 관심 갖기	지역사회에 관심 갖고 이해하기	우리 동네의 이름을 안다.	우리 동네에 대해 알아본다.	
		우리 동네 사람들에게 관심을 갖는다.	우리 동네 사람들이 하는 일에 관심을 갖는다.	다양한 직업에 관심을 갖는다.
			물건을 살 때 돈이 필요함을 안다.	일상생활에서 돈의 쓰임에 대해 안다.
	우리나라에 관심 갖고 이해하기	우리나라를 상징하는 것에 관심을 가진다.	우리나라를 상징하는 것을 안다.	우리나라를 상징하는 것을 알고 예절을 지킨다.
		우리나라의 전통놀이와 풍습에 관심을 갖는다.		우리나라의 전통, 역사, 문화에 관심을 갖는다.
			우리나라에 대해 자부심을 갖는다.	
	세계와 여러 문화에 관심 가지기		세계 여러 나라에 대해 관심을 갖는다.	세계 여러 나라에 대해 관심을 갖고, 서로 협력해야 함을 안다.
			다양한 인종과 문화에 관심을 갖는다.	다양한 인종과 문화를 알아보고 존중한다.

'나를 알고 존중하기'에서는 나와 다른 사람에 대한 관심을 갖고 차이점을 인정하며 수용하면서 나뿐만 아니라 다른 사람도 소중히 여기고 존중하는 태도를 기르며 나에 대한 존중심을 갖고 스스로 할 수 있는 일들을 선택하며 계획하고 실천해 보는 경험을 할 수 있도록 돕는다.

'나와 다른 사람의 감정 알고 조절하기'에서는 자신이 가지고 있는 여러 가지 감정을 알고 표현하면서 동시에 다른 사람의 감정을 알고 공감하는 태도를 기르고 자신의 감정을 상황에 적절하게 조절할 수 있도록 돕는다.

'가족을 소중히 여기기'에서는 가족의 소중한 의미를 알고 가족에 대한 탐구 및 가족을 위해 내가 할 수 있는 일을 실천하면서 가족과 화목하게 지내도록 돕는다.

'다른 사람과 더불어 생활하기'에서는 나와 친구의 생각 사이에 차이가 있음을 알고 갈등이 생길 때에도 긍정적으로 해결하면서 놀이할 줄 알며 도움이 필요할 때는 서로 협력하여 도움을 주고받을 뿐 아니라 관계로 형성된 공동체 내에서의 다양하고 소중한 사회적 가치들을 습득하여 지킬 수 있도록 돕는다.

'사회에 관심 갖기'에서는 영유아가 속한 사회, 즉 지역사회에서부터 나라, 세계에까지 관심을 갖고 기초적인 탐색과 함께 공동체의 일원으로서의 자부심과 다양한 문화에 대한 차이를 수용하여 존중하고 협력의 태도를 가질 수 있도록 돕는다.

04

CHAPTER

영유아의 사회관계

영유아가 누군가와 '관계'를 맺는다는 것은 영유아에게 의미 있는 타인이 생겼다는 의미도 되지만 더불어 영유아도 누군가의 의미 있는 타인이 되었다는 의미도 된다. 왜냐하면 관계는 일방적인 방향으로 맺어지는 것이 아니라 상호적인 방향으로 이루어지기 때문이다. 사회적 관계로 맺어진 서로가 교환하는 상호작용은 때로는 지식을 알려주기도 하고 감정을 전달하기도 하며 방향을 알려주기도 하고 위험으로부터 보호해 주기도 한다. 중요한 것은 서로 인지적으로나 정의적으로나 신체적으로 다른 수준에 있음에도 부재 시 서로의 필요성에 민감하게 되는데, 이것은 상호작용을 통하여 서로가 공유하게 된 것들 때문이라고 할 수 있다. 본 장은 영유아에게 있어서의 중요한 세 관계와 그 관계를 통하여 이루어지는 상호작용에 대해 살펴볼 것이다.

1. 부모와 영유아의 관계

1) 부모-영유아관계의 중요성

영유아가 출생함과 동시에 만나게 되는 부모와의 관계는 영유아의 삶을 결정짓는 가장 중요한 관계이다(안영진 2015). 부모와 함께 하는 다양한 상호작용을 통하여 영유아는 사회에서 필요한 가치관과 규범을 배우게 된다.

(1) 부모-영유아관계의 특징

부모-영유아관계의 특징을 살펴보면 다음과 같다(윤기영 2002).

기초적 특성

부모-영유아의 관계는 영유아가 어머니의 태내에 있을 때부터 시작되어 모든 인간관계의 바탕으로서 영유아의 삶에 지대한 영향을 미친다.

공동 운명체적 특성

부모-영유아관계는 그 관계의 이유가 혈연이든 선택이든 상대에게 영향을 미치고, 부모와 자녀가 함께 공존하며 공동의 경험을 쌓아간다.

영속적인 특성

부모-영유아관계는 영유아를 임신하면서부터 부모 자신이 사망한 이후에도 제사와 같은 전통의식을 통하여 영유아가 사망할 때까지 계속된다.

다면적인 특성

부모-영유아관계는 생물학적, 혈연적, 심리적, 사회적, 정서적 등 여러 면에서 다양한 접촉과 많은 영향을 주고받는다.

변화 발전관계 특성

부모–영유아관계는 부모와 영유아의 성장발달에 따라 그 관계가 가지는 본래의 특성 외에도 복합적으로 바뀌게 된다.

(2) 부모-영유아 관계가 영유아 발달에 미치는 영향

부모–영유아관계는 영유아의 전반적인 발달영역에 많은 영향을 미치게 된다.

첫째, 부모–영유아관계는 영유아의 신체발달 측면에 영향을 미친다.

과거에는 영유아의 신체발달에 부모로부터의 유전적 요인과 영양 · 운동 등의 후천적 요인이 영향을 준다고 여겨왔으나 점차 영유아가 경험하는 심리 · 사회적 환경도 영유아의 신체발달에 큰 영향을 주는 것으로 알려지고 있다(최인혜, 2012). 또한 영유아에게 적절한 부모와의 정서적 유대감을 제공하기 어려운 보육원에서 성장하거나 가정에 닥친 위기로 인하여 영유아가 겪는 심리적 스트레스 또는 영유아에게 행해지는 부모의 학대는 영유아의 신체발달을 저해한다고 보고한다(임명희, 2003 ; Berk, 1995).

둘째, 부모–영유아관계는 영유아의 정서발달 측면에 영향을 미친다.

부모와 정서적으로 친밀한 상호작용을 하는 영유아는 다른 사람과 원만한 관계를 형성할 뿐 아니라 사회적 문제 상황 시 문제해결을 위한 자신의 의견을 제안함에 적극적인 양상을 보인다(문병환, 김세루, 2011 ; Mikie, Mattingly, Nomaguchi, Bianchi, Robinson, 2004). 어머니로부터 긍정적인 정서적 지지를 받고 자라난 영유아는 자신감 있는 태도로 문제 상황을 대하고 조직적이며 긍정적인 문제해결력으로 대처할 뿐 아니라 자신의 어려움에 적절한 도움을 요청할 줄 안다(임명희, 2003 ; Pianta, 1991). 또한 영유아가 부모와 긍정적인 상호작용을 하는 관계는 자아존중감을 높이게 되어 영유아의 정신건강에 영향을 미치고 인지발달뿐만 아니라 신경행동발달을 촉진시킨다(곽금주, 김수정, 2010).

셋째, 부모-영유아관계는 영유아의 언어발달 측면에 영향을 미친다.

부모-영유아관계에서 이루어지는 상호작용 시 부모의 언어능력은 전반적인 영유아의 언어능력, 즉 의사소통, 읽기, 어휘력 등의 발달에 영향을 준다(김이선, 1991 ; 이광자, 1990 ; 민성혜, 2000). 영유아는 부모의 언어가 1차적으로 그들이 받아들여야 하는 사회에 대한 정보를 얻는 사회적 통로이므로 부모의 언어에 민감할 수밖에 없다. 부모가 무슨 말을 할 때 맛있는 음식을 주고, 무슨 말을 할 때 편안한 잠을 잘 수 있는 환경을 제공해 주며, 그런 부모에게 영유아 자신이 어떤 말을 할 때 부모가 긍정적으로 반응하고 영유아의 필요를 채워주는지 알게 됨으로써 영유아의 언어는 발달하게 된다.

넷째, 부모-영유아관계는 영유아의 사회성발달 측면에 영향을 미친다.

부모가 영유아와의 관계에서 허용적이고 수용적이며 민감하고 긍정적인 태도로 영유아의 자율성을 인정할 때, 영유아의 사회성이 발달한다(최인혜, 2012). 부모와 상호작용 시, 지지받고 수용받은 경험을 가진 영유아는 또래 친구관계에 있어서 덜 공격적 태도를 나타내었고 보다 친사회적인 행동과 사교적인 모습을 보여 주었다. 하지만 부모와의 관계에서 부정적인 상호작용 경험을 가지고 있는 영유아는 사회적 관계를 맺을 때 사회적 기술을 나타내기보다 부정적인 감정을 표현하게 된다(East, 1991 ; Denham & Grout, 1992 ; Egeland, 1993 ; Pianta, 1994).

2) 부모-영유아 상호작용

영유아는 자신이 속한 사회에 적응해 나가기 위해서 상호작용을 통해 기본적인 욕구를 충족시키고 조절해 나간다. 따라서 영유아의 발달은 부모와의 상호작용에 의해 이루어지는데, 부모의 상호작용 양식은 영유아의 발달에 있어서 매우 중요한 영향요인이라고 할 수 있다.

부모-영유아 상호작용이란 부모-영유아 간의 균형을 유지하기 위해 끊임없이 상호교환과 변화가 이루어지는 역동적인 조절과정이다(Belsky, 1984 ; Bigner, 1994). 영유아의 양육과정에서 관찰되는 부모-영유아 상호작용의 유형은 훈육과 애정표현이다(Hetherington & Clingermpeel, 1992).

훈육과 애정표현

◈ 훈육

훈육은 넓은 의미로는 부모가 영유아를 대하고, 가르치고 돌보는 데 있어서 나타나는 행동 및 태도이며, 좁은 의미로는 영유아의 행동을 통제하고 변화시키기 위한 부모의 의도적 행동이다(김현택, 조선영, 박순권, 1997). 즉, 부모가 영유아에게 영유아의 수용의 여부와 관계없이 사회의 바람직한 행동을 요구하거나 그와 관련된 행동을 가르침으로써 영유아가 사회에서 주변환경과 자신을 조화롭게 조절하는 능력을 얻게 되는 것이다(김혜순, 강기숙, 권정윤, 2005). 이러한 부모의 훈육을 통한 교육은 부모가 가지고 있는 신념체계에 의한 영향을 받게 된다(Schaefer, 1959). 부모의 훈육에 대한 영유아의 지각 정도에 따른 결과보고에서 부모의 훈육이 비난적, 적대적, 냉소적이라고 지각하는 영유아는 적대감이 높고, 상대적으로 낮은 적대감 경향을 보인 영유아는 부모의 훈육을 민주적, 애정적, 과보호적으로 지각하였다(송종헌, 2000). 훈육은 영유아의 자아개념 및 자아존중감에 영향을 미치며(조규성, 2000), 합리적이고 일관적이며 신뢰롭고 애정적인 부모의 훈육은 영유아가 능동적, 독립적, 사교적, 창의적이고, 외향적이 되도록 돕고, 사회적응에 있어서 자신감이 있으며 다른 사람에 대한 적대감도 적다고 나타났다(김혜순, 강기숙, 권정윤, 2005).

◈ 애정표현

애정표현은 부모가 영유아를 다루는 따뜻하고 민감한 양육방법과 애정 있는 신체접촉이다. 이러한 애정표현을 통하여 부모는 영유아에게 심리적 안정감과 편안함을 제공하고 영유아와의 상호작용에 영향을 미쳐서 부모-영유아의 관계의 질적 차이를 갖게 한다. 영유아에 대한 온화하고 자율성을 인정하는 지지적인 부모의 애정표현은 영유아의 긍정적인 사회성발달을 돕는다(Dekovic, et. al., 1991 ; Landry, Smith, Miller, Loncar, & Swank, 2002). 따라서 부모의 부적절한 애정표현으로 영유아의 부적응의 행동이 나타날 수 있다(정향미, 2015).

Schaefer(1959)는 영유아를 신생아기부터 초기 청년기에 이르기까지의 발달과 상호작용으로 이루어지는 부모의 양육태도를 종단적으로 연구한 결과, 부모의 양육태도를 제시한 애정-거부, 자율-통제라는 2개의 축으로 분류하여 제시한 부모의 양육태도 모형을 [그림 4-1]과 같이 제시하였다.

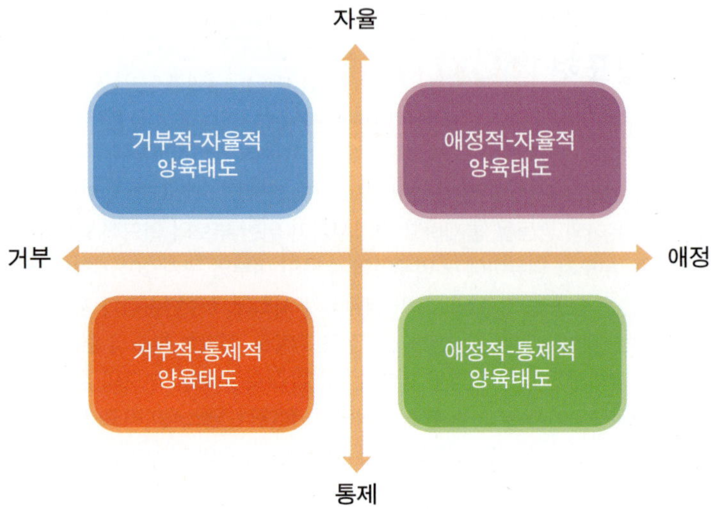

[그림 4-1] Schaefer의 부모 양육태도 유형

✻ 애정적-자율적 양육태도(affectional-auonomic attitude)

영유아와 상호작용할 때, 애정을 가지면서 동시에 영유아의 독립심과 자율성을 인정하며 양육하는 부모의 태도이다. 부모가 방임하지 않고 영유아에게 자유를 허용하면서 책임을 지도록 하는 태도로서 영유아가 자신의 부정적 감정을 표현할 때도 복종과 통제에 영향을 받지 않도록 돕는다. 이러한 양육태도에 의한 부모의 상호작용은 영유아를 대인관계에 있어서 사교적이고, 창의적이며, 자신뿐만 아니라 다른 사람에게도 적대감 없이 양육하도록 하는 가장 바람직한 양육의 방법이다.

✻ 애정적-통제적 양육태도(affectional-controling attitude)

영유아와 상호작용할 때, 영유아에게 애정을 가지면서 동시에 영유아의 행동에 제약을 많이 하는 부모의 양육태도이다. 이러한 부모의 상호작용은 영유아에 대한 과보호적이거나 소유적 태도로서 일일이 영유아의 행동을 간섭하여 영유아가 새로운 주변 환경에 대한 탐색과 반응의 기회를 제한하게 한다. 이러한 태도를 갖는 부모의 상호작용은 부모가 가지고 있는 사전 경험을 바탕으로 언어적 · 심리적 · 신체적 통제에 의해 영유아가 스스로 해야 할 삶의 선택사항들을 영유아에게 선택하도록 강요한다(이주화, 2015).

거부적-자율적 양육태도(rejecting-autonomic attitude)

영유아와 상호작용할 때, 영유아에게 애정 없이 영유아의 자율을 허용하는 부모의 양육태도이다. 애정이 없는 자율이기 때문에 이러한 영유아는 부모의 무관심, 방임, 태만, 냉담적인 태도로 양육되기 쉽다. 따라서 이러한 양육의 상호작용으로 자란 영유아는 애정 결핍하에 있게 되며 불안한 정서와 자신의 행동에 대한 자기조절능력을 상실하고 주변 환경에 소극적인 태도를 보인다. 이러한 영유아는 정서적인 문제를 안고 미성숙한 행동을 나타냄으로써 사회적으로 고립될 경향이 크다(배문주, 2004).

거부적-통제적 양육태도(rejecting-controling attitude)

영유아와 상호작용할 때, 영유아에 대한 애정도 없을 뿐더러 언어적, 심리적 및 신체적 통제를 통하여 부모의 권위와 독재적 요구에 대한 순종을 강요하는 부모의 양육태도이다. 이러한 양육태도는 만족스럽지 못한 결혼생활과 정서적으로 미성숙한 부모들이 갖는 양육태도로서 자녀를 일관성 없이 훈육만 하려는 경향에서 찾아 볼 수 있다. 이러한 양육환경에서 성장한 영유아는 결핍된 애정으로 부정적인 자아를 형성하여 내면적인 고통과 갈등으로 사회적으로 문제시되는 공격적 태도를 나타낼 수 있다.

어머니-영아 상호작용과 미러링(mirroring)

영아는 출생 직후 자신의 내적 상태를 인식하지 못한다. 영아가 자신의 내적 상태를 인식하는 것은 어머니와의 상호작용을 통해서이다. 어머니는 영유아를 욕구, 느낌, 의도를 가진 존재로 자신의 마음에 담은 후 영유아를 대하여 관찰한 바를 자신의 표정, 음성 등의 제스처와 행동으로 또는 말과 놀이로 전달해 주는데, 이러한 상호작용을 통하여 영아는 자신의 내적 상태를 표상하여 인식하게 되고, 궁극적으로 영유아가 겪게 될 복잡한 사회적 경험을 처리할 수 있는 깊이를 결정한다(Fonagy et al., 2002).

이러한 어머니-영아 상호작용에서 영아가 자신의 내적 상태를 인식하도록 돕는 과정은 어머니의 정서 미러링(mirroring)에 의한 것이다(Gergely & Watson, 1996). 3개월의 영아가 어머니의 미러링을 통하여 갖게 되는 정서 인식의 두 가지 발달적 측면은 다음과 같다.

첫째, 영아는 어머니의 미러링과 자신의 정서상태를 비교하면서 주체적으로 자신을 조절하는 경험을 갖는다.

둘째, 영아는 자신의 정서상태를 표상함으로써 정서조절과 충동 통제의 기반을 마련한다.

이러한 영아의 정서 이해와 정서조절능력발달을 위하여 충족되어야 할 어머니의 정서 미러링의 조건은, ① 영아의 정서에 대해 신속히 읽어주는 어머니의 수반적인 반응(contingent response), ② 어머니의 정서를 제외한 영아의 정서만을 표현하는 것이다(Gergely & Watson, 1999). 만약 영아의 내적 상태에 대해 적절히 미러링하지 못할 경우 영아는 실제적인 자신의 내적 상태와 맞지 않아 내적 상태 인식에 있어 손상이 일어나 혼란이 야기될 것이고, 또한 어머니가 미러링할 때 자신의 정서를 영유아의 정서와 분리하지 못하고 보여 주게 될 경우, 영아는 다른 사람을 통해 정서를 경험하는 성향(경계성 성격 장애)이 나타날 수 있다(Fonagy et al., 2002).

어머니-영아 상호작용에서 어머니가 영아에 대한 담아내기와 영아에게 미러링을 성공적으로 수행하려면 영유아의 정신적 상태와 내적 경험을 이해하는 어머니의 반영기능이 필요하다. 어머니-영아 상호작용에서 높은 반영 기능이 있는 어머니는 영아의 내적 상태를 보다 정확하게 파악하고 보다 공감적 미러링을 하여 내적 작동 모델(internal working model)의 형태로 내재화되어 영아의 안정 애착을 돕는다(Sroufe, 1996).

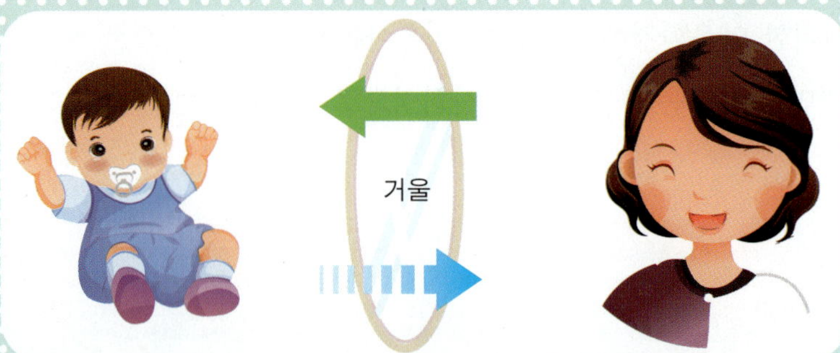

미러링(mirroring)을 통한 어머니-영아 상호작용

출처 : 박혜근(2015). 어머니의 반영기능, 어머니-영아 상호작용 및 영아 애착안정성의 관계.

2. 교사와 영유아의 관계

1) 교사–영유아관계의 중요성

영유아교사는 영유아가 가정을 벗어나 맺게 되는 매우 의미 있는 존재로서 영유아의 성장과 발달에 직접적인 역할을 한다(전경아, 2003). 이렇게 형성된 교사–영유아관계란 영유아의 발달을 돕는 과정에서 교사와 유아가 서로 나누는 감정과 태도, 부정적 또는 긍정적 반응, 정서에 대한 표현 또는 요구, 갈등에 대한 표현을 포함하는 상호작용을 나타내는 것으로 서로 간에 의미 있는 대상인 교사와 유아가 따뜻한 애정 있는 정서적 유대를 가지고 서로 지지하고 지원하나 지나치게 의존하지 않는 것이다(Pianta, 1991).

(1) 교사-영유아관계 이론

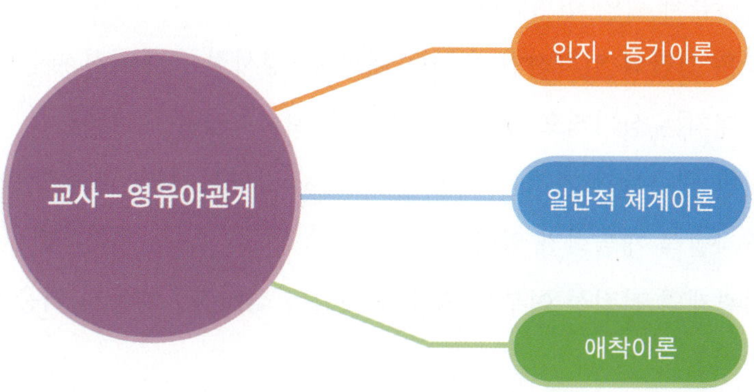

[그림 4–2] 교사–영유아관계 이론

✲ 인지 · 동기이론

영유아가 교사를 좋아하게 되는 것은 영유아가 영유아교육기관 활동에 대한 참여와 성취에 영향을 준다. 영유아교육기관에서 영유아들의 태도와 학문적 동기에 대한 교사의 의도적 지지에는 영유아가 교사와의 관계를 인식한다는 중요한 이유가 있다.

Connell과 Wellborn(1991)은 영유아들이 갖는 교사와 부모와의 긍정적인 관계는 영유아교육기관에 속한 영유아의 학문적 성취를 위한 동기를 제공한다고 하였다. 또한 보다 더 지지적인 교사와의 관계를 경험한 영유아는 사회적으로 더 유능하게 성숙했다고 보고되었다(Pallas, Enwisle, Alexander, Cadogan, 1987).

✲ 일반적 체계이론

교사와 영유아의 관계에서의 기능과 역할 외에도 사회 문화적 맥락에서 이루어지는 상호작용 차원이 고려되어야 한다는 견해이다(Ford & Ford, 1987). 교사와 영유아의 상호작용은 또래와의 상호작용 및 영유아의 교육기관에의 적응에 영향을 미쳐 또래에 대한 인식을 형성한다(Hughes, Timothy, Jackson, 1999).

✲ 애착이론

영유아의 애착에 대한 만족감을 교사와의 안정된 관계 형성으로 이룰 수 있다고 보는 견해이다(Howes, Hamilton, & Matheson, 1994). Bowlby(1969)는 애착이론의 관계성에 대한 근거를 다음과 같이 설명한다.

첫째, 애착은 인간의 일차적인 욕구로 대인 간 정서적 유대이기 때문에 이것에 대해 부정적인 대처는 심리적으로나 행동적인 문제를 초래할 수 있다.

둘째, 건강한 영유아가 가지는 활동의 두 가지 경향성, 애착과 우호관계 추구, 그리고 탐색과 자발적 개별화가 있다.

셋째, 애착관계의 건전성 여부를 영유아 개인의 심리적 · 행동적 적응의 구체적 과정으로 설명한다.

교사-영유아 간 관계의 질

교사-영유아 간 관계의 질은 세 가지 특성으로 구분할 수 있다(Pianta, Steinberg, & Rollins, 1995).

◈ 친밀

교사-영유아 간 의사소통 정도가 애정적이고 개방적이어서 영유아교육기관에서 영유아로 하여금 정서적 지지 및 안정감을 제공할 수 있는 관계의 질적 특성이다. 교사와의 친밀한 관계는 영유아가 교육기관에 대한 긍정적 인식을 도와 보다 빠르게 교육기관에 적응하여 교육활동에도 적극적으로 참여할 수 있도록 한다. 이러한 경험은 영유아가 자신감을 갖고 학습 성과 및 사회적 유능성을 도모하도록 돕는다(Birch & Ladd, 1977).

◈ 갈등

교사-영유아 간에 서로 믿음을 바탕으로 한 조화로운 상호작용이 다소 미흡한 정도의 관계 특성이다. 교사와의 관계에서 어려움을 느끼는 영유아의 스트레스는 분노, 불안, 소외감, 외로움 등의 부정적 정서로 표현되어 교육기관에 대해 적응하지 못하는 문제행동을 보일 수 있다(이진숙, 2001). 이것은 교사가 영유아에게 지지적이거나 지원해 주는 대상이라는 믿음이 부족하기 때문이다.

◈ 의존

영유아가 교사에게 매달리는 관계 특성으로 애착과는 명확히 구분된다. 애착은 다른 사람의 접근을 추구 · 유지하는 가운데 가장 가까운 사람과의 강렬한 정서적 유대감이나 의존은 특정한 의미 있는 타인이 아닌 자신의 존재감에 대한 안정을 위해 일반적인 사람에게 의지하려는 것이다(김선정, 1998). 너무 지나치게 교사에게 의존하는 영유아는 오히려 교육기관을 비롯한 사회적 관계 및 환경에 대한 탐색에 주저하고 부정적인 태도를 갖는다.

출처 : 이하원(2014). 교사-유아관계 및 또래유능성과 유치원 적응 간의 관계.

(2) 교사-영유아관계에서 갈등 유발 변인

교사는 영유아가 교육기관에 적응하는 데 있어서 매우 중요하고 의미 있는 존재이다. 많은 다른 이유도 있을 수 있지만 교사 때문에 교육기관이 천국처럼 느껴질 수도 있고 또는 정말 가고 싶지 않아 부모님 손에 억지로 끌려가는 곳이 될 수도 있다. 즉, 교사와의 관계에서 발생된 갈등은 영유아가 단지 그 교육기관에 가고 싶지 않은 이유가 될 수도 있다. 교사와의 갈등 유발 변인에 대한 탐구는 영유아의 교육기관에서의 행복한 생활을 도울 수 있다.

✲ 유아 변인

① 영유아의 문제행동

영유아가 인지, 정서, 신체, 사회성, 도덕성 등 전인적 발달 측면에서 그 발달 시기에 부적절하거나 역기능적인 행동을 나타내는 것(고인숙, 2008)이다. 즉, 넓은 의미로는 영유아가 사회적 기대 및 사회적 규범에 어긋난 행동을 보이거나 자신 또는 다른 사람을 괴롭히는 행동이다(Wicks-Nelson & Israel, 1991).

이러한 문제행동은 그 원인의 소재나 증상 유형에 따라 분류체계가 달라지는데, 원인의 소재에 따라 영유아의 내적 원인(endogenous etiology)으로 유발되는 유기체적(organic) 문제와 외적 원인(exogenous etiology)으로 유발되는 기능적(functional) 문제로 구별된다(민성길, 1990). 유기체적 문제는 뇌손상, 유전, 체질, 나이, 성, 인종 등이 영유아의 발달에 영향을 주어 나타나는 것이고, 기능적 문제는 선천적 요인 또는 기질적 요인에 의해 특별한 취약성은 없으나 가정환경, 부모의 영향 등 주로 환경요인으로 인해 발생하는 정서적 · 행동적 · 사회적 문제행동이다. 이러한 내적 원인과 외적 원인은 보통 복합적 양상으로 보인다.

영유아의 문제행동은 영유아의 경험 증상의 유형에 따라 외현화 문제와 내재화 문제로 구분한다. 외현화 문제는 주로 사회적응과 관련된 행동을 조절하지 못하여 나타나는 데, 공격성, 과잉행동, 거짓말, 도벽, 다른 사람을 못살게 하는 등의 행동적인 문제이고, 내재화 문제는 자신을 너무 지나치게 억제함을 통하여 영유아 자신이 고통을 받게 되는 증상으로 자신을 적절하게 표현하지 못하는 위축 및 불안, 외로움, 우울, 두려움 등의 정서적 문제행동이다(Weisz, Suwanlert, Chaiyasit, Weiss & Aderson, 1988).

교사의 교수행동은 영유아의 문제행동에 영향을 받게 된다. 여기에는 두 가지 가설이 있다. 하나는 문제행동 영유아는 교사가 수업시간에 제공하는 어려운 과제를 피하려 하고 교사는 영유아들의 문제행동을 피하기 위해 교수법을 단순화하거나 정교한 상호작용을 하지 않을 수 있다. 다른 하나는 문제행동 영유아는 교사들의 스트레스 유발요인이 되어 수업의 질에 부정적인 영향을 미친다.

② 영유아의 부정적 정서성

영유아의 기질에 따른 정서적 반응에 대한 개인차를 이해하기 위하여 개인의 정서적인 내적 특성을 정서성(emotionality)이라고 한다(Eisenberg & Fabes, 1992). 정서성은 목표 달성 및 욕구 충족과 관련하여 발생한다. 긍정적 정서성이 목표를 달성하고 욕구가 충족되었을 때 발생한다면, 반면 부정적 정서성은 목표에 실패하고 영유아의 욕구가 무시되어 분노, 슬픔, 좌절 등으로 나타난다. 즉, 부정적 정서성은 영유아가 주로 사회적 맥락 안에서 다른 사람들과의 관계 가운데 발생하는 사건에 원인이 있음을 알 수 있다(오경희, 2010). 영아의 부정적 정서성은 주로 영유아가 교사의 관심을 독점하고자 하는 욕구가 충족되지 않았을 때, 놀이 욕구가 충족되지 않을 때, 자율성 및 주도성을 발휘하지 못할 때, 교사로부터 거부되거나 인정받지 못할 때 나타난다. 부정적 정서성이 높은 영유아는 갈등 유발 상황 시, 자신의 정서 강도를 적절히 조절하지 못하여 공격적인 행동을 많이 나타내고 긍정적인 정서조절행동을 적게 나타낸다(송혜선, 2005). 반면, 부정적 정서성이 낮은 영유아는 자신의 정서를 효율적으로 조절하여, 내면화 및 외현화 문제행동을 적게 나타낸다(Rydell, et al., 2003).

③ 영유아의 주의력결핍 및 과잉행동

영유아들이 또래들에 비해 산만하여 가만히 있지 못하고 주의 집중에도 어려움을 가져서 놀이 및 활동 등에 부적응을 보이는 행동장애를 주의력결핍 및 과잉행동장애(Attention Defici Hyper-activity Disorder : ADHD)라고 한다(Goldstein & Goldstein, 1990). 영유아기에는 영유아들의 적절한 행동이 ADHD로 오인될 가능성이 있어서 진단의 어려움이 있으나 대체로 영유아가 3~4세경이 되면 ADHD의 특성이 두드러지게 확인될 만큼 뚜렷하게 나타난다. 일반적으로 ADHD 영유아는 생각 없이 행동하거나 부정적인 기분을 갖기 쉽고, 쉽게 지루해하며, 일상의 반복적인 규칙적인 일에 부정적인 반응을 한다(Campbell, 1990). 이러한 ADHD 영유아의 특성으로 교사는 행동 통제의 어려움을 느끼기 때문에 성공적으로 돕지 못할 경우 스스로 좌절과 무력감을 느끼게 된다(오경희, 2010).

교사 변인

① 교사의 효능감

Bandura는 인간의 행동이 환경적 요인과 인지적 요인에 의해 결정된다고 하면서, 환경적 요인이 직접적으로 행동에 영향을 미치지 않고 인지적 매개과정에 의해 처리되고 변형되어 결국 인간이 행동하는 양상에 영향을 주게 된다고 하였다. 이때 인지적 과정을 '자기효능감'이라는 개념으로 설명한다(전인옥, 1996). '교사효능감'은 이러한 Bandura의 자기효능감 개념을 교직이라는 특수영역에 적용한 것으로서 교사가 자신의 교수능력뿐만 아니라 교수행동에 대하여 믿음의 정도를 의미하는 것이다(한석실, 임명희, 2003). 즉, 영유아가 보이는 학습에 대한 능력이나 수용 정도가 교사 자신이 가지고 있는 신념에 의한 영향을 받을 수 있다는 것이다. 교사효능감이 낮은 교사는 영유아가 부정확한 대답을 하였을 때 비난하듯 반응하는 비율이 높았으며 영유아가 정확한 대답을 하지 못했을 때 정확한 답을 이끌어 내기보다는 다른 영유아에게 답을 요구하는 식으로 영유아를 효과적으로 지도하지 못한다고 하였다(Gibson & Dembo, 1984).

② 교사의 우울감

우울감은 우울한 기분을 갖는 것으로서 비관적이거나 부정적인 생각과 동기화 및 신체적 기능의 저하를 동반한다(오경희, 2010). 원인은 주로 자신과 주변 상황에 대한 정보처리과정에서 발생하는 잘못된 인지적 습관에서부터 비롯한다. 우울감은 개인이 경험한 그 사건 자체가 문제가 아니라 그 개인이 그 사건을 어떻게 해석하느냐에 있어서 부정적 감정에 기인한다고 하였다(Beck, 1967). 또한 우울감은 자신과 주변 상황에 대한 절대적이고 일방적인 판단기준으로 융통성을 발휘하지 못한 단차원적인 해석으로 다양한 의미보다 단 하나의 의미부여를 함으로써 발생한다고 하였다. 더불어 교사의 우울감의 원인이라고 할 수 있는 스트레스가 해소되지 않을 경우 지각체계 반응, 즉 어떤 상황을 지각하고 반응하는 체계가 무감각적이 되어 동기나 의욕을 약화시켜서 영유아의 상호작용 시 교사는 덜 반응적이거나 덜 민감할 수 있다. 이러한 교사의 요인은, 특히 영유아가 영유아교사를 만나는 시기가 성격 형성의 중요성을 가지므로 교사의 스트레스 관리를 통한 우울감의 제거는 무엇보다 중요하다 할 것이다. 스트레스 관리능력이 부족하여 높은 스트레스를 지각하는 교사일수록 영유아와의 상호작용 시, 반응적, 온정적, 개별화 정도와 놀이나 과제 상황, 또래갈등, 문제해결 등에서 교사의 개입 수준이 낮아졌다(오경희, 2010).

(3) 교사-영유아관계가 영유아발달에 미치는 영향

교사–영유아관계는 영유아의 전반적인 발달에 영향을 미치는데, 구체적으로 살펴보면 다음과 같다.

교사–영유아관계는 영유아의 정서발달에 영향을 미친다

교사의 행동은 영유아의 애착안정성 및 또래관계에서 일어나는 놀이에도 영향을 준다(Howes, 1997). 교사가 상호작용하는 질적 수준은 영유아의 정서와 관계가 있다고 보고하는데, 교사의 수용적이고 표현적인 언어를 통한 적절한 상호작용이 이루어질 때 영유아는 더욱 긍정적인 정서표현을 한다고 하였다. 특히, Mitchell–Copeland, Denham과 DeMulder(1997)은 어머니와 불안정 애착을 형성한 영유아가 교사와 안정 애착을 형성할 때 부분적으로 어머니와의 불안정 애착이 보충되어 교사와 안정 애착을 형성하지 못한 영유아보다 높은 수준의 사회적 유능감과 친사회적 행동을 나타낸다고 하여 교사–영유아관계의 중요성을 강조하였다.

교사–영유아관계는 영유아의 사회성발달에 영향을 미친다

영유아를 존중하고 반응적이며 민주적으로 상호작용하는 교사와의 관계는 영유아들이 보다 더 사회적 문제를 해결하는 데 도움을 준다(Holloway & Reichhart–Erickson, 1998). 또한 영유아의 발달을 자극하고 격려하며 반응적으로 영유아의 활동에 참여하는 교사의 상호작용은 영유아가 높은 사회적 유능감을 갖도록 돕는다(Kontos & Wilcox–Herzog, 1997). 교사와 안정 애착성을 형성한 영유아는 또래와의 놀이에서 복합성을 띠게 되는 것을 볼 때, 교사와의 안정된 관계는 영유아가 형성하는 바람직한 또래관계의 기초가 된다는 것을 시사한다(Howes, 1997).

교사-영유아관계는 영유아의 언어발달에 영향을 미친다

교사가 영유아와 상호작용할 때 영유아 주도 지향적인 대화는 영유아의 언어발달, 특히 의사소통능력발달에 도움을 준다. 또한 조절, 통제하는 언어보다 표현 언어를 자주 구사하는 교사의 상호작용은 더 높은 수준의 영유아 언어발달을 돕는다(Tizard, Cooperman, Joseph & Tizard, 1972).

교사-영유아관계는 영유아의 인지발달에 영향을 미친다

교사-영유아의 관계의 질은 영유아의 개념발달과 학교에서의 성취에 영향을 미친다(Pianta, 1997). 즉, 높은 수준의 관계의 질을 갖춘 반응적인 상호작용은 영유아가 높은 수준의 놀잇감을 선택하도록 돕는다(Kontos & Wilcox-Herzog, 1997). 또한 교사의 긍정적인 사회적 상호작용을 통한 애착 안정성 및 창의적 놀이활동의 참여는 영유아의 인지활동 변화의 15~30%를 유발시킬 가능성이 제시됨으로써 교사와의 관계 형성 및 상호작용의 중요성이 강조되었다(Howes & Smith, 1995).

2) 교사-영유아 상호작용

영유아교육기관의 하루 일과 속에서 교사는 영유아들과 다양한 방법으로 상호작용하는데, 상호작용은 교사와 영유아 쌍방 간의 언어적 대화뿐만 아니라 함께 활동하면서 영유아가 교사의 말에 반응하고 교사는 영유아의 요구와 신호에 민감하게 반응하고 수용하는 것 등을 모두 포함하는 개념이다(서지은, 2014). 따라서 교사와 영유아 간의 상호작용이란 다양한 활동 속에서 나타나는 의사소통으로서 언어적 · 비언어적 표현 등 다양한 방법을 통해서 직 · 간접적으로 개입하는 개별적이고 집단적이며 상호적인 관계를 의미한다(최혜영, 2004).

임옥희(2006)는 바람직한 교사-영유아 관계 형성을 돕는 교사와 영유아의 상호작용을 다음과 같이 설명하고 있다.

✲ 적극적인 활동 참여

영유아에게 협동적인 활동을 마련해주고 참여하도록 격려하며 동시에 개별적인 행동을 지지하면서 놀이에 참여할 수 있도록 하는 것 등을 포함한다.

✲ 경험의 다양성

다양한 경험을 놀이를 통해 가질 수 있도록 하는 것으로, 능동적으로 놀이공간을 탐색할 수 있도록 허용하고, 자신이 선택한 놀잇감을 가지고 놀이하도록 한다. 교사뿐만 아니라 다양한 상호작용의 대상자를 접할 수 있는 기회를 제공하고 영유아의 발달수준에 맞는 놀잇감으로 능동적으로 탐색하며 몰입하여 놀잇감과의 상호작용도 이루어질 수 있도록 한다.

✲ 교사의 반응적 태도

영유아와 함께 있는 것을 좋아하고, 늘 관심 가운데 지켜보면서 영유아의 요구에 항상 민감하게 반응한다.

✲ 교사의 허용적 태도

교사가 자신의 감정조절에 대한 어려움으로 화가 나도 소리를 지르거나, 짜증을 내지 않고 자신의 일관되지 않는 감정에 따라 영유아의 행동을 간섭하거나 제한을 하지 않는 행동이다.

3. 또래와 영유아의 관계

1) 또래-영유아관계의 중요성

또래는 보통 발달적으로, 신체연령이나 생활연령에서 동일선상에 있는 친구를 의미한다. 공통의 관심사를 가지고 거의 같은 수준의 상호작용을 할 때 영유아들은 친밀함을 느끼고 '또래관계'라는 특별한 관계를 맺고자 하는 시도를 하게 된다.

(1) 또래의 역할

[그림 4-3] 또래의 역할

✲ 모델로서의 역할

영유아는 또래를 관찰하고 얻은 정보를 모방학습을 통하여 내면화함으로써 다양한 지식을 얻는다. 사회적 모델로서 중요한 대상인 또래는 영유아에게 바람직한 도덕적 판단을 하고 협동하여 작업하는 것, 친구를 배려하는 마음과 태도 등과 같은 긍정적인 행동뿐만 아니라 공격적인 행동, 이기심, 불복종, 싸움 등 부정적인 행동도 배우는 통로가 된다. 아직 판단에 대한 개인적 신념이 완전히 형성되어 있지 않으므로 모방에 있어서도 영유아는 또래가 제안하는 특성에 따라 모방 대상 선택을 달리할 수 있다. 사탕 등의 보상을 준다거나, 재미있는 놀이방법이나 기술을 제공받는다거나, 자신과 비슷하다고 생각되는 영유아를 모델로 삼는다.

✲ 강화자로서의 역할

부모와의 관계에서 확장된 또래와의 관계에서도 마찬가지로 관계에서 받는 지지와 칭찬은 행동을 하는 데 있어서 매우 큰 효력을 발휘한다. 영유아에게 매우 중요한 관계로서의 또래의 인정을 통하여 영유아의 친절, 협동 다정함 등은 강화되어 반복되는 경향이 있고, 반면 이기심, 의타심, 아기 같은 행동은 또래들의 질타와 반대를 받게 되어 약화되거나 제거되기 쉽다.

✲ 준거집단으로서의 역할

인간이 사회구성원이라는 것은 모든 연령에서 보편적으로 자신의 행동이나 능력, 외모 등을 평가하기 위한 준거를 필요로 한다. 또래관계 및 또래집단은 영유아가 자신을 객관적으로 평가할 수 있도록 돕는 사회적 비교과정에서 중요한 준거역할을 한다. 즉, 또래의 행동이나 성취를 자신의 행동이나 성취와 비교함으로써 자신의 자아상과 자아개념을 형성하게 된다.

(2) 또래-영유아관계가 영유아의 사회화에 미치는 영향

또래관계는 영유아의 사회화 과정에서 다음과 같은 영향을 미친다(정대현, 2006).

- 타인과의 큰 사회관계망에서 자기정체감을 발견하도록 한다.
- 자기중심성에서 탈피하여 타인을 이해하고 사회 인지적 기술을 습득하게 한다.
- 사회에서 활용되는 사회 인지적 기술을 직접 습득하도록 돕는다.
- 부모의 부재하에 친숙하지 않고 위협적인 상황에서 정서적 지지를 제공한다.

2) 또래-영유아 상호작용

또래와 상호작용하는 과정에서 보여 주는 행동을 또래 상호작용이라 한다. 하지만 영유아가 상호작용하는 사회적 맥락의 변화에 따라 또래 상호작용의 기능과 형태에 대한 다양한 조망을 하고 있다(Howes, 1988).

또래-영유아 상호작용의 정의를 크게 세 가지로 요약할 수 있다.

✲ 교육기관에서의 영유아 행동 특성으로 판단하는 관점

영유아가 또래 상호작용을 시도하고 지속하는 과정에서 보여 주는 친사회성, 공격성, 위축행동과 관련된 언어 및 비언어 특성에 초점을 둔 것이다. 친사회적 행동 특성의 또래 상호작용은 '놀이상호작용', 공격적 행동특성의 또래상호작용은 '놀이갈등', 그리고 위축적 행동특성의 또래상호작용은 '놀이단절'이라고 할 수 있다.

✽ 또래 상호작용 행동의 기능을 중요시하는 관계적인 측면

Hinde(1987)에 의해 주장된 것으로서, 또래 상호작용의 기능과 관계의 중요성을 모두 강조하였다. 즉, 또래 상호작용이란 영유아가 또래로부터 인지하는 사회적 상황의 지표들인 또래의 특성, 제의, 반응들의 변화에 대응하여 그 형태와 기능을 변화시키는 것을 의미한다. 이것은 영유아가 또래와의 효율적인 상호작용 기능이 상대 또래와 맺어 온 관계의 질에 따라 달라진다는 것을 말하는 것이다.

✽ 놀이와 접목한 발달적인 측면

또래와의 상호작용 빈도가 증가하고 언어에 대한 이해가 급속히 발달하는 만 2~5세 시기의 영유아는 의미를 나누는 의사소통능력과 또래집단에 대한 사회적 지식에 따라 또래 상호작용이 달라진다. 이러한 관점으로 또래 상호작용을 한 영유아가 다른 영유아와 함께 시도하거나 반응하는 사회적 행동 또는 상호적인 게임에 참여하는 것이라고 정의하였다. 사회적 행동에는 미소, 제안, 받기, 공격성, 말하기가 포함되며, 게임이란 적어도 하나 이상의 주고받는 상호작용구조가 있는 활동에 참여하는 것이다.

(1) 또래-영유아 상호작용의 발달

✽ 또래-영아 상호작용 발달단계(출생 첫해~만 2세)

① 1단계 : **대상 중심 단계**(object-centered stage)

영아들이 서로 상호작용을 한다고 하지만, 대개 그들의 관심은 다른 영아들보다 인형이나 대상물에 향하고 있다.

② 2단계 : 단순 상호작용 단계(simple interactive stage)

영아가 또래들의 행동에 더 반응적이고 가끔 다른 영아들의 행동을 규제하려고 시도한다.

③ 3단계 : 상보적 상호작용 단계(complementary interactive stage)

더욱 복잡한 순서의 사회적 교환이 일어난다. 모방이 더욱 자주 나타나고 상호 호혜적 또는 상보적 역할관계가 나타난다. 미소를 짓고 적절한 애정표현을 하는 등 긍정적인 상호작용도 일어나나 만 2세쯤 되면 장난감으로 서로 싸우거나 때리는 등 신체적 공격성을 나타내는 부정적인 상호작용도 나타난다. 하지만 2세 전까지는 긍정적인 상호작용이 보다 우세하다.

✲ 친구관계의 발달단계

① 0수준 : 일시적인 놀이 동료(3~6세)

이 시기의 영유아는 자기중심적이기 때문에 자신을 중심으로 친구관계를 형성한다. 자신과 자주 놀거나 가까이 살거나 자신이 선호하는 물건이나 능력을 가지고 있을 때 '친구'라고 부른다.

② 1수준 : 일방적인 도움(5~9세)

이 시기의 영유아는 자신의 기분을 행복하게 해주고 기쁨을 주는 또래를 '친구'라고 부른다. 자신에게 사탕을 주고, 차례를 양보하며, 놀잇감을 주고, 놀이집단에 넣어주며, 특별한 생일선물을 주는 또래에게 좋은 감정을 느낀다. 또한 이 시기는 친구를 갖고자 하는 바람이 너무 강해서 뜻이 맞지 않더라도 혼자서 놀지 않고 또래와 같이 놀려고 한다. 관계를 맺기 위해 다양한 시도를 한다는 것이다. 그 시도가 선물일 수도 있고 위협일 수도 있다. 동성끼리의 친구관계 형성이 이루어지며 한 명 이상의 친구관계 형성은 어려워한다.

③ 2수준 : **쌍방적이고 공정한 협력**(7~12세)

이 시기의 아동은 공정성의 개념을 가지면서 친구관계에서 쌍방의 관점을 모두 고려할 수 있다. 이 시기에는 친구들과의 비슷한 점을 찾아 클럽을 결성하고 나름의 규칙을 만들고 동질성 유지를 위한 비밀, 계획, 의견 등을 공유한다. 이 시기의 친구관계는 "짝"으로 발달하는 경향이 있는데, 여아는 단짝친구로서 조금 느슨한 관계로, 남아는 집단으로서 이루어져 스포츠 등의 활동을 한다. 소속감과 함께 뒷담화가 시작되고 이러한 뒷담화는 집단의 신념과 행동에 따른다는 것을 의미하여 보다 친밀한 친구관계를 형성한다(Kuttler, Parker &. LaGreca, 2002).

④ 3수준 : **친밀하게 상호 공유된 관계**(8~15세)

처음으로 친구관계가 공유된 목적, 가치, 사회적 이해를 가지고 형성되며 유지되는 관계임을 안다(Rubin et al., 2006). 이 시기의 아동은 단순한 협상이 아닌 협력을 통해 서로의 행복에 관심을 보이고 관계 가운데 얻는 정서적 지원의 중요성을 느낀다. 단짝 친구에 대한 친밀성이 증가하여 서로에게 완전히 몰두하고 소유하려고 하게 되는데, 이것은 친구가 다른 친구를 가져서는 안 되고 모든 것을 함께 해야 한다고 기대한다는 것을 의미한다. 이것을 어길 경우 배신이라고 생각한다.

⑤ 4수준 : **성숙한 친구관계**(12세 이후)

친구를 소유하려 하지 않고 한 번에 한 명 이상의 친구관계를 맺을 수 있으며 서로 신뢰와 지지를 해주는 유대를 형성한다. 이것은 때로는 함께 하고 때로는 내버려 두는 경험을 통해 서로가 멀리 있어도 오랜 시간을 보지 못하더라도 친밀한 관계를 유지할 수 있게 된다.

(2) 또래-영유아 상호작용 발달을 돕는 방법

또래-영유아 상호작용은 영유아가 사회구성원으로서 바람직한 역할을 하기 위한 기초를 마련해 주기 때문에 영유아를 돕는 주변 성인, 특히 부모 또는 교사는 다음의 여섯 가지 방법을 상황에 따라 조합하여 효과적으로 활용하는 것이 필요하다.

형성하기

이 방법은 사회적으로 고립된 영유아를 돕는 가장 강력한 중재방법이다(Schneider, 1992). 이것은 보상을 사용하여 바람직한 행동을 계속 유지하도록 하거나 한 번에 조금씩 하여 발달을 돕는 것이다. 그러나 영유아가 자신이 원하는 목표행동을 잘 인식하고 있지 못할 경우는 모델링이 보다 효과적이다.

모델링

이 방법은 사회적 기술을 행동으로 시범으로 보여 주는 과정이다. 친구관계의 특정한 장면을 인형이나 다른 사람을 대상으로 하여 시범을 보일 수도 있고 교사가 영유아와 함께 다른 영유아의 놀이나 행동을 관찰함으로써 바람직한 행동을 지적해 주는 지원 관찰을 할 수 있다. 이 경우 모델이 되는 영유아가 비슷한 연령이며 동성일 때 더욱더 강화의 효과가 있다(Erwin, 1998).

코치하기

이 방법은 초등학생에게 보다 적용되는 것으로 직접 아동에게 어떤 기술이나 전략을 수행하는 방법을 말해 주고, 연습의 기회를 주며, 피드백을 주는 것이다. 보통은 교사–아동의 일대일의 상황에서나 소집단에서 사용되며, 토론, 기술 시범 보이기, 연습하기, 평가하기로 구성된다.

또래 가르침

이 방법을 다른 용어로 '또래 짝짓기'라고도 한다. 즉, 친구를 잘 사귀는 영유아와 사귀기 어려워하는 영유아를 짝지어 주는 것이다. 이러한 짝짓기는 '무시 영유아'의 사회적 기술과 지위를 향상시켜 주는 것으로 나타났다(Morris & Gross, 1995). 무시 영유아는 동일 연령의 또래와 사귀는 어려움이 있으므로 보다 어린 연령과 짝 짓는 것도 효과적인 방법일 수 있다(Rubin, 2003). 교사는 짝이 함께 해결할 수 있는 특별한 과제를 부과한다.

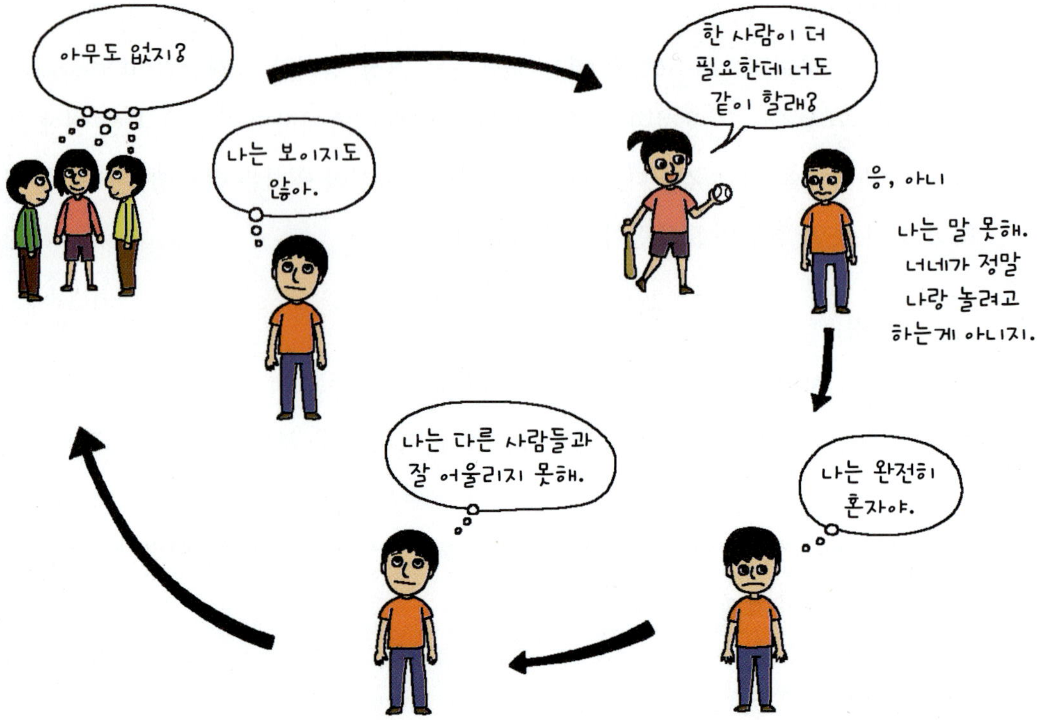

[그림 4-4] 무시 영유아의 상호작용 패턴

출처 : Rubin et al.(2003).

✲ 사회적 문제를 해결하는 기술

한 영유아가 가지고 있는 사회적 문제를 해결하는 능력과 기술은 다른 영유아에게 매우 매력적인 친구 선택요인이 될 수 있다. 따라서 영유아의 또래 상호작용을 보다 원활히 이루어지도록 돕기 위해서 사회적 문제를 해결하는 기술을 습득하도록 지원하는 것이 필요하다. 이에 사회적 상황을 바꾸어 가며 역할을 수행해보는 역할놀이가 매우 효과적인 교사의 지원책이라고 할 수 있다.

✲ 협력적인 활동과 놀이하기

이 방법은 친구 사귀는 각 단계를 가르치는 강력한 도구로서 경쟁은 최소화하고 영유아들 간의 협력의 기회를 제공하는 상호작용이 촉진될 수 있도록 매일의 활동과 특별활동을 구성하는 것이 핵심이다.

[표 4-1] 특별한 요구가 있는 영유아의 또래관계에 영향을 주는 요인

요인	자폐 영유아	언어장애 영유아	영재 영유아	방임 및 학대 영유아
사회인지	자폐 영유아는 다음과 같은 어려움을 지닌다 : 사회적 단서 읽기(언어톤, 얼굴 표정, 몸짓), 상황에 맞게 적절한 사회적 단서 사용하기(손을 흔들어 인사하기), 사회적 상호작용/관계에서 원인과 결과 이해하기	언어장애를 지닌 영유아는 원인과 결과를 연결하기에 어려움이 있어, 그 결과 사회적 단서를 잘못 해석한다. 이들은 눈맞추기와 타인과의 대화를 피하며, 다른 사회적 행동에서도 지체될 수 있다.	영재 영유아는 또래와 잘 지낼 수도 있으나, 자신에 비해 또래가 사회적 상황을 이해하는 수준이 낮은 것에 좌절하여 또래와의 관계 형성에 어려움을 지닐 수 있다.	방임 영유아는 자신이 무시될 만하다고 보는 경향이 있다. 사회적 단서를 읽거나 자신의 생각을 발달시켜 본 경험이 없다. 학대 영유아는 다른 사람들이 자신에게 화를 내고, 또래와의 경험이 부정적일 것이라고 예상하여 타인에게 공격적인 방식으로 접근한다.
정서조절	그 상황에 맞는 적절한 얼굴 표정을 보이지 못하고, 사건에 대한 표현과 정서적 반응이 또래보다 더 극단적일 수 있다. 타인의 감정을 잘 알아차리지 못한다.	자신의 정서를 다른 사람이 이해할 수 있도록 정확하고 분명하게 나타내지 못해서 높은 수준의 좌절을 경험한다.	비판에 과도하게 민감하다. 주변 사람들의 정서에 지나치게 민감하고 이들을 기쁘게 해주려고 애를 쓴다. 또한 이들은 자신의 정서에 대해 생각하는 데 몰두하여 타인의 정서를 알아차리지 못할 수도 있다.	방임 영유아는 타인의 정서를 알아차리고 구별하기 어려워한다. 학대 영유아는 얼굴 표정과 정서적인 설명 간의 관계를 잘 이해하지 못한다.
언어능력	언어능력에서 다양한 어려움이 있어서 말하기 능력은 좋은데, 주고받는 식의 대화하기가 어려울 수 있다. 이해하기 어려운 방식으로 말하기도 하고, 대화하고자 하는 타인의 의도에 맞춰 반응하는 것이 어렵다.	말을 잘 이해하지 못하거나 언어를 왜곡되게 사용하고, 말할 때 언어보다 비언어적 신호를 더 많이 사용하기도 한다. 질문에 적절하게 대답하지 않거나 자발적으로 대화에 참여하지 않는다.	언어능력이 일찍 발달한다. 언어를 빨리 습득하며 또래보다 높은 수준의 어휘를 사용하여 또래와의 관계가 어려울 수 있다.	무시나 학대를 경험한 영유아는 언어능력에 있어 문제를 가질 수 있는데, 이는 각 영유아의 특별한 상황이나 경험에 따라 다르다.

놀이 경험	놀이에서 상상의 생각을 하거나 다른 영유아에게 반응하는 것이 어렵다. 주로 혼자서 놀이한다.	놀이가 언어와 의사소통에 많이 의존하므로, 언어장애가 있는 영유아는 어려움을 지닌다. 자주 놀이하는 영유아와 친한 친구관계를 형성할 수 있지만, '안전한' 사람 외에 타인과 상호작용하지 않는 편이다.	재미있는 놀이 아이디어가 많고 놀이 상대로 또래에게 매력적일 수 있다. 이들은 사고의 수준이 높아 다른 영유아가 놀이의 의도를 이해하지 못할 경우 놀이가 잘 안 될 수도 있다.	성인이 격려하는 또래와 놀이 경험이 많지 않기 때문에, 놀이 상대로서 덜 유능할 수 있다.
자아 존중감	자폐 영유아에 따라 정도가 다양하다. 주변 사람의 반응과 경험이 자아존중감에 영향을 준다.	사회적으로나 학업에서 어려움을 경험한다. 또래와의 관계에서 성공적이지 못했던 경험이 많아 자아존중감이 낮다.	스스로에게 비판적이고 성취할 수 없는 높은 기준을 세워놓기도 한다. 반면, 원만하고 편안할 수도 있다. 자아존중감은 영유아마다 다르다.	무시 영유아는 유능감 및 가치감, 통제감이 거이 없이 낮은 자아개념을 지닌다. 학대 영유아는 자아 가치감이 낮고 스스로를 사회적 상황에서 무력하다고 본다.

출처 : Paasche et al.(2004) ; Saami et al.(2006) ; Thompson(2006).

05

CHAPTER

영유아의 사회성발달을 돕는 물리적 환경

유능한 사회인의 조건을 들자면, 여러 가지가 있겠지만 그중 한 가지가 '자율성'이다. 과제가 주어졌을 때 다른 사람에게 의존하지 않고 스스로 자신에 주어진 시간과 공간을 계획하고 실천하고자 하는 자세이다. 자율성이 가지는 의미 자체가 누구의 지시에 이루어지는 것이 아니라는 것이지만 이 자율성의 지도는 언어적 환경만으로는 그 발달을 기대하기 어렵다. 영유아의 눈높이에 맞는 선반 위에 놀잇감이 있다면 영유아는 놀이 후에 놀잇감을 스스로 정리할 수 있을 것이다. 등원하였을 때 자신이 출석하였음을 나타내는 출석표는 교실에서의 자신의 능동적인 참여자로서의 자세를 갖게 한다. 영역마다 영유아가 놀이하고 싶은 영역임을 표시하기 위해 붙이는 이름표는 놀이영역에서의 자신의 놀이 몰입도를 증가시키고 또 다른 친구도 기다릴 것을 예측하게 한다. 본 장에서는 영유아의 사회성발달을 돕기 위하여 간접적이나 교사의 치밀한 계획이 필요한 물리적 환경의 전략을 살펴볼 것이다.

1. 공간적 환경과 교구

영유아교사가 교육기관에서 물리적 환경을 구성하기에 고민하는 다섯 가지 이유가 있다.

첫째, 영유아의 교육기관에서의 행동을 예측하기 위해서이다.

물론 이것은 효과적인 관찰을 하기 위함이다. 관찰이 전제되지 않은 교육의 계획이나 수행, 평가는 아무 의미가 없기 때문이다. 교구장을 어떻게 배치해야 영유아들이 놀이하는 것이 한눈에 보일 수 있을지 영유아교사는 고민해야 한다. 왜냐하면 1~2명도 아니고 약 15~20여 명의 영유아를 한꺼번에 관찰하기란 아무리 능숙한 교사라도 쉬운 일이 아니다. 영유아교사의 뒤통수에도 눈이 있다고 하는 말은 영유아교사는 뒤돌아 있어도 영유아가 무엇을 하고 있는지 꿰고 있다는 말이지만 그것은 실제로 불가능하다. 그것이 가능하게 하려면 관찰을 위한 공간 구성 및 시간 구성의 교사 나름의 전략이 필요한 것이다. 영유아의 행동을 예측하고 고안한 공간 구성은 보다 효율적인 관찰을 도울 수 있다.

둘째, 영유아가 등원하기 전, 영유아의 행동을 촉진 또는 최소화를 하기 위해서이다.

공간의 구성에 따라 바람직한 영유아의 행동이 촉진될 수도 있고 바람직하지 않은 행동이 최소화될 수 있다. 신체발달이 원활하게 이루어진 만 5세의 교실에 교구장이나 책상을 적게 놓으면 어떻게 될까? 신체발달이 원활하게 이루어지지 않은 만 2세의 교실에 교구장이나 책상을 많이 놓으면 어떻게 될까? 물론 교구장이나 책상의 개수나 배치 형태는 그 연령이 갖는 인지발달에도 영향을 받지만 신체발달에 따라서도 교실의 공간 구성은 이루어져야 한다. [그림 5-1]에서 보는 바와 같이 A형의 교실 공간 배치는 교구장이나 책상의 수가 적어 빈 공간이 많다. 이러한 공간은 대근육이 한창 발달해야 할 영아를 위하여 적절하다. 반면, B형의 교실 공간 배치는 발달한 대근육으로 혹여 뛰어다녀 안전사고를 미리 예방하기 위한 물리적 환경 구성으로 유아를 위하여 적절하다고 할 수 있다.

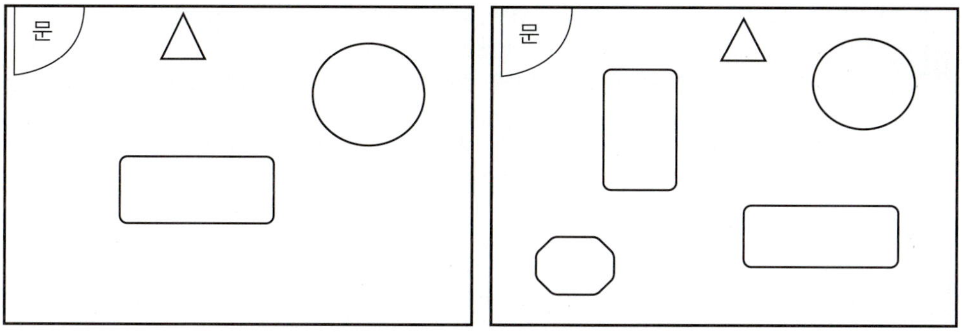

〈A형〉 〈B형〉

[그림 5-1] 발달과 연령에 따른 교실 공간 배치의 예

[그림 5-2] 만 3세반 교실의 공간 구성의 예

[그림 5-3] 만 4세반 교실의 공간 구성의 예

셋째, 영유아들의 갈등과 좌절을 최소화하기 위해서이다.

영유아들은 교육기관에 즐거운 마음으로 온다. 재미있는 놀이도 있고, 좋아하는 선생님과 친구들도 있다. 하지만 자아개념과 함께 생긴 소유욕은 공간에 대해서도 발생할 수 있다. 영역에 대한 차지가 영유아들의 즐거운 곳에서의 갈등과 좌절의 요소가 될 수 있다.

[표 5-1] 사회적 유능성의 목적, 구성하기의 형태, 교수 목적 및 구성하기 실제 간의 관계

사회적 유능성의 요소	구성하기 형태	영유아를 위한 목적	구성하기의 예
사회적 가치	미리 구성하기	영유아는 사용하는 교재교구를 다룰 수 있다.	교사는 영유아가 교재교구에 쉽게 접근할 수 있도록 교구바구니를 정리한다.
긍정적 자아정체감	미리 구성하기	영유아는 집단에 기여할 기회를 가지고 인정받는다.	교사는 모든 영유아의 작업, 프로젝트, 미술작품을 전시할 공간을 제공한다.
대인 간 기술	현장에서 바로 구성하기	영유아는 공동 목적을 이루기 위해 함께 작업한다.	교사가 처음에 예상하였던 것보다 더 많은 영유아가 콜라주를 하고자 할 때, 영유아가 활동을 못하고 돌아가기보다 더 많은 영유아가 참여할 수 있도록 재료를 추가하여야 한다.
자기조절	현장에서 바로 구성하기	영유아는 대집단 시간에 주의 집중할 수 있다.	대집단 시간에 교구장 위의 교재교구 때문에 영유아들의 주의가 산만했다. 교사는 교구장을 뒤로 돌려 산만함을 줄였다.
계획하고 결정하기	결정할 수 있도록 구성하기	영유아는 교재교구나 활동을 비교하여 선택할 수 있다.	교사는 영유아가 선택할 수 있는 적절한 대안 재료나 활동을 제공한다.
문화적 유능성	미리 구성하기	영유아는 사람들이 다양한 문화적 배경을 가지고 있음을 알게 된다.	교사는 놀이실 내 홍미 영역에 다양한 문화배경과 능력을 지닌 사람에 대한 그림 자료를 추가한다

출처 : Kostelnik, M., Whirn, A., Sodeman, A., & Gregory, K.(2009). Guiding Children's Social Development and Learning, 6th ed.

넷째, 영유아의 건강환 환경관리를 위해서이다.

영유아교사의 가장 큰 책임은 교육이다. 하지만 그것은 인지적 활동만을 한다고 이루어지지 않는다. 영유아의 건강을 보장해 줄 수 있는 환경하에서 이상적인 교육이 가능한 것이다. 하지만 영유아교사의 하루에 감당해야 할 업무량은 가히 상상하기 어렵다. 따라서 영유아교사의 부족한 시간으로도 효율적이고 건강한 환경관리가 가능한 공간 계획 및 구성이 필요하다.

[표 5-2] 영유아의 행동에 영향을 주는 시설 조정하기

차원		관찰된 상태	조정방법	영유아에게 미치는 영향
안전	(온도)	• 덥고 통풍이 잘 안 되는 교실 • 외풍이 있거나 추운 교실	• 창문과 출입구 열어 두기 • 단열제가 설치될 때까지 창문 턱 위에 수건이나 기저귀로 눌러놓기	• 스트레스를 덜 받고 더 편안해짐
	(청결)	• 화장실 바닥에 물이 떨어짐	• 물 닦아내기	• 교사나 영유아가 미끄러지는 것을 예방함
	(장비)	• 실외놀이터로 연결되는 출입문이 고장남	• 문기둥 주변을 줄로 묶고 문을 닫아두거나 보수할 때까지 교사와 영유아의 출입을 위해 문에 서 있기	• 영유아들이 차가 다니는 곳으로 뛰어가 사고 나는 것을 예방함
실내 디자인(벽)		• 단조롭고 지루한 노란색의 벽 • 조작 영역에서 놀이하지 않음	• 영유아들 그림을 한 가지 색으로 테두리 친 다음 한 쪽 벽에 전시하기 • 양면테이프를 사용하여 밝은 색(체리색이나 오렌지색)의 도화지로 임시 도배하기	• 영유아들은 자신들의 작품 전시로 교실이 아름다워질 때 특히 자랑스러워 함 • 영유아들은 밝은색에 매력을 느끼고 그 영역으로 오게 됨
소음 통제		• 책상에 있는 놀잇감에 망치질을 하는 영유아	• 놀잇감 아래에 신문지 접어 두기	• 망치질을 하는 영유아는 다른 영유아를 방해하지 않고 활동을 계속 즐길 수 있음
조명		• 햇빛이 눈부신 날	• 전구를 끄고 창문을 통해 들어오는 햇빛 사용하기 • 눈이 부시는 것을 예방하기 위해 블라인드나 커튼 조정하기	• 조명이 줄어들면 조용하게 상호작용하는 경향이 있음 • 빛의 반사는 눈의 피로를 증가시키기 때문에 영유아들은 이러한 조건에서 시각적으로 정교한 작업을 할 수 없음

출처: Kostelnik, M., Whirn, A., Sodeman, A., & Gregory, K. (2009). Guiding Children's Social Development and Learning, 6th ed.

다섯째, 사회구성원으로서 영유아의 긍정적인 자아개념 확립을 위해서이다.

① 거울

[그림 5-4] 교실 내에 비치된 거울

거울은 영유아가 자신을 발견해 가는 중요한 도구이다. 만 2세 때 거울 속에서 보는 자기 모습과 만 5세가 되어 거울 속에서 만나는 자기 모습의 변화를 느끼며 영유아는 자신의 중요한 신체적 자아상을 구축하게 된다.

② 생일 축하 게시판

[그림 5-5] 월별 생일 축하 게시판

생일은 영유아에게 매년 돌아오는 자신만의 축제의 날이다. 또한 자신이 이 세상에 태어났음을 많은 사람들의 환영과 축복으로 증명받으며 자신의 소중함을 확인받는 날이기도 하다. 교실의 생일 게시판에 자신의 이름이 게시되기 전부터 영유아는 자신의 생일을 설레는 마음으로 준비한다. 왜냐하면 생일 게시판에 자신의 이름이 오른다는 것은 교실 공동체 내에서 반 친구들의 공동 축하를 받을 수 있는 교실의 중요한 공적 행사로 자신의 생일이 인정된다는 것이다. 월별 생일 축하 게시판은 영유아 자신이 소중한 존재라는 것을 영유아 자신뿐만 아니라 반 친구들도 인정해 줄 수 있도록 기회를 제공하는 영유아교사의 일반적인 배려방법이며 필수적인 환경 구성이다.

③ 협동 작품

[그림 5-6] 만 5세 협동작품 사례

협동작품을 만들어 내는 협동학습 자체가 영유아가 자신을 집단 내에서 관찰할 수 있도록 도움을 주지만 그러한 자신의 기질과 욕구 등을 조절해 가며 협력하는 가운데 이루어 낸 공동의 작품은 이제 영유아가 자신이 다른 사람과의 관계 가운데에서 잘 기능할 수 있다는 신뢰를 갖도록 돕는다. 그것은 긍정적인 자아개념 형성의 새로운 전환이라고 할 수 있다.

여섯째, 영유아가 속한 사회의 특징을 알려주기 위해서이다.

[그림 5-7] '우리나라' 주제의 탈 전시회

영유아교육기관은 영유아가 알기를 권장하는 세상에 대한 정보를 압축하여 영유아에게 제공하는 곳이다. 따라서 영유아가 유능한 사회인으로서 준비되기 위하여 영유아가 속한 사회에 관한 특징에 대하여 알 수 있도록 교사의 공간적 환경 구성이 필요하다.

일곱째, 창의적 문제해결력 향상을 돕는다.

(a) (b) (C)

[그림 5-8] 창의적 공간 환경구성의 예

창의적인 공간에서는 창의적인 사고를 자연스럽게 유도할 수 있다. 그래서 재미있는 생각은 아이들의 몫이기 이전에 교사들의 행복한 고민이어야 한다. 창의적인 공간을 창출하고자 공간의 문제를 해결하고자 노력하는 교사의 문제해결력의 역량은 고스란히 그 공간에서 뛰어노는 영유아들의 것이 된다.

여덟째, 영유아의 자율성발달을 위해서이다.

영유아는 스스로 할 수 있다. 다만, 경험해 보고 연습해보지 않았기 때문에, 자신 스스로 자신의 시간과 공간을 계획하고 구성하며 즐거움을 맛보는 성취감을 느껴보지 못하는 영유아는 할 수 없다. 그것은 성인이 되어서도 마찬가지다. 스스로 해보는 경험을 교사의 공간 구성을 통하여 자연스럽게 접하게 될 때 영유아는 유능한 사회인으로서의 자질을 맛보게 된다. 이로써 또한 자신이 앞으로 속하게 될 공동체 사회에서 지켜야 할 원칙에 대하여 자발적인 자세를 가질 수 있다.

[그림 5-9] 사회의 권장 원칙에 대한 홍보문의 예

2. 시간적 환경

1) 출석 표시하기

[그림 5-10] 출석판과 이름표

사회에서 이름이 갖는 의미는 매우 크다. 그것은 영유아에게도 마찬가지이다. 영유아가 등원을 하면서 '이제 난 재미있게 놀거야!' 하며 다짐을 굳이 하는 것이 아니더라도 자신의 이름을 다른 친구들과 동등하게 한 반으로서 묶여진 출석판에 붙이고 난 후, 유치원에서 혹은 어린이집에서의 하루 일과를 시작하는 자세는 자신에게 주어진 시간에 대해 책임을 지는 행동에 대한 기본적인 연습이라고 할 수 있다.

2) 날짜판

[그림 5-11] 날짜판

영유아들은 교육기관에 등원하여 자신의 이름표를 출석판을 붙이고 나면 그 옆에 있는 날짜판을 볼 수 있다. 교사의 배려이다. 그날의 날짜를 인지해야 한다는 무언의 시간적 환경 구성이다. 이 날짜판과 함께 영유아들이 시간의 흐름에 따라 익숙해지는 생활 활동이 있다. 놀이계획표이다. 7일 단위로 반복되는 요일에 보다 민감한 영유아들은 요일에 따라 자신이 하고 싶은 놀이를 계획할 수 있다.

3) 놀이계획표

[그림 5-12] 놀이계획표

놀이계획은 출석판에 이름표를 붙이고 자유선택활동이 시작되기 전에 이루어진다. 이 놀이계획은 매우 중요한 시간적 환경으로 매일 3가지 놀이만을 계획하기로 약속함으로써 영유아의 놀이욕구를 조절할 뿐 아니라 계획한 대로 놀이가 제대로 이루어지지 않았거나 영유아 스스로 계획한 놀이에서 즐거운 경험을 하지 못했을 경우 자기평가를 구체적으로 할 수 있는 기회를 제공한다. 또한 1주일에 영유아가 선호하는 1가지 놀이에만 집중 선택되지 않도록 교사의 지도용 관찰자료로 활용된다.

4) 일과계획표

교사의 일과계획은 영유아가 하루의 일과를 예측하는 데 도움을 줌으로써 영유아의 기대감을 상승시키고 몰입도를 증가시키며 안전사고 예방에 매우 중요하다. 교사는 영유아가 등원하기 전에 일과계획을 하고 있다가 영유아와 대집단으로 인사를 나누면서 그날의 하루 일과가 어떻게 진행되어갈지에 대한 안내를 해준다.

[그림 5-13] 일과계획표

5) 게시판

게시판은 자칫 교육기관을 방문하거나 직원들을 위한 환경 구성이라고 생각할 수 있으나 교육기관 내의 각종 게시판은 영유아들의 시간의 흐름을 이해할 수 있도록 돕는 중요한 시간적 환경이다.

(1) 월별 활동 게시판

[그림 5-14] 월별 활동 게시판

월별 활동 게시판은 영유아가 교실뿐만 아니라 자신의 교실이 포함된 전체 유치원이나 어린이집의 시간에 따른 변화를 알 수 있게 돕는다.

(2) 식단 알림판

[그림 5-15] 식단 알림판

식단 알림판은 영유아의 가장 큰 관심사일 수 있는 점심과 간식의 변화를 날짜에 따라 알 수 있도록 돕는다.

(3) 작품 게시판

[그림 5-16] 작품 게시판

작품 게시판을 통해서도 교사는 영유아들에게 시간에 대한 변화를 알려줄 수 있다.

6) 시계와 시간 관련 교구

[그림 5-17] 시계

[그림 5-18] 시계교구

시계는 영유아들에게 참 재미있는 사물이다. 그것이 무엇인지 모르지만 교사인 선생님이 무언인가를 하거나 하지 않으려고 할 때 그것을 꼭 보고 말하기 때문이다. 그런 궁금증을 기반으로 영유아들의 시간개념 형성을 도울 수 있다. 시간이 왜 중요한지, 시간을 잘 사용하는 방법은 어떤 것인지 등 시간이 세상에서 영유아들이 미래에 자신의 생활을 관리하는 것이 행복한 삶의 중요한 열쇠라는 것을 배울 수 있는 기회를 제공하는 것은 매우 중요하다.

3. 자율적 생활지도

1) 자율성발달을 돕는 환경 구성

[그림 5-19] 이 닦기 판

[그림 5-20] 계단 우측보행 발 표시

영유아가 자신이 속한 사회의 규칙과 문화에 적응하는 것은 쉬운 일이 아니다. 무엇보다 누가 보지 않아도 그러한 사회의 문화들이 몸에 배인 습관이 되어 영유아 스스로 행한다는 것은 20~30여 분 정도 단 한 번의 단위활동으로는 이루어지지 않는다. 교사가 자율성 지도를 목표로 하고 있는 주제에 대하여 영유아가 일상생활 속에서 지속적으로 "재미있게" 실천해 볼 수 있는 활동을 마련해 주어야 한다. 재미있다는 것이 꼭 창의적이라고 말할 수 있는 것은 아니나 창의적인 영유아들의 재미를 이끌어 내는 것은 자율성 지도가 주입식이 되지 않기 위해 필요하다.

2) 약속 정하기

[그림 5-21] 약속판

영유아들의 중요한 공간인 교실에서 또래 친구들과 재미있게 교실 놀이를 즐기기 위해서는 약속 또는 규칙 정하기가 필요하다. 이것은 영유아들이 성인이 되어 경험하게 될 법이나 공공질서의 중요성을 경험하는 중요한 과정이다. 하지만 약속과 규칙의 존재 필요성과 함께 강조되어야 할 것이 그 약속과 규칙을 정하고 지키는 사람이 영유아들 자신이어야 한다는 것이다. 스스로 자신이 속한 사회의 약속과 규칙을 만들어 봄으로써 영유아들은 사회의 공간과 시간에서 자신들이 원만한 놀이생활을 할 수 있는 방법들을 고안해 볼 것이고 그 때문에 나 중심의 사고에서 다른 사람 중심으로 생각을 전환할 수도 있고 또한 교실의 가장 의미 있는 권위자인 '선생님'으로부터 자신의 의견을 존중받음으로써 약속과 규칙 준수에 대한 책임감과 아울러 교실에 대한 애정도 생긴다.

3) 자율성발달을 돕는 설비

[그림 5-22] 만 3세 화장실

[그림 5-23] 만 5세 화장실

일반 사람들이 영유아교육기관에 방문하면 신기해 하는 것 중 한 공간이 화장실이다. 작은 변기들과 세면대가 영유아들의 사용처임을 증명해준다. 연령에 맞게 이렇게 배려된 설비들은 영유아들이 스스로 손을 씻고 배변할 수 있도록 돕는다.

4) 영유아의 의사결정을 돕는 방법

① 영유아에게 매일 다양한 선택의 기회를 마련한다.

② 자연스러운 상황을 통해 선택의 기회를 마련한다.

③ 긍정적 말로 선택하게 한다.

④ 영유아가 무엇을 선택하든 교사가 받아들일 수 있는 대안을 제공한다.

⑤ 영유아가 결정하기에 충분한 시간을 준다.

⑥ 영유아가 결정한 대로 아직 시행되지 않았다면 바꿀 수 있게 한다.

⑦ 영유아 스스로 계획한 것을 수행하고 완성하게 한다.

⑧ 영유아가 선택한 것에 대해 책임질 수 있도록 지원해 준다.

⑨ 영유아가 자신의 행동을 평가하는 방법을 배우도록 도와준다.

교사가 피해야 할 함정

◈ 한 번에 너무 많은 변화를 주는 것

영유아는 안전과 예측 가능성을 모두 필요로 한다. 하루 일과 계획을 변경하고 교실을 재배치하는 것과 같은 몇 가지 변화를 생각할 수 있지만, 점진적으로 해야 한다. 어린 영유아는 보다 나이가 많은 영유아보다 변화가 많을 때 더 많이 혼란스러워 한다.

◈ 감독하지 않는 것

절대로 영유아를 감독하는 교사 없이 두어서는 안 된다. 일반적으로 영유아들은 안전하다고 스스로 여겨진 교구를 잘못 사용할 수도 있다. 또한 흥미를 잃고 부적절하게 행동할 수 있다.

◈ 계획에 집착하는 것

상황을 평가해 보았을 때 계획한 대로 되지 않을 것이 분명하다면 계획을 조정하거나 수정 또는 포기해야 한다. 가장 좋은 계획도 예상대로 실행되지 않고 수정해야 할 때가 있다.

◈ 부적절한 계획을 세우는 것

일시적인 기분으로 일과 계획이나 교실 배치를 변경하려 해서는 안 된다. 교사는 화분, 책, 혹은 놀잇감과 같은 자료들을 추가할 수 있지만 환경 내 주요 사항을 충동적으로 변화하면, 영유아가 혼란스러워하고 어린 유아의 경우 더욱 그렇다. 무거운 것들을 이동하기 전에 주요한 가구들의 배치도를 그려보는 것도 좋다. 그 이유는 만약 가구들이 공간에 맞지 않는다면, 다시 이동시켜야 할 것이고, 그러면 더 피로해지고 더 좌절하게 될 것이기 때문이다.

◈ 부모가 의사결정의 원칙을 이해하고 자녀를 위해 환경 구성하는 방법을 안다고 가정하는 것

교사는 의사결정에 관한 구체적 사항을 배우고 이것을 영유아에게 가르칠 수 있지만, 부모는 어떤 양말을 먼저 신어야 하는지와 같은 간단한 선택을 어린 자녀가 할 수 있다는 생각조차 하지 않을 수 있다. 이런 방법을 알려 주면 가정과 학교 간의 연계가 강화된다.

◈ 영유아가 일과대로 생활하는 방법을 안다고 가정하는 것

영유아가 하는 방법을 알지 못하는 것과 하려고 하지 않는 것을 구별해야 한다. 영유아는 옷 입고 벗기, 씻기, 교구 치우기 등을 자동적으로 알지 못한다. 영유아를 지도하는 사람은 영유아의 행동을 비판하기에 앞서 과제를 정확하게 하는 방법을 가르쳐 주어야 한다. "엄마가 아무것도 가르쳐 주지 않았니?" "책상도 안 닦아 봤니? 내가 하고 말지."와 같은 말은 부적절하다. 대신 "그걸 하기가 어렵나 보구나. 내가 어떻게 하는지 보여 줄게. 그러면 너도 그걸 할 수 있을 거야."와 같이 말한다.

◈ **불필요하거나 지나치게 상세히 지시하는 것**
영유아가 충분히 과제를 할 수 있을 때에도 교사는 지시하는 경향이 있다. 지시는 간단하고 직접적으로 한다. 판단이 안 될 때에는 그 과제를 하는 방법을 아는지 영유아에게 물어본다.

◈ **지시가 필요한 상황과 제한을 설정해야 하는 상황을 혼동하는 것**
영유아가 과제를 하는 방법을 알고 기대되는 행동을 알면서도 따르지 않는다면, 제한을 설정하는 것이 적절하다. 이 경우 지시에 따르도록 하기 위해서 지시를 반복하지 않는다. 그러나 영유아가 과업을 수행하는 방법을 모른다면 지시하는 것이 적절하다. 이는 영유아의 선행 경험과 지식에 따라 판단된다. 예를 들어, 기관에 처음 온 영유아가 복도에서 배회하고 있다면 아마도 이 영유아는 길을 잃고 어디로 가야할지 모르는 경우로 지시를 필요로 하는 상황이다. 몇 주 동안 기관에 다닌 영유아가 복도에서 배회하고 있다면 이 영유아에게는 분명한 제한을 설정하는 것이 필요하다.

◈ **보조교사의 관찰은 중요하지 않다고 여기는 것**
보조교사는 보통 영유아 가까이에서 작업하기 때문에 한 영역에서 영유아가 어떻게 행동하고 교구를 어떻게 사용하는지를 볼 수 있다. 주교사는 이러한 정보로 더 효과적인 계획을 세울 수 있다. 주교사는 보조교사가 관찰한 것을 공유할 수 있는 기회를 정규적으로 마련할 필요가 있다. 보조교사는 좋은 관찰자로 주 교사의 관찰한 것을 공유해야 한다.

◈ **영유아에게 지도하기보다 지시하는 것**
때로 교사는 활동을 하고 있는 영유아보다 결과물에 더 많은 관심을 가진다. 이에 교사가 모든 의사결정을 하고, 기준을 만들고, 영유아에게 해야 할 일을 말한다. 건강이나 안전이 문제될 때는 지시가 최선의 선택이지만 모든 것에 교사가 지나치게 많이 지시한다면 영유아의 자율성과 자신감, 유능감은 감소된다.

◈ **영유아의 의사결정 및 계획에 교사가 너무 빨리 또 너무 많이 관여하는 것**
교사는 너무 많은 도움을 재빨리 제공함으로써 영유아의 계획과정을 떠맡곤 한다. 영유아들이 질문을 할 때까지 기다리고, 영유아들의 생각을 검토해 보고 다른 생각이 있는지 물어본다. 실현 가능하지 않은 해결책도 영유아들이 해보고 포기하게 한다. 가능할 것 같지 않은 것도 많이 생각하게 한다. 모든 것을 교사가 해결하려고 하면 영유아의 자신감과 교사에 대한 신뢰감이 무너질 수 있다.

◈ **아무것도 할 수 없다고 생각하는 것**
때로 교사는 현 교실 상태를 개선할 방법이 없다고 생각할 수 있다. 교사가 많은 것을 할 수는 없지만, 공간을 매력적이게 만들고 개별화할 수는 있다. 교사는 자료, 가구, 혹은 장식 등을 변화할 수 있는지 시설장에게 물어볼 수 있다. 베개를 추가하거나 작은 책상을 놓는 것은 큰 문제가 아니므로 이러한 것은 가능하다.

◈ 너무 빨리 평가하는 것

새로운 교구가 첨가되고 교실이 바뀌거나 일과 계획이 바뀐 경우 교사는 즉각적으로 긍정적 결과를 얻을 것이라고 예상한다. 어린 영유아들은 일반적으로 그 영역에 친숙해진 다음 더 적극적이 된다. 소음과 혼란이 증가할 것은 즉시 예상되지만, 긍정적인 결과는 3주 후에나 관찰될 수 있다.

◈ 교사의 계획을 다른 교사와 영유아에게 전달하지 않는 것

관리하는 과정에는 변화가 수반되는데, 이 경우 모든 사람과의 의사소통이 필요하다. 영유아와 교사가 변화에 적절히 준비한다면 모든 것은 더 잘 운영될 것이다.

◈ 불필요하거나 지나치게 상세히 지시하는 것

영유아가 충분히 과제를 할 수 있을 때에도 교사는 지시하는 경향이 있다. 지시는 간단하고 직접적으로 한다. 판단이 안 될 때에는 그 과제를 하는 방법을 아는지 영유아에게 물어본다.

◈ 영유아가 완전히 자유롭게 선택하도록 하는 것

아무도 자신이 원하는 대로 할 수는 없다. 모든 것에는 제한이 있기 때문이다. 영유아가 협동하고 결정에 참여할 필요는 있지만 이들에게 완전한 자유를 주는 것은 아직 준비가 되지 않은 영유아에게는 부담을 준다. '무엇이든지 할 수 있는' 기회가 주어진 영유아가 선택을 하지 못할 수도 있다.완전히 자유로운 선택이 영유아에게 스트레스가 되고 혼란을 야기한다. 이러한 경우 영유아는 정말로 무엇이든 할 수 있는지를 알아보려고 하기 때문에 이러한 혼란은 소음과 무질서를 동반하게 된다.

출처 : Kostelnik, M., Whirn, A., Sodeman, A., & Gregory, K.(2009). Guiding Children's Social Development and Learning, 6th ed.

06

CHAPTER

영유아 사회교육의 교수-학습방법 및 평가

식당에서 음식을 만들어 손님을 감탄하게 만드는 방법은 여러 가지가 있다. 그 중 가장 중요한 것은 음식의 맛일 것이다. 그런데 그 음식의 맛을 좌우하는 것이 음식을 만드는 방법이다. 재료의 특성을 잘 살려서 손님의 개인적 차이까지 고려한다면 그 음식에 대한 손님의 평가는 말할 나위가 없을 것이다. 본 장은 방대한 사회교육의 내용을 영유아들이 잘 습득할 수 있도록 고안해 낸 다양한 교수학습방법과 목표에 따른 내용습득의 정도를 어떻게 평가하는지에 대하여 알아보고자 한다.

1. 교수-학습방법

영유아 사회교육의 핵심은 학자들이 연구한 결과로서의 지식 자체가 아니라 그 지식을 영유아가 스스로 탐구하고 사고하는 과정을 경험하게 하는 데 있다. 따라서 영유아는 자신을 둘러싸고 있는 사회적 맥락 안에서 탐구하고 경험함으로써 사회과학적 지식을 습득하고 사회적 기술과 바람직한 가치와 태도를 형성해 나갈 수 있다(손복영, 2011). 이에 영유아 사회교육에 있어서 교수–학습방법의 중요성이 있다.

1) 영유아 사회교육의 교수–학습 원리

영유아 사회교육은 다음의 교수–학습 원리에 준하여 수행되는 것이 바람직하다.

첫째, 동심원적 접근 원리이다.

영유아의 관심과 경험을 기반으로 점차 먼 곳으로 그 개념이 확대되어 지도록 돕는다.

둘째, 개별화의 원리이다.

영유아가 경험과 발달의 정도에 개인차가 있으므로 그 차이를 고려한 융통성 있는 내용이어야 한다.

셋째, 통합교육의 원리이다.

영유아의 교수 활동은 모든 발달영역이 상호 보완적 발달을 이루므로 영유아의 신체적 · 사회적 · 인지적 · 정서적 · 언어적 발달의 통합적 발달을 도울 수 있도록 수행되어야 한다.

2) 영유아 사회교육의 교수 전략

(1) 자기표현하기

영유아들은 자신을 표현하면서 자신을 알아가고 자신에 대해 존중하고 타인을 인식하며 사회에 수용되는 방법도 익힐 수 있다.

✲ 행동적 표현

자신의 표현과 느낌을 행동으로 표현하는 것으로서, 역할놀이, 게임, 신체표현, 구성놀이가 그 예이다.

✲ 조형적 표현

유아가 내적으로 느끼는 감정이나 생각을 평면이나 입체적 조형활동으로 표현하는 것으로서 그리기, 만들기, 꾸미기가 그 예이다.

✲ 언어적 표현

유아가 생각하는 것을 말이나 글로 표현하는 것으로서 감정을 말이나 글로 표현하기, 문제해결방법을 말이나 글로 표현하기가 그 예이다.

(2) 토의하기

토의는 영유아들이 주어진 어떤 주제나 갈등 상황에 대하여 서로의 의견을 제시하고 나누면서 공통의 합의점을 찾거나 문제해결방안을 논의하는 방법이다. 토의를 통하여 새로운 놀이가 창출되기도 하고 규칙이 만들어지기도 하며 갈등문제가 해결되기도 한다.

토의는 토의 주제, 집단의 크기, 교사의 역할 등에 영향을 받는데, 다른 영향요인들의 부정적 결과를 최소화할 수 있는 요인은 교사로서 토의 상황에 따라 교사는 의견 제시자, 촉진자, 중재자의 역할을 담당해야 한다.

(3) 문제해결하기

문제해결력은 유능한 사회인으로서 매우 중요한 요건이 될 수 있다. 당면한 문제에 대하여 합리적 사고와 창의적 방법으로 문제에 대한 새로운 안목을 제시하는 능력은 누구에게나 환영받는 역량이다. 중요한 것은 이것 역시 교육과 훈련과 연습으로 가능할 수 있으며 많은 문제해결 경험을 가진 영유아가 보다 뛰어난 문제해결능력을 소유할 수 있다.

(4) 사회적 추론하기

사회적 추론은 논리적인 설명, 칭찬, 영유아의 행동이 나타낼 결과에 대한 예측 등으로 영유아 자신이 자신의 행동을 분석하여 원인과 결과를 판단하고 사회에서 일반적으로 수용 가능한 형태의 행동을 하도록 유도하는 것이다(박찬옥 외, 2016).

(5) 모델링하기

모델링은 영유아에게 사회적으로 바람직하고 가치 있는 행동을 제시하고 학습하도록 돕는 것이다. 영유아에게 정서적 유대가 형성된 의미 있는 타인의 매력적인 행동을 모방하고자 한다. 따라서 교육현장에서 교사의 친사회적 행동은 영유아에게 매우 중요한 사회교육의 내용이자 방법이라고 할 수 있다.

(6) 설명하기

설명하기는 영유아들의 사회교육의 내용에서 개념 획득을 돕는 것이다. 대부분의 사회적 지식에 대한 소개를 위하여 활용될 수 있다.

3) 영유아 사회교육의 활동 유형

(1) 견학

견학은 영유아가 자신을 둘러싸고 있는 주변 환경에 대하여 직접 참여의 경험을 통하여 정보를 습득하는 활동이다.

◈ 사전활동
견학의 목표를 인식하고 견학 내용과 이유를 이해하며 흥미와 관심을 유도하는 과정
① 견학장소 방문 경험에 대한 이야기 나누기
② 견학장소에 대한 기초지식 제공
③ 견학장소에 대한 질문 수집
④ 견학장소에서의 규칙 정하기

◈ 본 활동
견학활동으로서, 견학의 목적에 유아의 흥미가 몰입되도록 지도하는 과정
① 견학장소의 전반적인 과정과 활동순서 탐색
② 영유아들의 흥미영역 관찰 조사
② 영유아들의 질문에 대한 충분한 탐구시간 제공
④ 사후활동 시 필요한 자료 수집
⑤ 현장 전문가들과의 면담
⑥ 견학 평가

◈ 사후활동
견학에서 영유아들의 체험을 바탕으로 회상과 함께 다음 활동으로 확장하는 과정

(2) 극놀이

극놀이는 영유아가 일상생활 가운데 주변에서 만난 다양한 인물이나 사건 등을 중심으로 한 내용에 대한 모방을 통하여 자신의 감정을 표현하고 다른 사람의 감정과 생각을 이해할 수 있는 활동이다.

극놀이의 교육적 가치

- 일상생활에서 문제해결능력을 기른다.
- 친사회적 의사결정능력과 행동을 발달시킨다.
- 다른 사람의 입장을 이해하는 타인조망능력이 발달한다.
- 인지적 사고의 발달을 돕는다.
- 언어적 표현능력과 타인과의 의사소통기술이 발달된다.
- 의미 없이 창의적으로 극놀이를 진행하면서 추상적인 사고와 창의성이 발달한다.
- 다양한 역할을 경험함으로써 사회적 기술과 통찰력을 발달시킨다.
- 심리적인 갈등요소들을 밖으로 표출시킴으로써 유아가 가지고 있는 갈등이나 긴장이 해소되는 치료의 역할을 한다.

(3) 자원인사 초청

자원인사의 초청은 가정에서 교육기관으로 영유아의 사회가 확장된 것과 같은 보다 확장된 사회의 경험을 가질 수 있도록 돕는다. 영유아가 속한 지역사회의 문화, 풍습, 역사, 직업 등에 대한 간접적 경험을 통하여 영유아는 점차 사회구성원으로서 갖추어야 할 지식들에 대해 관심을 갖게 될 것이다.

(4) 게임

게임은 영유아들이 즐겁게 놀이를 하면서 사회에서 통용되고 수용되는 중요한 가치와 규칙들을 습득할 수 있는 매우 중요한 교육활동이다. 게임은 통합적 교육이 가능하고 인성발달을 도울 수 있다.

(5) 흥미영역 활동

영유아가 자유롭게 자신의 선택을 통해 놀이할 수 있는 실내 · 실외 자유선택활동 시간에 수행되는 흥미영역에서의 활동은 영유아의 자발적인 흥미를 자신이 스스로 계획하고 조절하며 이루어진다. 이때 교사의 창의적이면서 체계적인 흥미영역의 구성은 유능한 사회인으로 준비되기 위한 영유아의 자율성발달을 촉진시킬 수 있다.

[그림 6-1] "건축물" 주제의 쌓기 영역의 예

2. 평가

평가를 하기 이전에 영유아에 대한 발달지식을 점검해 보자. 발달에 대한 지식이 전제되지 않으면 영유아를 수치로만 또는 한 순간의 관찰로만 이해하는 오류를 범할 수 있다. 발달지식은 평가의 목적이 평가를 하기 위한 것이 아니라 영유아를 개별적으로 이해하고 그들의 필요를 채우기 위한 도움을 준비하는 것이기 때문이다. 즉, 평가는 영유아의 성장발달과정이나 현재 발달상태를 이해하기 위한 것이며 영유아의 발달이 영유아교육에서 추구하는 인간상과 연계되고 있는가를 검토하는 것이다(교육인적자원부, 2007).

1) 평가의 방법

(1) 관찰법

영유아의 평가는 기본적으로 관찰을 전제로 해야 한다. 관찰은 자연스럽고 다양한 상황에서 영유아들의 다양한 사회적 기술, 태도, 가치 등을 파악하여 사회교육의 학습 목표 성취 정도를 알아보는 평가방법이다.

① 일화기록법

영유아의 일상생활에서 일어날 일에 대해 사건이나 행동을 중심으로 사실적으로 기록하는 방법이다. 다음의 유의사항을 고려하여 평가한다(Johnson, Christie, & Yawkey, 박찬옥 외 2016에서 재인용).

- 관찰일자, 시간, 장면 및 기본적인 활동에 대한 정보가 포함되어야 한다.
- 대상 유아의 초점 행동(예 : 인사하기, 친구와 사귀기 등의 사회적 행동)을 따라 기록해야 한다.
- 사건이 일어난 순서대로 기록한다.
- 대상 유아가 한 말을 그대로 기록하며 그 장면에 있었던 상대방의 반응도 자세히 기록한다.
- 기록은 객관적이고 정확해야 한다.

② 시간표집법

특정 행동을 특정 시점을 정하여 관찰하는 방법이다. 시간 간격을 두고 관찰을 하여 행동의 유무 여부나 행동 출현의 빈도수를 체크하는 방식으로 기록한다.

③ 사건표집법

관찰자가 관심이 있는 사건이나 행동의 발생 시 그때마다 일정한 형식에 따라 관찰 기록하는 방법이다. 행동의 발생 전(Antecedent event : A), 진행 중(Behavior : B), 후(Consequence : C)로 반응의 순서대로 기록한다.

④ 평정척도법

특정 행동을 정해진 범주에 따라 평가하고자 할 때 사용하는 평가방법이다. 특정 행동의 출현 여부와 행동의 특성을 수량화하여 점수를 부과한다. 빠른 시간 안에 평가하는 장점이 있으나 영유아에 대한 선입견으로 평가할 수 있다는 단점이 있다.

⑤ 행동목록법

관찰자가 영유아의 행동을 미리 사전에 목록화하여 행동의 출현 여부를 관찰하여 체크하는 방법이다.

(2) 면담

관찰로 알기 어려운 영유아의 구체적 정보를 알 수 있는 형식적 · 비형식적 면담이 있다. Darrow(1964)는 면담 시 다음을 고려하도록 한다.

- 일관성 : 영유아가 동일한 질문에 대해 안정된 반응을 하는가?
- 정확성 : 영유아가 비교적 정확한 반응을 하는가?
- 명료함 : 수용할 수 있고 평가 가능한 반응을 하는가?
- 충분함 : 관련 개념의 포함 정도가 어느 정도인가?
- 광범위함 : 나타난 개념의 범위는 어떠한가?

07

CHAPTER

영유아 사회교육 프로그램

만 3~5세 연령별 누리과정의 현장 적용 후, 현장은 많은 변화를 겪고 있다. 그중 장점은 누리과정의 목적대로 모든 교육현장에서 만 3~5세 연령대의 영유아들이 동일한 국가수준의 교육과정하에 보육 및 교육의 안내와 도움을 받고 있다는 것이다. 하지만 또한 간과해서는 안 되는 각각의 영유아 교육현장의 특별함이 있다. 영유아기가 가지고 있는 발달적 특성으로 특별히 강조되어야 할 교육과정의 필요이다. 본 장은 교육과정에서 프로그램이 갖는 의미와 특히 사회성발달에 초점을 두고 최근 개발된 영유아 사회교육 프로그램 사례를 살펴보도록 하겠다.

1. 교육과정으로서 프로그램

Schwartz와 Robison(1982)는 다양한 유아교육과정의 유형을 종합하여 다섯 가지 유형으로 분류하였는데, ① 우연히 일어난 것으로서의 교육과정, ② 영유아가 교육기관에서 갖게 되는 모든 경험으로서의 교육과정, ③ 교수계획으로서의 교육과정, ④ 교수요목으로서의 교육과정, ⑤ 프로그램으로서의 교육과정이 그것이다.

프로그램을 교육과정으로 보는 입장은 유아교육에서만 찾아볼 수 있는 독특한 관점이다. 이것은 디스타 프로그램, 하이스코프 프로그램 등과 같이 한 가지 접근방법이나 이론에 기초한 유아교육 모델 유형을 유아교육과정이라고 보는 입장이다. 이러한 입장은 1960년 이후 헤드 스타트 운동의 일환으로 개발된 다양한 보상교육 프로그램 모델들의 출현으로 유아교육과정을 유아교육 프로그램이라고 부르는 경향에서 출발되었다.

일반적인 유아교육과정의 개념보다 구체화되고 있어서 실제 현장에서 가르치는 교육 내용을 상세히 기술하는 협의의 개념을 가지고 있는 프로그램 중심의 유아교육과정 개념은 유아교육기관의 종류, 설립 목적 및 설립 주체, 대상 유아의 연령과 발달 수준, 운영시간 등 실제적 상황과 학습 및 발달에 있어서의 이론적 관점의 차이에 따라 각 프로그램의 특성을 달리 할 수 있다.

하이/스코프 프로그램(High/Scope Program)

1960년대에 와이카트 등이 Piaget의 인지발달이론에 기초하여 개발한 교육과정이다. 양질의 교육(high quality 혹은 high purpose)과 폭넓은 경험(far-reaching scope)을 학습자에게 제공하여 보다 나은 교육 목적을 달성하기 위한 교육활동 프로그램이다. 이 프로그램에서는 특히 학령 전인 영유아, 초등학생, 청소년들을 주요 대상으로 하는데, 영유아에게는 스스로 활동을 계획하고 수행하고 평가할 수 있는 능동적인 학습자로 여기고 이들에게 광범위하고 실제적인 교육적 경험을 제공하고자 한다. 영유아의 현재 발달단계에서 발현할 수 있는 인지적 · 사회적 기술을 습득하도록 구성주의적 학습과정을 촉진하여 문제해결능력, 대인관계 형성기술, 의사소통기술 등 급변하는 사회에서 성공적인 삶을 위하여 필요한 기술들을 계발하도록 한다.

디스타 프로그램(DISTAR Program)

'유아의 촉진 및 교정 학습을 위한 직접 교수와 체제'라는 의미를 가지고 있는 디스타 프로그램(Direct Instructional Strategy for Teaching Acceleration and Remediation : DISTAR)은 1960년대 미국의 헤드스타트 프로젝트의 일환으로 1964년 버라이터와 엥겔만(Bereiter & Engelman)에 의해 미국 일리노이 대학 연구소에서 개발된 저소득층 및 소수민족 자녀를 위한 유아교육 프로그램이다(Goffin & Wilson, 2001). 그 후 Becker가 참가하면서 엥겔만-베커 프로그램이라고도 부른다. 이 프로그램은 학습 결과의 격차가 빈부의 차이로 기인한다고 보고 기초학습인 읽고 쓰고 셈하기(3R's)를 교사 주도적 언어를 사용하여 반복적인 직접 교육으로 문화 결손 또는 문화 차이로 인한 학업성취부진을 해결하려고 하였다.

2. 영유아 사회교육 프로그램의 사례

1) 경제교육 프로그램

경제교육(economic education)이란 경제학에 대한 이해와 경제적 상황을 인식하여 분석 및 합리적 선택을 할 수 있는 경제적 능력을 배양하는 교육이다(황경윤, 2011). 즉, 국제화 · 개방화 · 정보화 시대에 있는 현대 사회에서 경제생활 변화에 영유아가 유연하게 대처하고 사회적 변화와 요구를 반영하여 합리적인 지식, 기술, 태도를 발휘할 수 있도록 교육적 경험을 제공하는 것이다.

다음은 최근 개발된 경제교육 프로그램의 한 사례이다(성영란, 2016).

[표 7-1] 경제교육 프로그램의 예

<table>
<tr><td rowspan="2">목적 및 목표</td><td colspan="2">목적</td><td colspan="2">국제화 시대에 대비한 지식 · 기술 · 태도를 형성하고 공동체의식을 함양하여 더불어 살아가는 삶을 실천하는 경제민주시민의 기초를 형성한다.</td></tr>
<tr><td colspan="2">목표</td><td colspan="2">– 기초적인 경제개념을 이해한다.
– 다양한 경제문제 해결을 위한 합리적 의사결정능력을 기른다.
– 바람직한 소비생활 태도를 형성하여 합리적 소비를 실천한다.
– 제한된 자원의 소중함을 알고 절약하는 습관을 기른다.
– 공동체의식을 함양하고 더불어 살아가는 능력을 기른다.
– 나라 간 공존 · 협력의 필요성과 도움을 주고받을 수 있는 방법을 안다.</td></tr>
<tr><td rowspan="25">교육 내용</td><td rowspan="18">합리적인 경제생활</td><td rowspan="8">시장</td><td colspan="2">시장, 생산(자), 소비(자), 교환의 경제개념 이해하기</td></tr>
<tr><td colspan="2">다양한 시장의 종류와 기능</td></tr>
<tr><td colspan="2">물건의 유통과정</td></tr>
<tr><td colspan="2">소비자의 역할과 권리</td></tr>
<tr><td colspan="2">다양한 대금 지불방법</td></tr>
<tr><td colspan="2">필요한 물건 계획해서 구입하기</td></tr>
<tr><td colspan="2">광고의 필요성, 유익함, 위험성</td></tr>
<tr><td colspan="2">다양한 교환방법</td></tr>
<tr><td rowspan="3">의사결정</td><td colspan="2">기회비용의 제개념 이해하기</td></tr>
<tr><td colspan="2">원하는 것과 필요한 것의 차이</td></tr>
<tr><td colspan="2">합리적인 선택하기</td></tr>
<tr><td rowspan="7">화폐가치와 저축</td><td colspan="2">화폐와 화폐가치의 경제개념 이해하기</td></tr>
<tr><td colspan="2">금융기관이 하는 일과 이용방법</td></tr>
<tr><td colspan="2">신용의 중요성</td></tr>
<tr><td colspan="2">개인정보를 보호해야 하는 이유와 방법</td></tr>
<tr><td colspan="2">스마트의 편리함과 위험성</td></tr>
<tr><td colspan="2">저축을 해야 하는 이유와 실천하기</td></tr>
<tr><td colspan="2">다양한 화폐의 종류와 변화</td></tr>
<tr><td rowspan="7">더불어 살아가는 글로벌 경제생활</td><td rowspan="4">자원과 절약</td><td colspan="2">희소성의 경제개념 이해하기</td></tr>
<tr><td colspan="2">자원의 소중함과 절약의 필요성</td></tr>
<tr><td colspan="2">아이디어도 소중한 자원임을 알기</td></tr>
<tr><td colspan="2">재활용방법 알고 실천하기</td></tr>
<tr><td rowspan="3">직업과 일</td><td colspan="2">다양한 직업의 종류와 소중함 알기</td></tr>
<tr><td colspan="2">우리를 위해 일하는 사람들에 대해 고마운 마음 갖기</td></tr>
<tr><td colspan="2">노동의 대가에 대해 알기</td></tr>
</table>

		무역	무역의 경제개념 이해하기	
			나라마다 특화상품(문화콘텐츠 포함)이 있음을 알기	
			무역이 주는 이로움	
			나라 간 협력하고 상호의존해야 하는 이유와 방법	
		기부	기부와 경제개념 이해하기	
			다양한 기부방법	
			기부 실천하기	
			장래희망과 기부방법	
			기부의 역할	
교수–학습방법	교수–학습단계	문제인식 및 이전 경험 이야기 나누기 ➞ 문제해결을 위한 대안 찾기 ➞ 선택하고 실천하기 ➞ 정리 및 평가하기		
	교수–학습활동	영유아의 경험에 기초하고 생활주제 중심의 통합적 접근방법 활용한 이야기 나누기, 토의, 게임, 현장견학 및 체험, 극놀이, 언어 · 수 · 미술		
	교사역할	동기유발자, 환경제공자, 지원자, 상호작용자, 비계설정자, 평가자		
평가	영유아평가	과정 및 결과	영유아에 의한 자기 평가	영유아의 언어적 반응
		진단평가 · 형성평가 · 총괄평가	교사에 의한 영유아 평가	영유아의 언어적 · 비언어적 반응 관찰 및 포트폴리오 활용, 표준화검사
	프로그램 평가	실시 전 · 실시 중 · 실시 후	교사에 의한 평가	체크리스트 활용

2) 다문화 이해교육 프로그램

다문화 이해교육은 영유아 주변에서부터 세계 각계에 있는 다양한 문화의 유사성 및 차이점에 대한 영유아의 이해가 만 2세부터 나타난다는 연구 결과에 의해 지지되는 것으로서, 인종뿐만 아니라 다양한 문화집단에 속해 있는 서로 다른 사람들이 상호 이해와 평등관계를 중시하고, 민족, 사회적 지위, 성별, 종교, 이념 등과 같이 서로 다른 문화가 서로 동등하며 영유아 자신이 속하지 않은 문화에 대해 선입견을 줄이고 다양한 문화에 대한 이해를 위한 지식 · 기술 · 태도를 제공하는 것이다.

다음은 최근 개발된 영유아 다문화 이해교육 프로그램의 한 예이다(이선애, 2013).

[표 7-2] 다문화 이해교육 프로그램의 예

다문화 교육목표	교육주제	하위범주	다문화 교육 내용의 실제
정체성	자기능력의 개발	자아 정체성	– 나의 신체기관에 관심 가지기 – 나의 모습을 알기 – 나에 대하여 긍정적으로 사고하기
		자기 조절력	– 일과계획 시 계획하고 평가하기 – 자기감정이나 행동조절하기 – 친구와 성인과의 관계 맺기
반 편견	공동체의식 기초형성	사회화	– 사회화와 관련된 개념, 가치관, 편견, 차별 등을 다루기
		의사소통	– 자기의 느낌과 생각을 표현하기 – 자신의 생각을 말하기 – 타인의 표현, 의견을 존중하기 – 바른 태도로 듣고 말하기 – 생활 경험 나누기
다양성	다문화 이해능력 함양	문화적 감수성	– 한국의 상징을 알고 인지하기 – 전통문화에 친숙하기 – 문화의 유사성과 차이점을 이해하기 – 다름을 존중하고 함께 지내기
		다양성 인정	– 타인을 알고 배려하기 – 타인과 공유하기 – 주변 상황에 관심 가지기 – 다른 나라에 관심 가지기
협력	협력과 인성함양	수용성	– 새로운 문제나 환경을 탐색하기
		상호작용	– 타인을 존중하고 집단생활 참여하기
		문제해결력	– 문제에 대한 해결방안 제시하기
		공동체인식 형성	– 공유하고 도움 주는 환경 만들기

[표 7-3] 편견의 영역

번호	영역	정의	비고
1	능력(Ability)	신체적 · 정신적 · 정서적 능력과 그 능력의 범위에 있는 영유아들에게서 가장 공통적으로 인식되는 능력은 신체적 능력	능력(ability)은 handicapped를 포함하는 포괄적 의미를 가짐
2	연령(Age)	늙거나 젊게 보이는 것, 또는 실제 나이가 많고 적은 것	세대 간 차이를 포함함
3	외모 (Appearance)	키(크다/작), 몸매(살찌다/마르다), 손상된 상태(흉터, 화상 등)	최근에는 외모에 따른 편견이 심함(예 : 뚱뚱한 영유아의 자아개념이 낮음)
4	신념(Belief)	어떤 것에 대해 믿거나 믿지 않는 것을 망라함. 다양한 종교 · 무신론 · 자연의 힘에 대한 믿음	정치적 신념도 해당–우리나라의 지역감정문제를 다룸
5	계층(Class)	개인의 생활양식을 반영하는 사회 경제적 지위 계층 결정요인 : 직업 · 주거 형태 · 복장 · 교통수단방식 · 교육적 배경	"가난한 것은 게으른 것이다", "부자는 망해도 3년을 먹고 산다"는 편견이 심함
6	문화(Culture)	같은 집단의 구성원들과 공유하는 생활방식, 사고 · 신념 · 언어 · 공휴일 · 기념일 · 습관 등을 포함	사람은 누구나 다른 문화의 가족 · 인종집단 · 사회에 속해 있음
7	가족구성 (Family)	가족 구조 : 식구 및 그들의 역할	최근 사회구조 변화에 따라 편부모, 이혼부모 재혼부모, 소녀가장, 입양가족 등 다양함
8	성(Gender)	남자 또는 여자로서의 명명, 성에 의한 구별을 남녀차별(sexism)이라고 부름	성차에 의한 편견은 역사적으로 정형적인 편견 중의 하나임
9	인종(Race)	피부색 · 머리카락 형태 · 얼굴 및 신체 모습 등과 같은 유전적으로 결정된 일련의 신체적 특징 및 고통의 뿌리에 의해 연결된 사람들의 집단	인종 차이는 전형적인 편견의 대상으로 단일인종의 문화권에서는 더욱 심한 편임
10	성애 (Sexuality)	성적인 지향 또는 선호	최근 미국 등을 중심으로 동성애 부모와 입양아로 구성된 가족이 이슈화되고 있음

출처 : 교육인적자원부(2007). 재정지원 특성화사업결과보고서.

3) 평화교육 프로그램

평화교육이란 개인과 타인 그리고 공동체와 사회, 나아가 세계와 자연 사이에 존재하는 갈등을 평화롭게 해결할 수 있는 능력과 자질을 길러주는 지식 · 기술 · 태도 등 여러 가지 차원의 교육이라고 정의하며(이미희, 2015). 영유아 평화교육은 옳고 그른 것, 환경에 영향을 주는 것, 전쟁, 평화, 폭력에 대해 이해하며 영유아가 일상생활에서 타인을 존중하고 비폭력적이며 적극적으로 문제를 해결하는 기술과 협동적인 태도를 기르도록 돕는 것이다(한혜숙, 1995; 홍순정, 1995).

[표 7-4] Taylor의 평화교육의 목표

평화교육의 목표	내용
평화를 추구하는 사람 되기	• 언어의 개념 이해하기, 예절과 상황에 맞는 언어를 사용하여 대화하기 • 경쟁을 줄이고 서로 협력하기 • 서로 배려하여 나누기 • 평화를 촉진하는 활동(노래, 이야기 등)과 역할놀이 하기
환경과 자연을 존중하기	• 자기 자신을 청결히 하기, 자신 외의 것을 청결히 하기, 자연을 즐기기 • 환경오염 원인과 보존방법, 실천하기, 동 · 식물 키우기 • 동 · 식물을 보호하고 키우는 방법 알아보기 • 자연순환과정에 대해 알아보고 자연의 소중함 알기
다른 특별한 것에 대해 동정심 갖기	• 모든 사람을 존중하기, 꾸중이나 과보호하지 않으면서 도움이 되기 • 자신을 인정하기, 특별히 필요한 장비의 사용방법 익히기(휠체어, 보청기, 심장 보조기 등)
다문화 인식하기	• 타민족의 전통을 이해하기, 다른 가치와 정의를 존중하기, 타문화에 대해 관심 갖기, 타문화를 접하는 기회 갖기, 타문화의 부정적 개념과 고정관념을 탈피하기

출처 : 이미희(2015).

[그림 7-1] Montessori 평화의 꽃 모형

출처 : Mcfarland(1999).

[표 7-5] 평화를 이해하는 작업

과정	평화를 이해하는 작업	
자신이해	• 깊게 숨을 쉬기 • 신체를 편안하게 하기 • 침묵하기 • 신체 운동하기 • 선택하기	• 규율 지키기 • 상상하기 • 감정 인정하고 표현하기 • 자신을 인정하기 • 평화를 이룬 사람 존중하기
타인이해	• 상대방 인정하기 • 공동체 모임 가지기 • 갈등 해결하기 • 여러 가지 의견 존중하기 • 자신의 의견 발표하기	• 다른 사람의 의견 경청하기 • 의견 발표방법 연구하기 • 동료의 조정 수령하기 • 목적 달성을 위한 과정 연구하기 • 예의 지키기
문화이해	• 문화 연구하기 • 필요한 것과 소원하는 것 이해하기 • 문화 교환하기 • 봉사 배우기	• 문화 축제하기 • 남을 해치지 않는 언어 사용하기 • 유엔에 대한 연구하기 • 행동으로 옮기기
환경이해	• 분리수거하기 • 정원 가꾸기 • 동물의 생태 연구하기 • 대체 연료 생산 연구하기	• 환경에 대해 연구하기 • 땅에서 일하기 • 유엔에 대한 연구하기 • 행동으로 옮기기

출처 : 이미희(2015).

4) 양성평등교육 프로그램

한 개인이 여성적 특성과 남성적 특성을 모두 균형 있게 갖추는 것을 양성성이라고 한다. 어느 특정한 성에 대한 우월감이나 열등감을 갖는 고정관념이나 편견을 버리고 인간이 가지는 양성성에 대한 바람직하고 긍정적인 가치관과 태도를 배양시키는 것이 양성평등교육의 목적이다(최기영 외, 2008).

양성평등교육은 다음의 개념을 가지고 있다(교육인적자원부, 1999).

첫째, 남녀 양성 중 어느 특정한 성에 대하여 부정적인 감정이나 생각, 고정관념, 편견 등의 차별적인 태도를 가지지 않는 것이다.

둘째, 생물학적 성의 차이를 사회문화적 차이로 직접 연결하여 이해하지 않는 것이다.

셋째, 남녀 모두에게 잠재되어 있는 특성을 충분히 발현하여 자신의 자유 의지대로 삶을 계획하고 세상을 보는 시각을 갖도록 촉진하는 것이다.

영유아 양성평등교육의 내용

1. 영유아가 남성과 여성의 성에 대하여 정확하게 이해할 수 있도록 도울 수 있어야 한다. 성은 생리적인 차이이고 문화적인 차이가 아님을 인식하도록 한다.
2. 남성과 여성 역할이 평등하다는 이해와 실천을 돕는 내용이어야 한다. 가정에서부터 성역할 고정관념과 편견에 따른 전통적 놀이에 대한 새로운 시각이 요구된다.
3. 남녀가 평등하게 정치에 참여할 수 있는 내용이 포함되어 있어야 한다. 우리 사회에서 여성의 정치참여에 대한 새로운 인식을 심어줄 수 있는 내용이어야 한다.
4. 남녀가 평등한 권력관계의 내용이 포함되어야 한다. 각 사회구조 안에 있는 기관이 기관장이 남성으로 인식되어 왔던 과거와는 달리 남성과 여성이 동등한 경쟁을 할 수 있는 권력구조에 대한 모색 방안 등에 대한 내용이 있어야 한다.
5. 역할, 권력, 정치 등 뿐 만 아니라 미시적인 문제들인 색의 선호도, 운동의 선호도 등에도 편견이 없는 양성평등성의 내용이 포함되어 성에 대한 잘못된 인식과 태도의 변화를 실천해야 한다.
6. 성에 대한 모든 편견에 대하여 적극적인 대응능력을 길러 줄 수 있는 내용이 포함되어야 한다.

출처 : 최기영 외(2008). 유아사회교육.

5) 환경교육 프로그램

환경교육은 쾌적한 환경의 질 향상을 이룬다는 환경정책적 목표와 더불어 심성 도야 등의 교육적 목표도 달성시키므로 그 중요성이 점차 증대되고 있으며 환경의 기저를 재인식하고 명료화하는 과정을 통하여 환경문제와 관련된 의사결정과 행동규범을 올바른 방향으로 수립할 수 있도록 하는 과정이라고 할 수 있다(환경부, 2002). 즉, 개인이나 집단이 인류의 생존과 삶의 질을 개선하기 위하여 환경문제를 해결하고 예방할 수 있도록 인간과 자연의 관계를 인식하고 이해함을 목적으로 환경보전과 사회정의를 위한 가치와 태도를 개발하고 이를 위한 구체적인 실천기술을 함양하는 교육활동이다(유아교육사전, 1996).

다음은 최근 개발된 영유아 환경교육 프로그램의 한 예이다(김강희, 2014).

[표 7-6] 환경교육 프로그램의 예

구분	내용
목적 및 목표	가치명료화 과정을 통해 유아의 환경에 대한 이해를 증진하고 환경보전에 대한 내용과 방법을 이해하며 환경친화적인 행동을 생활화함으로써 올바른 가치관의 기초를 형성한다. • 일상생활과 관련된 환경문제에 대한 이해를 증진한다. • 다양한 대안의 사고를 통해 환경문제를 예방하는 내용과 방법을 이해한다. • 주변의 자연과 생명체를 존중하는 태도를 형성한다. • 생활 속에서 능동적으로 환경보전을 위한 바람직한 행동을 실천한다. • 가치명료화 과정을 통해 환경에 대한 올바른 가치관이 기초를 형성한다.
교육 내용	〈유아환경교육 내용요소〉 • 물과 우리생활 • 공기와 우리생활 • 흙과 우리생활 • 쓰레기와 재활용 • 에너지와 자원절약 • 동 · 식물의 보호 • 아름다운 자연의 소중함 • 함께 살아가기
교수 · 학습 방법	〈교수학습단계〉 1. 문제에 대해 관심 가지기 : 환경문제에 관심을 가지고 인식하기 2. 대안을 위한 생각 끌어내기 : 문제를 해결할 수 있는 방법 사고하기 3. 결과 예측과 방법 선택하기 : 실천 가능하며 바람직한 방법 선택하기 4. 선택한 방법 실천하기 : 스스로 결정한 방법을 실천해보기 5. 실천에 대한 생각 나누기 : 실천에 대한 느낌과 자신의 실천방법에 대해 자부심 가지기 6. 활동평가하기 : 활동 전반에 대한 생각이나 느낌 공유하고 정리하기

	〈교수학습활동 및 가치명료화 전략〉 • 이야기 나누기, 토의, 게임, 역할놀이, 미술, 체험활동 • 반응 명료화하기, 가치지 작성하기, 가치그림 그리기, 열거하기, 미완성 문장 완성하기, 결과 고려하기, 순서 정하기, 30초 발언하기, 자기 충족적 예언하기, 나 전달하기, 경험을 확대하기 **〈교사의 역할〉** 동기유발자, 환경준비자, 언어적 · 비언어적 지원자 및 시범자, 비계설정자, 평가자
평가	〈유아 평가〉 • 교사에 의한 유아의 언어적, 비언어적 반응 평가 • 교사의 관찰 및 활동 결과물 분석 〈프로그램 평가〉 교사 평가

출처 : 김강희(2014).

PART 02

교육과정 현장 적용을 위한 "실제"

08

CHAPTER

나에 대한 인식과 존중

내가 누구인가? 라는 질문은 전 생애에 걸쳐서 나 자신에게 제시되어야 하는 중요한 도전이다. 하지만 전 생애의 어느 시기에 자신에 대한 재발견을 하든지 그것은 영유아기에 자신에 대해 갖게 된 가장 기본적인 지각에 기초한다. 영아가 거울 속의 자신의 모습을 보면서 즐거워하는 것은 세상에 나아가는 중요한 한 걸음을 내딛는 자신감을 갖게 한다. 하지만 그것은 자신이 무조건 최고로 잘 한다고 생각하는 자신에 대한 무분별한 자신감이 아니다. 자신에게는 자신이 잘 하는 것과 못 하는 것이 있지만, 그래도 자신이 중요하다는 것을 받아들이게 되었을 때, 영유아는 진정 자신의 행복한 삶을 가꾸어 나가는 유능한 사회인으로서 준비되어질 것이다.

1. 자아개념

1) 자아개념의 개념 및 중요성

개인의 행동 특성을 이해하는 근거가 되는 자아개념이란 한 개인이 자신에 대해 가지고 있는 지각 또는 견해이다(정명숙, 2007). 즉,자신이 자신에 대하여 어떤 사람이라고 생각하고 어떤 믿음과 기대를 가지는가 하는 것은 영유아가 앞으로 성장하면서 접하게 될 사회에서의 각종 다양한 상황과 사람에 대한 적응 및 의미 있는 사람과의 관계 맺음, 그리고 긍정적인 자아실현에 이르기까지 영향을 미치는 매우 중요한 요소라고 할 수 있다(김영희, 1998).

(1) 자아개념의 개념

자아개념이란 내가 '나'에 대하여 가지는 모든 지각이라고 할 수 있다(박찬옥 외, 2016). 즉, 영유아의 자아개념은 영유아가 자신의 신체, 능력, 행동 등에 대하여 각 상황에서의 지각과 주변 환경과의 상호작용 경험으로 형성된 느낌과 태도의 총체이다(이경화, 고진영, 2003).

학자마다 견해는 다소 다르나 자아개념에 대한 이해를 위하여 살펴보아야 할 자아개념의 구성요소는 다음과 같다.

자아인지(self-cognition)

자신의 내재적 특성에 대한 이해를 바탕으로 자신이 타인과 별개의 존재임을 아는 것이다. 자아지식(self-knowledge) 또는 자아인식(self-awareness)으로 지칭되기도 한다(송명자, 1995).

자아존중감(self-esteem)

자신에 영유아기 때부터 의미 있는 타인과의 상호작용이나 자신에 대한 지각으로 인하여 자신에 대하여 갖는 정의적 측면의 평가이다. 자신에 대한 긍정적 가치 평가는 성인이 되어 사회구성원으로서 행복한 삶을 영위하는 데 매우 중요한 요소로 작용한다.

자아통제력(self-control)

내적 통제 또는 자기 규제의 의미를 갖는 자아통제력은 외부의 감시 없이도 자신의 생각하는 바람직한 목표를 위하여 자신의 충동이나 쾌락, 고통 등 자신을 조절하는 능력이다. 이것은 개인의 잠재력을 발휘하고, 지적 성취를 이루며, 정서 및 도덕성발달에도 큰 영향을 미친다.

[표 8-1] 자아존중감의 구성요소

학자명	구성요소	의미
Smelser(1989))	인식요소로서의 자아존중감	자신의 힘, 확신, 작용과 같은 특성을 나타내는 것
	감정요소로서의 자아존중감	긍정 또는 부정적 태도의 정도를 확인하는 것과 관련된 것으로 높거나 낮은 자아존중감
	평가요소로서의 자아존중감	관념적 기준에 의하면 가치의 속성
박경(2014)	자신감	생각하고 이해하고 학습하고 선택하고 의사결정을 할 때 요구되는 자신의 능력으로서 자신의 내면에서 기능하는 것에 대한 확신
	자존감	나의 가치에 대한 확신을 의미하며 행복하게 살기 위한 개인의 권리에 대해 갖는 긍정적인 태도이며 자신의 생각, 희망과 요구를 적절하게 주장하면서 느끼는 편안함
Borba(2006)	정서적 안정감	영유아가 안정감을 느끼고 편안함을 느끼는 것
	자아관	자기 인지가 우월하며 본인의 개성, 역할 그리고 신체적 특징과 관련하여 정확한 자아상과 비교적 현실성을 가지고 있는 정도
	우호성	타인과의 관계를 통해 얻어진 소속감과 유대감을 느끼는 정도
	목적의식	현실적이고 실현 가능한 목적을 설정하며, 삶의 여러 가지 상황에 통제력을 갖고 대처하는 능력
	성취욕구	자신이 잘 될 거라고 느끼고 할 수 있다는 자신감을 갖는 것

최보가, 전귀연 (1993))	총체적 자아존중감	자기 자신에 대한 보다 일반적인 평가로 영유아 자신의 여러 부분에 대한 전반적인 평가
	사회적 자아존중감	다른 사람에 대한 친구로서 자기 자신에 대해 느끼는 감정
	학교에서의 자아존중감	학교생활에서 자신이 느끼는 유능 정도
	가정에서의 자아존중감	가정생활에서 부모와의 원만한 관계 정도와 자신의 가치의 인정 정도에 대한 평가적 태도로 가족구성원으로서 자신에 대해 느끼는 감정을 반영하는 것
지성애, 김영옥, 박희숙(2003)	인지적 자아존중감	기본적인 학습활동의 수행능력, 의사소통 능력과 수 · 과학적 개념 및 호기심과 문제해결능력에 대해 유아 자신이 지각하는 것
	사회적 자아존중감	또래, 교사로부터 수용되고 인정받고 있는지에 대한 여부와 원만한 관계를 유지하기 위해 필요한 사회적 행동에 대한 자아존중감
	신체적 자아존중감	운동이나 실외놀이 등에서 자신의 신체를 잘 조절하고 즐겁게 참여할 수 있는 능력과 건강, 신체적 외모에 대한 자아존중감
	가족수용 자아존중감	가족에게 느끼는 행복감과 부모와의 관계에서 느끼는 정서적 안정감 및 수용에 관한 자아존중감
	정서적 자아존중감	주어지는 과제수행능력에 대한 능력감, 자신감, 성취감, 독립심, 만족감 등에 대한 자아존중감
신동주(2011)	시작과 독립	영유아는 도전적인 것에 자신감을 가지며, 새로운 것을 시작할 때 타인보다 앞서서 행동하고 성취감에 긍지를 보임
	학습성취	영유아는 새로운 문제를 받았을 때 끝까지 다하려는 의지를 보이고, 읽기, 셈하기, 쓰기, 소근육활동능력을 가지고 있으며 사고력 및 창의력이 뛰어남
	사회 · 정서성	영유아는 자신에 대해 언어를 긍정적으로 사용하고 눈을 마주 바라보는 것을 좋아하며, 타인과의 관계에서 갈등과 비판을 원활하게 조절하여 변화에 쉽게 적응함

(2) 자아개념의 중요성

영유아의 긍정적인 자아개념 형성 및 발달은 다음의 이유로 매우 중요하다.

① 자기 이미지의 기초

한 개인의 영유아 시기에 형성된 자아개념은 자신에 대한 이미지를 결정하는 기초를 마련한다. 이러한 이미지는 영유아에게 자기충족적 예언(self-fulfilling prophecy)의 역할을 한다. 즉, 자신에게 형성된 이미지에 맞도록 행동하고 노력하게 되는데, 만약 그 이미지가 무능하고 쓸모없는 것으로 형성되었다면 영유아는 역시 그 이미지에 맞게 행동하여 부정적인 행동을 할 수 있는 가능성이 크다는 것이다(박낭자, 고진영, 2006).

② 인간행동의 결정적 요인

자신이 가지고 있는 능력이나 가치에 대한 긍정적인 자아개념은 영유아가 접하게 되는 사회적 상황에서 발생되는 각종 문제들에 대하여 적절하고 효과적인 대처능력을 발휘하고 원만한 대인관계를 통한 순조로운 일상생활을 영위해 나간다. 하지만 부정적인 자아개념은 자신에 대해 신뢰하지 못하므로 불안하고 신중하지 못하며 충동적 반응과 낮은 문제해결능력으로 인하여 사회적 부적응자로 낙인찍힐 우려가 있다(정명숙, 2007).

③ 사회적 성취 예언 변인

높은 자아존중감을 가지고 있는 영유아는 자신이 하는 일에 대한 자신감이 있으므로 주도적이고 능동적 자세로 친구들과 어울리고, 사회적 상황에 대한 적응력도 높다. 성취동기가 강하여 어려운 상황에서도 포기하지 않고 의지를 갖고 목표에 집중한다. 하지만 낮은 자아존중감을 가지고 있는 영유아는 자신의 능력에 대한 기대감이 낮고 신뢰하지 않으므로 어려운 과제에 부딪치면 끈기와 인내를 가지고 노력하기보다 포기하는 경향이 강하다.

2) 자아개념 발달 및 영향요인

(1) 자아개념의 발달

① 영아기의 자아개념

생후 4~8개월에 이르러 영아는 손 뻗기, 잡기를 통하여 자신의 신체가 세상과 분리되어 있다는 자기일관성(self coherence)을 발달시킨다. 이러한 자기일관성은 부모와의 까꿍놀이와 같은 상호작용 놀이를 통하여 더욱 발달되어 자신과 다른 사람이 다른 존재임을 인식한다(Harter, 1998). 15개월 이하의 영아는 거울 속의 자신의 모습을 인식하지 못하므로 자아인식이 형성되지 않았음을 알게 되나, 16~24개월의 영아는 립스틱을 바른 코를 거울을 보면서 손으로 확인하는 모습으로 거울 속의 자신을 인식하는 자아인식이 형성되었음을 알 수 있다(Lewis & Brooks-Gunn, 1979).

[표 8-2] 영아기 자아개념의 발달과정

월령	자아개념 발달특징
1~2개월	• 자신의 신체가 중심이 된 활동을 반복한다.
2개월 무렵	• 자신이 어떤 일을 일어나게 할 수 있다고 생각하는 개인의 힘에 대한 의식이 생긴다(예 : 모빌에 달린 줄을 당기기 위하여 팔을 내밀거나 다리를 차는 등의 반응).
4~8개월	• 외부 사물을 통제하고 조종하는 것이 가능하다.
18~24개월	• 거울이나 사진 속의 자신을 알아보는 등 자아인지가 가능하다. • 자기를 물리적으로 구별된 것으로 인식하며 사람과 사물을 예측 가능한 방식으로 반응하는 존재로서 인식한다. • 거울과 사진, 비디오테이프 속의 자기상을 인지한다. • 자기 이미지에 이름을 붙이기 위해 자신의 이름이나 인칭대명사를 사용한다.

출처 : Berk (2012). Child Development. (9th). : 문혁준 외(2016) 재인용.

② 유아기의 자아개념

유아기에 유아는 자신에 대한 태도와 가치를 소유개념으로 형성한다. 자기 이름, 외모, 소유물 등 자신이 가진 것에 대한 구체적인 정의를 함으로써 자신과 다른 사람 간의 경계를 명확히 구분하고자 한다. 자아개념이 강한 유아는 소유욕이 보다 강하나 이것은 이기심과는 다르다. 발달상 자연스러운 것이므로 먼저 이해해주고 이러한 소유욕으로 또래 친구들과 갈등이 생기지 않도록 긍정적인 해결방법을 제시하고 유도해 주어야 한다.

[표 8-3] 유아기 자아개념의 발달과정

연령	자아개념 발달특징
2~3세	• 욕구, 정서와 같은 정신적 상태에 대하여 말한다. • 마음은 물리적 세계와 다르며 다른 사람들이 자신의 마음을 볼 수 없음을 알게 된다.
4~5세	• 마음속의 믿음은 정확하지 않을 수도 있으며 다른 사람과 다를 수도 있다는 것을 이해하기 시작한다. 거짓말 등으로 자기에게 유리하게 지식을 사용할 수 있게 된다(예 : 물건 감추기 놀이를 할 때 가짜 단서를 만들어 상대방이 습관적으로 장소를 잘못 찾도록 유도할 수 있다).
3~5세	• 연령, 성별, 신체적 특징, 선과 악, 능력에 기초하여 자신과 타인을 분류하여 범주적 자아를 형성한다. • 일상 이야기에 대한 내러티브의 형식 속에 기억된 자아를 구성한다. • 욕구-마음 이론의 틀린 믿음 과제의 습득에 의해 나타나는 믿음-욕구이론으로 확대된다. • 관찰 가능한 특성과 특유의 정서 및 태도로 구성된 자아개념을 형성한다.

출처 : Berk(2012). Child Development.(9th). ; 문혁준 외(2016) 재인용.

(2) 자아개념 발달의 영향요인

① 부모의 양육

부모는 영유아가 세상에 나와 처음 만나는 존재이다. 그 사람이 영유아 자신에게 처음으로 어떻게 대하는지는 영유아가 자신의 존재가 존중받을 수 있는 존재인지 아닌지에 대한 감각적 경험으로서 매우 중요하다. 태어날 때부터 부모로부터 거부감을 경험한 영유아는 결코 자신을 소중하게 여길 수 없다. 그래서 요즘 현대사회에서 책임감 있는 결혼과 함께 책임감 있는 출산의 결정은 한 사회구성원의 행복한 미래를 위해서 가장 중요한 요건이다.

신체적 접촉으로든, 언어적 상호작용으로든 부모와 교감하는 가운데 영유아에게 전달되는 부모의 긍정적인 평가는 영유아가 자신이 세상에서 소중한 존재로서 인정받았음에 대한 자기증거로 수용되어 긍정적인 자아상을 형성하게 된다. 그러한 긍정적인 자아상은 영유아의 모든 발달영역에 영향을 미치게 되어 발달의 최적 심리적 환경을 마련해 준다.

② 교사와 또래관계

영유아교육기관에 적응 시기가 되면 영유아의 주변 환경은 가정에서 교육기관으로 확대되고 그 사회에서 경험되는 모든 관계, 특히 교사와 또래는 영유아의 자아개념 형성에 매우 의미 있는 요인이 된다. 부모가 아닌 다른 사람으로부터 받는 칭찬, 질문, 그리고 비언어적 상호작용과 침묵까지도 영유아에게는 매우 생소하면서도 특별하다. 이전에는 들어보거나 들어보지 못했던 자신에 대한 관점, 이해 등 또한 그것을 바탕으로 자신에게 처해지는 결과나 상황이 있다면 영유아는 다시 자신에 대한 지각을 새롭게 하거나 이전에 대한 지각을 강화할 수도 있다. 하지만 이렇게 영유아의 자아개념 발달에 영향을 미치는 사람이 영유아가 만나는 모든 교사나 모든 또래는 아니다. 영유아가 신뢰하고 좋아하는 사람일 때 영유아의 자아개념 발달에 '의미 있는 타인'으로서 지대한 영향을 미칠 수 있다.

3) 자아개념 발달을 돕는 교사의 역할

(1) 긍정적인 언어 환경 만들기

- 영유아가 다가왔을 때 반갑게 맞이한다.
- 영유아와 이야기할 때 이름을 불러준다.
- 교사와 함께 상호작용하도록 영유아를 초대한다.
- 영유아에게 정중하게 말한다.
- 영유아가 하는 말에 주의 깊게 경청한다.
- 영유아가 말하는 내용을 흥미롭고 가치 있게 여기도록 정교화를 돕는다.
  (예 : "그것에 관해 말해줄래?", "그리고 나서 무슨 일이 일어났니?" 등)
- 영유아를 만나기 전, 대화 주제를 미리 생각한다.
- 영유아가 자신의 생각을 정리하도록 충분히 침묵하고 기다린다.
- 영유아와 자주 대화한다.
- 영유아가 놀이에 몰입하고 있을 때는 침묵을 사용한다.

교사가 영유아의 자아존중감 증진을 위하여 제공할 수 있는 중요한 언어적 환경 수단으로 '칭찬'이 있다. 하지만 교사가 영유아를 무분별하게 칭찬할 경우, 영유아는 칭찬을 대수롭지 않게 여겨 오히려 칭찬은 부정적 언어 환경수단이 될 수 있다 (Parson, Kaczala & Meece, 1982).

효과적인 칭찬과 비효과적인 칭찬의 비교

비효과적인 칭찬	효과적인 칭찬
영유아를 평가하는 것 : "그림을 잘 그렸구나."	영유아를 인정하는 것 : "여러 가지 색을 사용해 그림을 그렸구나."
일반적으로 칭찬하는 것 : "잘했어."	구체적으로 하는 것 : "그림을 열심히 그렸구나.", "뭘 그릴지 많이 생각했구나."
영유아를 다른 영유아와 비교하는 것 : "너는 누구보다도 가장 재미있게 글을 썼구나."	영유아의 발전을 과거의 수행과 비교하는 것 : "이번에는 전에 사용하지 않았던 단어를 두 개나 적었네."
영유아의 행위를 외적 보상과 연결하는 것 : "책을 세 권 읽었구나. 상자에서 스티커 가져가라."	영유아의 행위를 즐거움과 만족과 연결하는 것 : "책을 세 권이나 읽었구나. 그렇게 많이 읽어서 기분이 좋아 보인다."
성공을 운이나 과제가 쉬운 탓으로 돌리는 것 : "저건 운 좋게 잡은 거야."	성공을 노력과 능력으로 귀인하는 것 : "네가 빠르게 달려가서 공을 잡았구나."
내용이나 톤에 대해 생각 없이 칭찬하는 것	생각을 많이 하고 칭찬하는 것
가성이나 무표정한 톤으로 칭찬하는 것	자연스러운 목소리 톤으로 칭찬하는 것
항상 똑같이 칭찬하는 것	영유아와 상황에 맞도록 개별화하여 칭찬하는 것
칭찬이 영유아의 작업을 방해하는 것	방해하지 않고 칭찬하는 것

출처 : Kostelnik, M., Whiren, A., Soderman, A., & Gregory, K.(2009). Guiding Children's Social Development and Learning, 6th Edition.

(2) 성공적인 경험 제공하기

영유아가 교육기관에서 획득해야 하는 가장 중요한 것 중 하나가 자신감이다. 자신감이 없다면 영유아는 어떤 것에도 능동적이고 자발적으로 흥미를 느끼지 못할 것이고 참여하지 않을 것이다. 자신감이 없다면 영유아라 할지라도 세상에서 사는 것이 즐겁지 않을 것이다. 이러한 자신감은 자신의 능력에 대한 성취감에서 가장 기본적으로 비롯한다. 성공적인 경험을 한다는 것은 100층 빌딩을 오르는 것을 목표로 할 때 한 계단을 내 딛는 발에 100층까지 올라갈 수 있다는 힘을 얻는 것과도 같다. 각 영유아에게 개인차가 있어서 100층은 다 다르겠지만 교사는 그 100층을 올라갈 수 있도록 성공적인 경험을 마련해 주어야 한다.

이것을 위해 교사가 해야 할 첫 번째 작업은 관찰이다. 영유아에게 성공적인 경험을 제공하기 위해서는 영유아의 발달수준을 파악할 수 있어야 한다. 두 번째 교사가 해야 할 작업은 그 영유아에 대한 발달지식을 갖추는 것이다. 그 발달에 맞는 교육활동을 계획할 때 영유아는 활동 후 기분 좋은 성공감을 느낄 것이고 그 경험으로 영유아는 자신의 더 나은 능력에 대하여 기대하고 노력하려는 끈기와 인내심을 가질 수 있다. 즉, 이러한 경험을 한 영유아가 자신에 대하여 갖는 자아개념은 긍정적으로 발달할 것이다.

2. 교육과정 관련 내용

1) 만 0~2세 제3차 표준보육과정

(1) "나에 대한 인식과 존중" 관련 사회관계영역의 목표

- 만 0~1세에서는 "자신과 다른 사람을 구별된 존재로 인식한다" 는 사회관계영역의 목표를 갖는다.
- 만 2세에서는 "자기존중감을 형성한다"는 사회관계영역의 목표를 갖는다.

[표 8-4] "나에 대한 인식과 존중" 관련 만 0~2세 사회관계영역의 목표

만 0~세 사회관계영역의 목표	만 2세 사회관계영역의 목표
친숙한 사람과 관계를 형성한다.	나를 인식하고 다른 사람과 더불어 생활하는 경험을 한다.
• 자신과 다른 사람을 구별된 존재로 인식한다.	• 자기존중감을 형성한다.
• 기본 정서를 표현하고 다른 사람의 감정에 주의를 기울인다. • 안정적인 애착을 형성하고 또래와 교사와 함께 지낸다.	• 자신의 감정을 알고 다른 사람의 감정에 반응을 보인다. • 가족을 사랑하고 또래, 교사와 즐겁게 지내며 간단한 규칙 등을 지킨다.

출처: 중앙보육정보센터(2013). 어린이집 표준보육과정 및 0~2세 영아보육프로그램의 이해.

(2) "나에 대한 인식과 존중" 관련 사회관계영역의 내용

- 만 0~1세에서는 "나를 알고 존중하기" 내용 범주 하위 내용인 "나를 구별하기", "나의 것 인식하기"에서 1수준에서 4수준에 따라 [표 8-5]에 세부 내용이 제시되어 있다.

[표 8-5] "나에 대한 인식과 존중" 관련 만 0~1세 사회관계 영역의 세부 내용

<table>
<tr><th>내용범주</th><th>내용</th><th>1수준</th><th>2수준</th><th>3수준</th><th>4수준</th></tr>
<tr><td rowspan="3">나를 알고 존중하기</td><td>나를 구별하기</td><td colspan="2">거울 속의 나에게 관심을 가진다.</td><td colspan="2">거울 속의 나를 알아본다.</td></tr>
<tr><td rowspan="2">나의 것 인식하기</td><td colspan="4">자기 이름을 부르는 소리에 반응한다.</td></tr>
<tr><td colspan="2">–</td><td colspan="2">친숙한 자기 물건을 안다.</td></tr>
<tr><td rowspan="2">나와 다른 사람의 감정 알기</td><td>나의 감정을 나타내기</td><td colspan="4">나의 욕구와 감정을 나타낸다.</td></tr>
<tr><td>다른 사람에게 주의 기울이기</td><td colspan="2">다른 사람의 말과 표정, 몸짓에 주의를 기울인다.</td><td colspan="2">다른 사람이 나타내는 여러 가지 감정에 주의를 기울인다.</td></tr>
<tr><td rowspan="3">더불어 생활하기</td><td rowspan="2">안정적인 애착 형성하기</td><td>양육자와 시선을 맞춘다.</td><td colspan="3">양육자에게 적극적으로 관심과 욕구를 표현한다.</td></tr>
<tr><td colspan="2">주변의 친숙한 사람의 얼굴과 목소리를 인식한다.</td><td colspan="2">주변의 친숙한 사람에게 애정을 표현한다.</td></tr>
<tr><td>또래에 관심 갖기</td><td colspan="4">다른 영아와 함께 지내는 것을 경험한다.</td></tr>
</table>

<table>
<tr><td rowspan="3"></td><td>자신이 속한 집단 알기</td><td>담임교사를 구별한다.</td><td>자기 반에서 지내며 안정감을 가진다.</td></tr>
<tr><td rowspan="2">사회적 가치를 알기</td><td>–</td><td>친숙한 물건의 자리를 안다.</td></tr>
<tr><td colspan="2">만나고 헤어지는 인사를 해본다.</td></tr>
</table>

- 만 2세에서는 "나를 알고 존중하기" 내용 범주 하위 내용인 "나를 구별하기", "좋아하는 것 해보기" 에서 1수준에서 2수준에 따라 [표 8-6]에 세부 내용이 제시되어 있다.

[표 8-6] "나에 대한 인식과 존중 2" 관련 만 2세 사회관계 영역의 세부 내용

<table>
<tr><th>내용범주</th><th>내용</th><th>1수준</th><th>2수준</th></tr>
<tr><td rowspan="3">나를 알고 존중하기</td><td>나를 구별하기</td><td colspan="2">나와 다른 사람의 모습을 구별한다.</td></tr>
<tr><td rowspan="2">좋아하는 것 해 보기</td><td colspan="2">내가 좋아하는 것을 찾아본다.</td></tr>
<tr><td>좋아하는 놀이나 놀잇감을 선택해 본다.</td><td>스스로 선택한 놀이나 놀잇감을 즐긴다.</td></tr>
<tr><td rowspan="2">나와 다른 사람의 감정 알기</td><td>나의 감정을 나타내기</td><td colspan="2">여러 가지 감정을 말과 행동으로 나타낸다.</td></tr>
<tr><td>다른 사람의 감정에 반응하기</td><td colspan="2">다른 사람이 나타내는 여러 가지 감정에 반응을 보인다.</td></tr>
<tr><td rowspan="8">더불어 생활하기</td><td>내 가족 알기</td><td>내 가족에게 애정을 표현한다.</td><td>내 가족에게 다른 사람과는 구분된 특별한 감정을 갖는다.</td></tr>
<tr><td rowspan="2">또래와 관계하기</td><td>또래에게 관심을 보인다.</td><td>또래의 모습과 행동을 모방한다.</td></tr>
<tr><td>또래의 이름을 안다.</td><td>또래가 있는 곳에서 놀이를 한다.</td></tr>
<tr><td>자신이 속한 집단 알기</td><td>자신이 속한 반과 교사를 안다.</td><td>자신이 속한 반의 활동에 즐겁게 참여한다.</td></tr>
<tr><td rowspan="4">사회적 가치를 알기</td><td>도움 받아 물건을 정리한다.</td><td>스스로 물건을 정리한다.</td></tr>
<tr><td>자기 순서를 안다.</td><td>순서를 기다린다.</td></tr>
<tr><td colspan="2">바른 태도로 인사한다.</td></tr>
<tr><td colspan="2">간단한 약속을 지킨다.</td></tr>
</table>

(3) 지도지침 및 유의사항

제3차 표준보육과정의 만 0~2세 사회관계영역에서 "나에 대한 인식과 존중"에 관련하여 교사에 의해 지도되어야 할 내용에 대한 지침 및 유의사항은 [표 8-7]과 같다.

[표 8-7] "나에 대한 인식과 존중" 관련 사회관계영역의 지도지침 및 유의사항

연령	내용 범주	내용	지도지침 및 유의사항
만 0~1세	나를 알고 존중하기	나를 구별하기	• 영아가 항상 자신을 볼 수 있도록 영아의 활동 범위를 고려하여 문을 열거나 자주 다니는 통로 쪽이 아닌 보육실 벽면에 안전거울을 부착하여 제공한다. • 영아가 놀이 활동하는 모습을 교사가 보아주거나 스스로 비춰볼 수 있도록 안전 손거울을 준비하여 활동 시에 제공한다. • 영아는 일차 양육자의 신체적 접촉과 개별적이고 반복적인 상호작용을 통해 다른 사람과 분리된 존재로서의 자신을 인식할 수 있음을 항상 인식하고 교사는 친숙한 상호작용을 지속적으로 지원한다.
		나의 것 인식하기	• 교사는 일상생활 속에서 영아의 일상적 양육활동과 놀이 활동에서 "OO야"라고 친숙한 목소리로 이름을 불러주며 일과활동을 함으로써 영아가 자신의 이름에 반응하는 것이 익숙해지도록 한다. • 보육실에서 영아가 자신의 개별 물품에 관심을 갖도록 함께 찾아보거나 보여 주며 개별적으로 상호작용하도록 한다. • 영아가 항상 자신의 이름을 듣고 반응할 수 있도록 벽면에 안전거울을 부착하여 함께 얼굴을 바라보고 부드러운 표정으로 상호작용하도록 한다. • 영아가 자신을 자연스럽게 인식할 수 있도록 옷이나 기저귀, 가방 등 개별용품을 영아의 얼굴 사진을 붙인 사물함에 보관한다. • 영아가 자신의 이름이나 자기 물건에 대한 인식을 일상에서 경험하면서 자신의 고유성을 알 수 있도록 교사는 일상생활에서 지속적으로 영아의 이름을 불러주고 개별용품에 대해 관심을 가지도록 하루 일과를 진행한다.

만 2세	나를 알고 존중하기	나를 구별하기	• 교사는 영아가 교사와 또래의 얼굴을 가리킬 수 있고, 간단한 신체 부위를 구별하여 손으로 가리킬 수 있도록 놀이활동 속에서 지속적으로 활동 경험을 제공한다. • 영아가 항상 자신의 모습을 자연스럽게 구별할 수 있도록 보육실 문, 사물함, 안전 거울 등에 영아의 눈높이를 고려하여 자신의 사진을 붙여둔다. • 영아가 항상 자신과 다른 사람을 자연스럽게 구별할 수 있도록 언어영역 등에 영아가 속한 반 친구들 사진과 교사, 가족사진 등을 붙여두고 함께 찾아보는 놀이를 한다. • 영아가 일과 중에 자신과 다른 사람의 모습을 구별할 수 있도록 교사는 일상적 양육활동이나 놀이활동 중에 지속적으로 이름 불러주기 및 마주 앉아 서로의 얼굴 모습 관찰하기 등 친숙하고 반복적인 활동을 지원한다.
		좋아하는 것 해 보기	• 교사는 일과 중 영아가 선호하는 놀이나 놀잇감을 개별적으로 관찰하여 좋아하는 인형이나 놀잇감 등을 함께 찾아보거나 조금 익숙해지면 스스로 찾아보는 활동을 지속적으로 제공한다. • 영아가 좋아하는 놀잇감 사진과 다른 사진을 함께 펼쳐두고 좋아하는 놀잇감 사진을 선택하도록 지속적으로 기회를 제공하며 좋아하는 놀잇감을 가지고 즐겁게 활동할 수 있도록 함께 상호작용하여 긍정적인 경험을 제공한다. • 영아가 개별적으로 좋아하는 놀잇감이나 놀이를 찾거나 선택할 수 있도록 영아의 키높이를 고려한 교구장에서 찾기 쉽게 놀잇감을 배치하고 놀이사진 등도 눈높이에 맞추어 벽면에 게시한다. • 영아가 좋아하는 놀잇감에 대한 선호가 또래 영아와 같을 수도 있으므로 선호도가 높은 놀잇감은 여러 개를 준비하여 갈등이나 다툼이 생기지 않도록 한다. • 영아는 좋아하는 것을 찾고 선택해 보는 경험을 통해 자신의 고유성을 인식하고 교사의 지속적인 관심을 통해 자신의 선택이 존중받는다는 태도를 형성하므로 교사는 개별적인 영아의 선호도를 항상 주의 깊게 관찰하여 배려해 주도록 한다.

출처 : 김규수 외(2015). 영유아사회교육.

2) 만 3~5세 연령별 누리과정

(1) "나에 대한 인식과 존중" 관련 사회관계영역의 목표

만 3~5세 연령별 누리과정에서 "나에 대한 인식과 존중" 관련 사회관계영역의 목표는 "자신을 소중히 여기며 자율성을 기른다" 이다.

[표 8-8] "나에 대한 인식과 존중" 관련 사회관계영역의 목표

자신을 존중하고 다른 사람과 더불어 생활하는 능력과 태도를 기른다.
① 자신을 소중히 여기며 자율성을 기른다. ② 자신과 타인의 감정을 알고 자신의 감정을 적절하게 표현하고 조절한다. ③ 가족과 화목하게 지내며 서로 협력한다. ④ 친구, 공동체 구성원들과 서로 돕고, 예의 · 규칙 등 사회적 가치를 알고 지킨다. ⑤ 우리 동네, 우리나라, 다른 나라에 관심을 가진다.

(2) "나에 대한 인식과 존중" 관련 연령별 사회관계영역의 내용

[표 8-9] "나에 대한 인식과 존중" 관련 연령별 사회관계영역의 내용

<table>
<tr><th rowspan="2">내용 범주</th><th rowspan="2">내용</th><th colspan="3">연령별 세부 내용</th></tr>
<tr><th>만 3세</th><th>만 4세</th><th>만 5세</th></tr>
<tr><td rowspan="5">나를 알고 존중하기</td><td rowspan="3">나를 알고 소중히 여기기</td><td>나에 대하여 관심을 갖는다.</td><td colspan="2">나에 대해 알아본다.</td></tr>
<tr><td>나와 다른 사람의 자아에 관심을 갖는다.</td><td>나와 다른 사람의 차이점을 알아본다.</td><td>나와 다른 사람의 신체적, 사회적, 문화적 차이를 존중한다.</td></tr>
<tr><td>나를 소중하게 여긴다.</td><td colspan="2">나에 대하여 긍정적으로 생각하고 나를 소중하게 여긴다 .</td></tr>
<tr><td rowspan="2">나의 일 스스로 하기</td><td>내가 할 수 있는 일을 알아본다.</td><td>내가 할 수 있는 일을 해본다.</td><td>내가 할 수 있는 일을 스스로 한다.</td></tr>
<tr><td>내가 하고 싶은 일을 선택해 본다.</td><td colspan="2">하고 싶은 일을 계획하고 해본다.</td></tr>
</table>

(3) 지도지침 및 유의사항

만 3~5세 연령별 누리과정의 사회관계영역에서 "나에 대한 인식과 존중"에 관련하여 교사에 의해 지도되어야 할 내용에 대한 지침 및 유의사항은 다음의 [표 8- 10]과 같다.

[표 8-10] "나에 대한 인식과 존중" 관련 사회관계 영역의 지도지침 및 유의사항

내용 범주	내용	지도지침 및 유의사항
나를 알고 존중하기	나를 알고 소중히 여기기	• 나에 대해 관심을 갖도록 하기 위해서 교사는 이야기 나누기를 비롯한 다양한 활동을 통해 유아가 자신에 대해 알아볼 수 있도록 지도한다. 예를 들면, 이름, 성별, 나이, 가족 등에 대해 알아보거나 내 몸과 얼굴을 관찰하여 보는 등 구체적인 활동 경험을 제공한다. • 유아가 자신의 몸을 이용하여 다양한 모양과 소리를 만들어 보면서 시간이 흐름에 따라 자신의 신체를 인식하고 자신이 어떻게 변화하고 성장해 가는지 경험할 수 있는 활동을 제공한다. • 유아기는 긍정적인 자아개념을 형성하는 시기이므로 교사는 유아가 자신을 소중히 여길 수 있도록 지도해야 한다. 이때 유아가 자신의 모습 그대로 인정받을 수 있도록 자신이 잘하는 것, 좋아하는 것 등을 친구나 가족, 교사에게 소개할 수 있는 시간을 제공한다. • 자신과 친구와의 공통점과 차이점을 인식함에 있어 성별이나 외모, 장애 등과 같은 외적인 부분뿐만 아니라 선호하는 놀이활동이나 음식, 색깔 등과 같은 내적인 공통점과 차이점에 대해서도 관심을 갖도록 한다. 이때 친구와 가족, 친척뿐 아니라 장애인, 외국인 등과 같이 지역사회에서 만날 수 있는 사람들에 대해서도 이야기 나누는 경험을 제공할 수 있다. • 책, 현장체험, 역할놀이, 외국인 초빙 등의 활동을 통해서 차이를 인정하고 더 나아가 존중할 수 있는 태도를 형성하도록 한다. • 교사가 먼저 유아의 외모, 행동, 정서, 능력, 흥미, 생각을 존중하며, 유아를 소중히 여기는 모범을 보여야 한다. 또한 친구들 앞에서 유아의 활동결과물이나 바람직한 행동을 칭찬하고 보상해 줌으로써 자신감과 자신을 소중히 여기는 태도의 형성을 도울 수 있다. • 교사는 유아에게 지시, 명령, 위협, 경고, 비난, 충고 등 긍정적인 자아개념 형성 및 의사소통에 걸림돌이 되는 언어를 사용하지 않도록 주의한다.

	나의 일 스스로 하기	• 놀잇감, 개인용품 등 물건에 표시를 해주어, 유아가 놀잇감과 자기의 물건을 제자리에 정리하고 정돈할 수 있도록 한다. 이 외에도 올바른 기본생활습관을 기르도록 지도하고 유아가 수행했을 때 격려한다. • 유아의 자율성을 기를 수 있는 동화나 관련 있는 이야기 나누기를 통해 유아 스스로 할 수 있는 일에 대해 알아보고 실천하도록 격려한다. • 교사는 유아의 흥미와 능력에 대한 정보를 기초로 다양한 흥미영역에서 유아 자신이 계획하고 선택할 수 있는 기회를 제공한다. • 유아에게 하고 싶은 일을 선택해 볼 수 있도록 민주적이고 개방적인 학급 분위기를 조성한다. 또한 두려움을 주지 않으면서 감정 상태를 수용하고 유아의 행동을 칭찬하거나 격려하여 아이디어를 자유롭게 실천해 보도록 한다.
		• 부모면담이나 가정통신문, 대화수첩 등을 통해 부모와 지속적으로 의사소통을 함으로써 유아가 스스로 하는 일들이 기관과 가정에서 연계되어 이루어질 수 있도록 협력한다.

출처 : 김규수 외(2015). 영유아사회교육.

3. 교육과정 현장 적용을 위한 실제

스트라이크!

지도학생 : 성수은

주제	운동	대상연령	만 4세
활동유형	게임	집단형태	대 · 소집단활동

활동목표	• 기구를 이용하여 대 · 소근육을 발달시킬 수 있다. • 운동을 통하여 내 몸의 기능을 알 수 있다. • 수세기를 경험하며 수에 대한 개념을 익힐 수 있다. • 규칙을 지키며 게임에 즐겁게 참여한다.
교육과정 관련 요소	신체운동 · 건강 : 신체 인식하기 〉 신체를 인식하고 움직이기 신체운동 · 건강 : 신체활동에 참여하기 〉 자발적으로 신체활동에 참여하기 사회관계 : 나를 알고 존중하기 〉 나를 알고 소중히 여기기 사회관계 : 다른 사람과 더불어 생활하기 〉 사회적 가치를 알고 지키기 자연탐구 : 수학적 탐구하기 〉 수와 연산의 기초개념 알아보기
활동자료	볼링핀 20개, 볼링공 2개, 점수판, 게임방법판, 팀 나누기 도구, 도입자료(볼링핀, 볼링공, 볼링장), 신호도구

단계	활동 내용
도입	**1. 지난 시간 내용인 운동의 종류에 대해 회상한다.** 교사 : 우리 지난 시간에 여러 가지 운동들에 대해 이야기했지요. 교사 : 오늘은 그 운동들 중 한 가지를 해 보려고 해요. 교사 : (사진자료를 보여 주며) 이것은 무엇인가요? 교사 : 볼링핀은 어떤 모양인가요? 교사 : 볼링공은 어떤 모양인가요? 교사 : 이 볼링장에 가본 사람 있어요? 오늘은 이 볼링장을 유치원(어린이집)에 만들어서 볼링운동을 해볼거예요.
전개	**2. 교구 탐색을 하며 게임방법을 소개한다.** 교사 : 여기 선생님이 사진에서 본 볼링핀, 볼링공을 준비했어요. 그런데 이 볼링 운동을 할 때, 모든 볼링핀이 쓰러지면 사람들이 하는 말이 있어요. 무엇인지 아나요?

교사 : "스트라이크"라는 말은 정확하게 맞추어 모든 볼링핀이 쓰러진 것을 축하하는 말이에요.
그럼 한 번 공을 굴려서 모든 볼링핀이 쓰러지려면 볼링핀을 어떻게 세워 놓아야 할까요?

교사 : 이것은 볼링을 처음 한 사람들이 만들어 놓은 규칙인데요. 이렇게 삼각형 모양으로 볼링핀 놓는 자리를 해 놓았어요.

교사 : 볼링공은 어디에서 굴리면 좋을까요?

교사 : 모두 같은 자리에서 굴려야 공정하겠지요.

교사 : 선생님의 호루라기 신호와 함께 볼링공을 굴릴 건데요, 어떤 사람에게 점수를 많이 줄 수 있을까요?

교사 : 볼링공을 굴려서 볼링핀이 쓰러지면 다음 친구를 위하여 어떻게 해야 할까요?

교사 : 게임방법을 읽어보자.

〈게임방법〉
1. 출발선에 선다.
2. 호루라기를 불면 공을 굴린다.
3. 볼링 핀을 더 많이 쓰러뜨린 팀이 이긴다.
4. 자기가 쓰러뜨린 볼링 핀을 원래대로 세워놓고 자리로 돌아간다.

3. 규칙을 정한다.

교사 : 어떤 규칙을 정하면 더 재미있게 이 놀이를 할 수 있을까요?

유아 : 볼링 핀을 던지지 않아요. / 볼링 공을 던지지 않아요

4. 팀을 나눈다.

교사 : 이 통에서 색깔이 다른 막대를 뽑아 보자.

교사 : 분홍이는 왼쪽에, 파랑이는 오른쪽에 앉아보자.

교사 : 각 팀의 수를 세어보자.

5. 시범을 보인다.

교사 : 선생님과 시범을 보일 친구는 나와 볼까요?

교사 : 친구들을 위하여 시범을 보여 준 친구에게 고마움의 박수를 쳐주자.

6. 게임을 진행한다.

마무리

7. 활동을 마무리하고 평가한다.

교사 : 어느 팀이 점수가 많은가요?

교사 : 모두 열심히 해 준 것에 대해 다 같이 칭찬해 줄까요?

교사 : 다음 시간에는 "나 만의 볼링 핀"을 꾸미기 활동을 해볼거예요.

활동자료

1. 볼링 핀

2. 볼링 공

3. 점수판

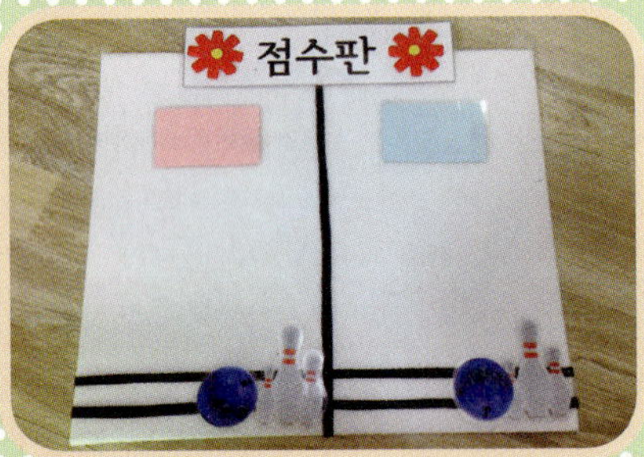

4. 게임방법 판

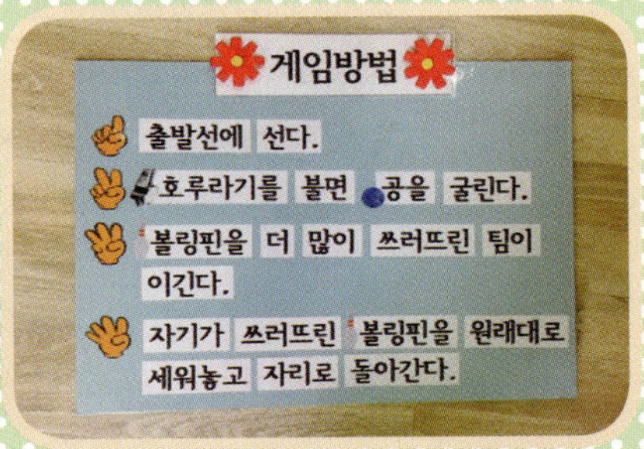

5. 볼링 핀 자리

6. 약속판

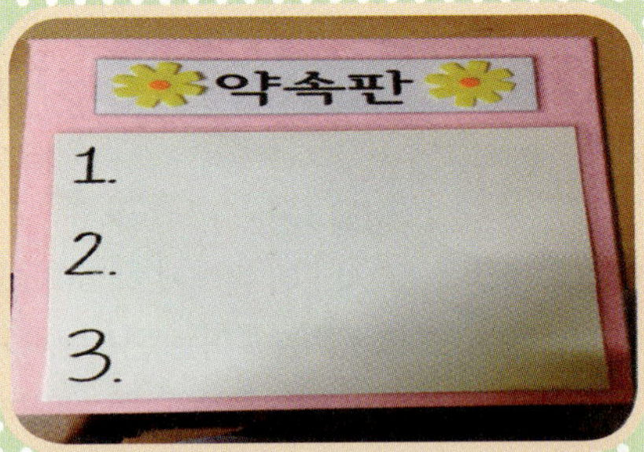

7. 도입 자료1(볼링장)

8. 도입 자료2(볼링 핀)

9. 도입 자료3(볼링공)

본 활동의 특징 및 교사의 역할

"스트라이크!" 활동의 특징

① 본 활동은 신체활동을 통하여 자신의 몸의 기능을 알고 신체적 자아를 높이는 게임이다.

② 영유아의 신체구조와 매력적인 교구를 통하여 몸을 움직이기 싫어하는 영유아도 즐겁게 운동할 수 있도록 흥미를 유발하여 동기부여를 한다.

③ 운동에도 규칙이 있고 그것을 지키면서 운동을 할 때 자신의 모습이 더 멋진 모습이라는 것을 활동을 하는 가운데 사회에서 수용되는 긍정적인 자아개념을 알아갈 수 있다.

교사의 역할

본 활동은 영유아가 기구를 이용하여 움직일 때, 대근육과 소근육 그리고 눈과의 협응력을 발달시킬 수 있도록 교사의 지도가 필요하다. 또한 '스트라이크! '라는 활동명처럼, 영유아가 볼링 공을 굴려서 볼링 핀을 쓰러뜨릴 때마다 볼링핀의 수에 관계없이 영유아의 움직임에 대한 교사의 구체적인 칭찬은 영유아가 신체적 자아뿐만 아니라 정서적 자아도 견고하게 해줄 수 있다.

나는 꿈이 있어요!

지도학생 : 안은별

주제	소중한 나	대상연령	만 5세
활동유형	이야기 나누기	집단형태	대 · 소집단 활동

활동목표	• 다양한 직업에 관심과 호기심을 갖는다. • 자신의 꿈에 대한 생각해보고 말로 표현할 수 있다.
교육과정 관련 요소	사회관계 : 사회에 관심 갖기 〉 지역사회에 관심 갖고 이해하기 사회관계 : 나를 알고 존중하기 〉 나를 알고 소중히 여기기 의사소통 : 말하기 〉 느낌, 생각, 경험 말하기
활동자료	꿈 상자, 직업카드들

단계	활동 내용
도입	**1. 우리 동네에 있는 다양한 직업에 대해 이야기 나눈다.** 교사 : 우리 동네에는 어떤 직업이 있나요? 교사 : 우리 친구들은 그 직업 중에서 나중에 어른이 되어 하고 싶은 직업이 있나요? 교사 : 내가 하고 싶은 일을 마음속에 간직한 것을 무엇이라고 하나요?
전개	**2. 교구 탐색을 하며 이야기 나눈다.** 교사 : (꿈 상자를 보여 주며) 여기 선생님이 상자를 하나 가지고 왔어요. 그런데 이 상자에는 여러분이 이 다음에 되고 싶은 꿈이 담겨 있답니다. 교사 : 이 상자에 어떤 꿈이 있는지 열어 볼까요? 교사 : 자동차 그림이 있는 상자 속에는 어떤 꿈의 직업이 있을까요? 교사 : (직업카드를 보여 주며) 카레이서 라고 쓰여 있네요. 어떤 일을 하는 직업일까요? 교사 : 이번에는 누가 한 번 나와서 자신의 꿈을 카드로 소개해 볼까요? 자기가 관심 있는 그림이 있는 상자를 열어보면 되겠어요. 그리고 이렇게 자신의 꿈에 대하여 소개해 보아요. **〈나는 꿈이 있어요!〉** 나는 OOO을 좋아해요. 그래서 나의 꿈은 OOO이 되는 거예요. OOO는 ~~~~~ 일을 하는 직업입니다.

	유아 : (옷그림 상자를 열고 카드를 꺼낸다) 의상디자이너예요. 나는 옷을 좋아해요. 그래서 나의 꿈은 의상디자이너가 되는 거예요. 의상디자이너는 옷을 만드는 일을 하는 직업입니다. 교사 : OO는 의상디자이너가 꿈이로구나. 선생님도 OO가 의상디자이너가 되어 만든 멋진 옷을 입어보고 싶구나.
마무리	**3. 활동을 마무리하고 평가한다.** 교사 : 너희들 꿈이 이렇게 멋진 것을 아니 선생님은 참 기분이 좋아요. 교사 : 서로의 꿈을 알게 되니 어떤가요? 교사 : 다음 시간에는 "나의 꿈 책"을 꾸미기 활동을 해볼거예요.

활동자료

1. 꿈 상자

2. 꿈 카드

3. 꿈 카드 보관상자

본 활동의 특징 및 교사의 역할

"나는 꿈이 있어요!" 활동의 특징

① 본 활동은 "꿈 상자"라는 매력적인 상자 속에서 자신의 꿈을 발견해보면서 자신에 대한 미래의 모습을 상상해 보는 이야기 나누기 활동이다.

② 생각뿐만 아니라 교사가 발표대본을 만들어 주어 아직 언어적으로 자신을 표현하는 것이 어려운 영유아에게 발표에 대한 두려움을 해소시켜 줄 수 있다.

교사의 역할

본 활동을 통하여 영유아가 자신의 미래의 모습을 생각하며 보다 적극적으로 자신의 생활을 꾸며가고 놀이할 수 있는 태도를 기르도록 지도한다. 각 직업에 대한 교사의 언어적인 구체적이고 긍정적인 반응은 필수이다.

09
CHAPTER

나와 다른 사람에 대한 감정

인공지능(Artificial Intelligence : AI)으로 인한 제4차 산업혁명의 도래는 우리 사회에 교육혁명도 필요함을 암시하고 있다. 영유아가 살아갈 미래사회에서 인간의 존엄이 지켜질 수 있는 능력은 느끼는 것, 즉 정서능력이다. 이것은 기계가 할 수 있는 감각적 센서(sencer)의 능력과 다르다. 상황과 맥락에 따른 감정의 교류능력이 필요하다. 하지만 현대 영유아들은 점점 둔감해지고 있다. 기쁜 일이 있어도 기쁜 줄 모르고 슬픈 일이 있어도 슬픈 줄 모른다. 자신의 감정이 무엇인지 모르기 때문에 표현하지 못한다. 따뜻한 햇볕을 느껴본 영유아가 친구의 언 손 위에 호호하고 따뜻한 입김을 불어줄 수 있다. 영유아기에 긍정적이고 따뜻한 정서적 경험을 통한 정서능력의 발달은 영유아의 미래사회에서 인간의 존엄성이 지켜질 수 있는 기본 토대를 형성해 줄 것이다.

1. 정서

1) 정서의 개념과 중요성

영유아는 태어나면서부터 자신의 느낌을 '우는 것'으로 표현한다. 이것은 영유아가 세상에 존재감을 나타내는 매우 중요한 신호이자 건강한 생명의 소유자라는 증거이기도 하다. 영유아가 자신이 느끼는 감정을 소중하게 여기듯이 다른 사람의 감정을 자신의 감정과 구별하고 소중하게 다룰 때 유능한 사회인으로서 보다 잘 준비될 것이다.

(1) 정서의 개념

정서(emotion)는 라틴어 'movere(움직이다)'에 접두어'e(~로부터)'가 붙어서 '움직여 나아가다'라는 의미의 어원에서 유래하였다(조성연 외, 2005). 정서의 하위개념이라고 할 수 있는 감정(feeling)은 정서에 비해 주관적이고 표현적인 요소를 강하게 가지고 있어서, 쾌, 불쾌, 좋음, 싫음, 애정과 같은 정적인 경험을 의미한다(유아교육학사전, 1996).

정서는 학자들에 따라 다양한 관점으로 정의된다(황희숙, 이희영, 이경화, 이정화, 신경숙, 2008).

✲ 생리학적 관점

발생한 사건을 지각함으로 나타나는 신체적 변화에 대한 느낌 또는 자각

✲ 지능적 관점

하나의 감정에 따라 일어나는 일련의 사고, 심리적 · 생리적 상태의 행동 경향

✲ 행동주의적 관점

어떤 특정한 시간에 어떤 특정한 방법으로 행동하고자 하는 개인적 성향 또는 기질

정서 이해의 기초

- 모든 사람은 정서를 가지고 있다.
- 서로 다른 상황 때문에 정서가 일어난다.
- 정서는 내가 어떻게 느끼는지 또는 다른 사람들이 어떻게 느끼는지에 대해 이야기할 때 활용될 수 있다.
- 감정을 나타내는 서로 다른 방법이 있다.
- 다른 사람들은 모든 일에 대해 내가 느끼는 것과 같은 방식으로 느끼지 않을 수도 있다.
- 나의 느낌이나 다른 사람들의 느낌을 변화시키기 위해 어떤 일을 할 수 있다.

출처 : Hyson(1998).

(2) 정서의 중요성

정서는 영유아의 전 발달영역에 영향을 미쳐 영유아의 생존과 행복을 위하여 발달되어야 할 매우 중요한 인간의 능력이다.

① 영유아의 기본적 욕구와 필요를 요청

인간은 다른 동물과 달리 매우 오랫동안 부모의 보살핌을 받아야 성인으로 독립할 수 있다. 자신의 의사표현을 충분히 할 수 있는 연령이 되어도 자신의 정서를 표현하기는 쉽지 않지만 정서가 표현되지 않으면 결코 바람직한 상호작용은 이루어질 수 없다. 영유아는 상호작용을 통하여 세상의 정보를 얻는다. 하지만 언어표현능력이 발달하지 못한 영유아가 성인, 특히 부모와 할 수 있는 상호작용도구는 정서의 표현이다. 민감한 양육자는 영유아가 '우는 것'도 배가 고픈지, 기저귀가 불편한지, 심심한지를 구별해 낸다. 정서를 표현하지 못하는 영유아가 있다면 영유아의 가능한 정서표현방법을 격려하고 반응하여 도와주어야 한다. 따라서 영유아의 정서표현은 양육자의 보살핌을 이끌어 내는 데에 있어서 매우 중요하다(안라리, 2005).

② 행동을 조절하는 동기요인

영유아에게 특정 자극을 주었을 때 그 자극에 대한 특정 행동을 하도록 하는 큰 동기요인이 정서이다. 즉, 영유아가 주어진 어떤 과제를 성공적으로 해결하게 되면 만족감을 느끼게 되어 다시 그 과제가 주어졌을 때 지속적으로 참여하게 되지만 만약 과제를 계속 해결하지 못함으로 실패감을 느끼게 되면 영유아는 다시는 그 과제에 참여하고 싶은 마음이 들지 않게 된다는 것이다. 또한 영유아가 특별하게 느껴지는 공포를 유발하는 대상이 있다면 피하게 될 것이고 분노를 일으키는 대상이 있다면 공격적인 행동을 보일 것이다. 즉, 이러한 영유아의 정서는 행동을 일으키는 중요한 요인이다(Termine & Izard, 1988).

③ 사회적 능력과의 관련성

사람들은 만났을 때 기분 좋은 사람과 되도록 함께 하고 있다. 그것은 영유아도 마찬가지이다. 정서의 분화가 다양하게 이루어지지 않았다 할지라도 영유아가 가지고 있는 정서로도 영유아는 자신이 속한 사회구성원과 관계를 맺고 유지하고 변화시킬 수 있다. 유능한 사회적 능력을 갖춘 영유아의 정서조절전략은 상황에 따라 자신의 정서를 적절하게 표현함으로써 바람직한 사회적 상호작용을 가능하게 하나 미흡한 정서조절전략을 갖춘 영유아는 바람직한 사회적 상호작용을 하기 어렵기 때문에 원만한 대인관계 형성에 실패할 수 있다(노서연, 2003).

④ 인지발달을 위한 기초 마련

영유아가 가지는 고차원적 기능인 지능, 도덕성, 자아감발달을 위한 기본적인 공통 기원이 정서이다. 인지발달을 위하여 먼저 필수적으로 선행되어야 할 발달영역이 정서발달인 것이다(Beaty, 2001, 박찬옥 외 2016 재인용). 영유아가 자신이 특별히 흥미를 느껴 관심을 갖는 것에 대한 주의집중을 하고 기억 등의 인지능력이 발휘되듯이 영유아의 원활한 지적 · 사회적 · 도덕적 발달을 이루는 인지발달을 위한 기초로서 정서의 중요성은 매우 크다.

2) 정서의 발달 및 영향요인

(1) 정서의 발달

영유아가 태어나면서 갖게 되는 생의 초기 정서로부터 성장을 통하여 정서는 세계 모든 문화권의 영아들이 갖는 1차 정서로부터 점차 2차 정서로 분화하게 되는데, 이러한 정서의 발달은 정서표현, 정서이해, 정서조절의 구성요소를 토대로 이루어진다.

① 정서의 분화과정

첫째, 생후 6주경에 나타나는 기쁨은 생의 초기 정서로서, 이것은 최초의 사회적 미소로 표현된다. 쾌정서와 불쾌정서로 분화되는 2~3개월에 미소가 웃음으로 표현되고, 신체적인 불편함이 느껴지면 울음으로 표현한다. 6개월 후 불쾌정서는 공포, 혐오, 분노의 정서로 분화된다.

둘째, 생후 1년 정도에 쾌정서는 의기양양과 애정의 정서로 분화되고 18개월에서 2년 정도에 사회적 관계와 관련된 정서인 수치심, 죄책감, 부러움 등을 나타낸다. 성인의 기본정서인 질투도 이 시기에 형제관계를 통하여 발달한다.

셋째, 유아기에 나타나는 다양한 정서는 짧은 지속시간으로 자주 변하고 폭발적인 표현을 보인다. 5세 정도에는 불안, 수치, 실망, 선망 등의 정서로 분화된다.

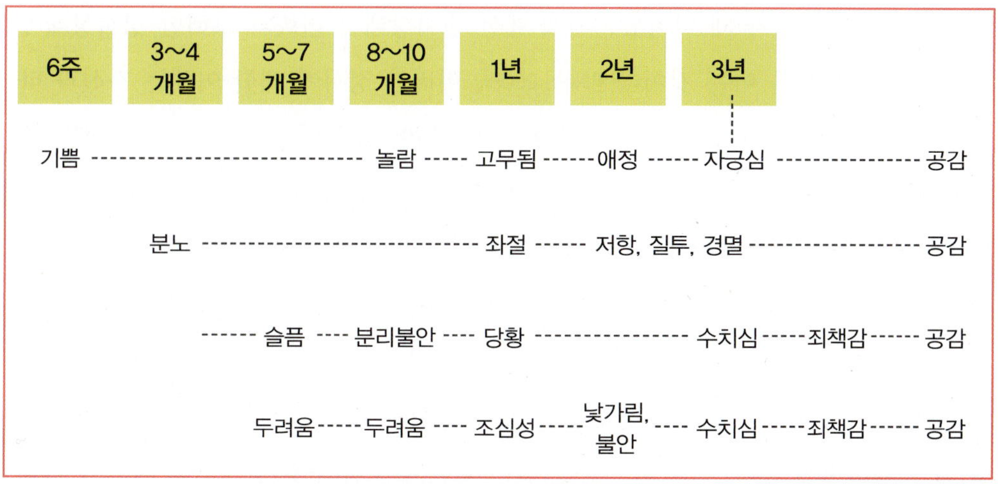

[그림 9-1] 생후 3년 동안 출현하는 영유아의 정서

출처 : Kostelnik, M., Whiren, A., Soderman, A., & Gregory, K.(2009). Guiding Children's Social Development and Learning, 6th Edition.

② 정서발달의 구성요인

학자마다의 다양한 관점을 종합하여 정서표현, 정서이해, 정서조절로 나누어 볼 수 있다.

✽ 정서표현

자신의 느낌을 타인이나 상황을 고려하여 적절하게 표현하는 것으로서, 얼굴 표정, 언어, 몸짓, 행동 등 다양한 수단으로 정서 상태의 변화를 나타내는 것이다. 영유아의 출생 시 갖게 되는 기본적인 정서상태는 성장하면서 다양한 인지적 · 사회적 경험을 통하여 분화하게 되는데, 표현되는 정서의 종류는 1차 정서(기본정서)와 2차 정서로 나누어진다. 1차 정서는 세계 모든 문화권의 영아들에게서 공통적으로 나타나는 기쁨, 슬픔, 분노, 공포 등이고, 2차 정서는 한 가지 이상의 정서가 통합된 정서상태로서 당황, 수치, 질투, 죄책감, 자긍심 등이 있다.

✽ 정서이해

어떤 특별한 정서가 왜 나타났는지에 대한 정서상태의 변화와 그러한 정서상태에 따른 정서행동 등을 아는 것이다(황희숙, 2008). 이러한 정서에 대한 이해는 자신과 타인의 정서이해뿐만 아니라 정서가 어떻게 위장되어 표현되는지, 정서를 표현할 때 어떤 규칙이 필요한지에 대한 이해를 포함한다. 따라서 이러한 정서이해는 영유아가 또래친구를 알게 됨으로써 주변 환경이 확대되고 언어로 자신의 정서를 표현하고자 하는 유아기 때 급속한 발달을 이룬다(Denham, 1998).

특히, 만 5, 6세가 되면 타인의 정서를 분명하게 구별하게 되는데, 그렇다 하더라도 유아는 사람들이 내면에 가지고 있는 진짜 정서와 표면적으로 나타내는 표현정서를 잘 구별하지 못한다. 아직 유아는 사물이 갖는 겉모습과 실제 모습의 차이를 이해하지 못한다. 6~7세 이후에야 기쁨과 슬픔을 동시에 느낄 수 있는 복합정서 경험이나 복합정서 이해를 할 수 있으며 상황적 단서에 따른 타인의 감정과 의도에 대한 파악을 통한 타인 정서를 이해하게 된다. 여아는 남아보다 상황적 단서를 잘 파악하여 정서적 상호작용에 유능성을 보일 수 있다(박찬옥 외, 2016).

✲ 정서조절

자신의 목표를 달성하기 위하여 자신의 정서를 정확히 인식하고 상황에 맞게 적절하게 조절하는 능력이다(한영미, 2009).

정서조절은 원만한 사회관계 형성과 유지를 위하여 필수적인 능력으로서, 정서 조절을 잘 하기 위해서는 자신의 정서를 잘 인식하는 것뿐만 아니라 정서표현 규칙에 따른 적절한 표현을 하는 것도 필요하다. 정서표현 규칙이란 영유아가 주어진 어떤 특정 상황에서 자신이 표현해야 할 정서를 인식하고 그에 적합한 정서를 표현하는 것이다. 정서조절 역시 남아보다 여아가 유능성을 보이며(황희숙 외, 2008), 각 발달시기에 따른 정서조절의 특징을 [표 9-1]에 제시하였다.

[표 9-1] 정서조절능력의 발달

발달 시기	정서조절능력 특징
첫돌 무렵	부정적 정서 유발을 감소시키기 위한 책략(몸을 앞뒤로 흔들기, 입술 깨물기, 불쾌한 사건이나 사람들을 피하기 등)을 발달시킨다.
18~20개월	부정적 정서를 숨길 줄 안다(예 : 넘어졌을 때 엄마가 함께 있을 때만 울음을 터뜨린다)
2세경	좌절에 대한 참을성이 나타나기 시작한다.
3세	다른 사람 앞에서 부정적 정서표현을 자제하는 능력이 나타난다. 자기 감정을 더 잘 숨기며 진짜 자기 감정을 숨기고 거짓말을 하기도 한다.

출처 : 박찬옥 외(2016). 유아사회교육.

(2) 정서발달의 영향요인

① 영유아 개인적 요인

생리적 측면에서 볼 때 정서는 뇌의 편도가 관장한다. 편도가 정서에 대하여 가지는 기능은 외부로부터 자극을 받아들이면 그것의 정서적 의미를 파악하여 행동할 수 있도록 한다. 따라서 편도의 손상은 정서적 단서를 파악하기 어렵게 하기 때문에 정서표현을 불가능하게 한다(김유미, 2007).

또한 영유아의 기질은 정서표현에 차이를 보이게 한다. 순한 기질의 영유아는 보다 긍정적인 정서표현을, 까다로운 기질의 영유아는 보다 부정적인 정서표현을 나타내는 경향이 있다.

영유아의 인지적 발달에 따른 개인차는 정서발달에도 나타난다. 대상영속성, 타인 지각능력, 만족지연능력, 정서표현규칙에 대한 이해에 있어서 보다 인지적 성숙을 이룬 영유아는 보다 적절한 정서조절로 상황에 맞는 바람직한 정서표현을 할 수 있게 된다(Kostelnik, et al., 2009).

② 부모

부모와의 상호작용을 통한 영유아의 정서적 경험은 영유아의 정서발달에 매우 결정적이다. 언어적 교감뿐만 아니라 신체적 접촉을 통한 정서의 교류는 영유아의 긍정적인 정서발달을 돕는다. 영유아가 세상에서 처음 만나게 되는 부모로부터의 정서적 경험은 영유아의 긍정적 자아개념 형성에 기반이 된다.

③ 보육 또는 교육 경험

보육과 교육을 통해 영유아들은 사회화를 경험한다. 그 사회화 과정 중에는 그 사회에서 표현되고 수용 가능한 정서가 무엇인지, 또는 수용되지 못하는 정서가 무엇인지에 대한 배움과 이해를 수반한다. 영유아에게 영유아가 속한 사회에서 수용하는 정서를 인식하고 이해하여 상황과 맥락에 따라 자신의 정서를 조절하여 적절한 정서를 표현할 수 있도록 돕는 보육 또는 교육 경험의 질이 영유아의 정서발달에 중요한 영향을 미친다.

3) 정서발달을 돕는 교사의 역할

(1) 정서적 반영 사용하기

- 말하기 전에 영유아를 주의 깊게 관찰한다.
- 영유아가 보이는 여러 가지 정서에 민감하게 반응한다.
- 영유아가 경험하는 정서를 무비판적으로 평가한다.
- 관찰한 정서를 영유아에게 이야기할 때에는 짧은 문장으로 말한다.

- 다양한 감정 단어를 사용한다.
- 수용하기 힘든 영유아의 정서표현도 이해한다.
- 부적절한 반영은 수정한다.

(2) 정서이해 및 정서에 관한 의사소통기술 향상시키기

- 정서에 대한 토론을 도모하기 위해 이야기, 책, 노래를 활용한다.
- 교사 자신의 감정에 관하여 말하면서 시범을 보여 준다.
- 영유아가 타인에게 언제 자신의 정서를 말로 표현해야 하는지 알 수 있도록 도와준다.
- 영유아가 자신이 정서에 대해 말할 수 있도록 다양한 각본을 제시해 준다.
- 행동 단서를 통해서 타인의 정서를 이해할 수 있도록 돕는다.
- 타인의 정서를 유발하는 상황 단서에 주의를 기울이도록 한다.
- 영유아의 혼합된 정서를 구분하도록 도와준다.
- 정서에 관해서 남아, 여아 모두와 이야기를 나눈다.
- 영유아와 가족이 표현하는 정서표현의 문화적 차이에 대해 알려고 노력한다.

(3) 강렬한 정서에 대처하도록 도와주기

- 영유아의 강렬한 정서는 인정하지만 파괴적인 행동은 못하게 한다.
- 슬퍼하거나 두려워하는 영유아는 위로해 준다.
- 영유아가 강렬한 정서를 더 잘 조절할 수 있도록 사건을 다시 해석해 준다.
- 새로운 상황에서 영유아는 불안하여 강렬한 반응을 할 수 있다는 것을 예상한다.
- 영유아가 두려워하는 상황에 점차적으로 접근하도록 한다.
- 영유아가 사용할 수 있는 정서조절전략을 가르쳐 준다.
- 영유아에게 기쁨, 행복감, 유머를 표현할 기회를 많이 제공한다.

(4) 가족과 정서에 관해서 의사소통하기

- 영유아가 영유아교육기관에서 보이는 정서에 대해 부모에게 알려준다.
- 부모에게서 영유아의 가정 내 정서생활에 대한 정보를 얻는다.
- 부모가 영유아의 전형적인 정서발달을 잘 이해할 수 있도록 도와준다.
- 부모가 표현하는 정서에 주의를 기울인다.
- 부모의 정서가 교사를 불편하게 하더라도 부모의 정서를 수용한다.
- 부모가 교사나 기관에 대해 화를 낼 때 방어적인 반응을 자제하도록 한다.

피해야 할 함정
• 모두 알고 있다는 듯이 말하는 것 • 영유아를 비난하는 것 • 자기 정서에 대해 말하도록 강요하는 것

2. 교육과정 관련 내용

1) 만 0~2세 제3차 표준보육과정

(1) "나와 다른 사람에 대한 감정" 관련 사회관계영역의 목표

- 만 0~1세에서는 "기본적인 정서를 표현하고 다른 사람의 감정에 주의를 기울인다"는 사회관계영역의 목표를 갖는다.
- 만 2세에서는 "자신의 감정을 알고 다른 사람의 감정에 반응을 보인다"는 사회관계영역의 목표를 갖는다.

[표 9-2] "나와 다른 사람에 대한 감정" 관련 만 0~2세 사회관계영역의 목표

만 0~세 사회관계영역의 목표	만 2세 사회관계영역의 목표
친숙한 사람과 관계를 형성한다.	나를 인식하고 다른 사람과 더불어 생활하는 경험을 한다.
• 자신과 다른 사람을 구별된 존재로 인식한다.	• 자기존중감을 형성한다.
• 기본 정서를 표현하고 다른 사람의 감정에 주의를 기울인다.	• 자신의 감정을 알고 다른 사람의 감정에 반응을 보인다.
• 안정적인 애착을 형성하고 또래와 교사와 함께 지낸다.	• 가족을 사랑하고 또래, 교사와 즐겁게 지내며 간단한 규칙 등을 지킨다.

출처 : 중앙보육정보센터(2013). 어린이집 표준보육과정 및 0~2세 영아보육프로그램의 이해.

(2) "나와 다른 사람에 대한 감정" 관련 사회관계영역의 내용

- 만 0~1세에서는 "나와 다른 사람의 감정 알기" 내용 범주 하위 내용인 "나의 감정을 나타내기", "다른 사람에게 주의 기울이기"에서 1수준에서 4수준에 따라 [표 9-3]에 세부 내용이 제시되어 있다.

[표 9-3] "나와 다른 사람에 대한 감정" 관련 만 0~1세 사회관계영역의 세부 내용

내용범주	내용	1수준	2수준	3수준	4수준
나를 알고 존중하기	나를 구별하기	거울 속의 나에게 관심을 가진다.		거울 속의 나를 알아본다.	
	나의 것 인식하기	자기 이름을 부르는 소리에 반응한다.			
		–		친숙한 자기 물건을 안다.	
나와 다른 사람의 감정 알기	나의 감정을 나타내기	나의 욕구와 감정을 나타낸다.			
	다른 사람에게 주의 기울이기	다른 사람의 말과 표정, 몸짓에 주의를 기울인다.		다른 사람이 나타내는 여러 가지 감정에 주의를 기울인다.	
더불어 생활하기	안정적인 애착 형성하기	양육자와 시선을 맞춘다.	양육자에게 적극적으로 관심과 욕구를 표현한다.		
		주변의 친숙한 사람의 얼굴과 목소리를 인식한다.		주변의 친숙한 사람에게 애정을 표현한다.	
	또래에 관심 갖기	다른 영아와 함께 지내는 것을 경험한다.			
	자신이 속한 집단 알기	담임교사를 구별한다.		자기 반에서 지내며 안정감을 가진다.	
	사회적 가치를 알기	–		친숙한 물건의 자리를 안다.	
		만나고 헤어지는 인사를 해본다.			

- 만 2세에서는 “나와 다른 사람의 감정 알기” 내용 범주 하위 내용인 “나의 감정을 나타내기”, “다른 사람의 감정에 반응하기”에서 1수준에서 2수준에 따라 [표 9–4]에 세부 내용이 제시되어 있다.

[표 9–4] “나와 다른 사람에 대한 감정” 관련 만 2세 사회관계영역의 세부 내용

내용범주	내용	1수준	2수준
나를 알고 존중하기	나를 구별하기	나와 다른 사람의 모습을 구별한다.	
	좋아하는 것 해 보기	내가 좋아하는 것을 찾아본다.	
		좋아하는 놀이나 놀잇감을 선택해 본다.	스스로 선택한 놀이나 놀잇감을 즐긴다.
나와 다른 사람의 감정 알기	나의 감정을 나타내기	여러 가지 감정을 말과 행동으로 나타낸다.	
	다른 사람의 감정에 반응하기	다른 사람이 나타내는 여러 가지 감정에 반응을 보인다.	
더불어 생활하기	내 가족 알기	내 가족에게 애정을 표현한다.	내 가족에게 다른 사람과는 구분된 특별한 감정을 갖는다.
	또래와 관계하기	또래에게 관심을 보인다.	또래의 모습과 행동을 모방한다.
		또래의 이름을 안다.	또래가 있는 곳에서 놀이를 한다.
	자신이 속한 집단 알기	자신이 속한 반과 교사를 안다.	자신이 속한 반의 활동에 즐겁게 참여한다.
	사회적 가치를 알기	도움 받아 물건을 정리한다.	스스로 물건을 정리한다.
		자기 순서를 안다.	순서를 기다린다.
		바른 태도로 인사한다.	
		간단한 약속을 지킨다.	

(3) 지도지침 및 유의사항

제3차 표준보육과정의 만 0~2세 사회관계영역에서 “나와 다른 사람에 대한 감정”에 관련하여 교사에 의해 지도되어야 할 내용에 대한 지침 및 유의사항은 [표 9–5]와 같다.

[표 9-5] "나와 다른 사람에 대한 감정" 관련 사회관계영역의 지도지침 및 유의사항

연령	내용 범주	내용	지도지침 및 유의사항
만 0~1세	나와 다른 사람의 감정 알기	나의 감정을 나타내기	• 교사는 평소 지속적인 관찰을 통해 영아의 기질적 특성을 이해하고 반응 속도와 개별적인 생활리듬을 파악하여 영아가 여러 가지 욕구와 다양한 감정을 나타내는 것에 따뜻하고 민감하게 반응해 주고 공감해 준다. • 영아가 욕구와 감정을 표현할 때 배고픔, 배변, 피로 등의 원인을 파악하여 영아의 생리적 욕구를 충족해 주도록 한다. 영아의 개별적인 생활리듬을 고려하여 개별 수유시간, 기저귀 갈기, 휴식을 할 수 있는 공간 등을 제공하여 준다. • 영아가 다양한 감정을 놀이로 표현할 수 있도록 흔들거나 두드려서 소리 내는 악기, 다양한 빠르기의 음악, 스카프 등을 제공해 준다. 부정적인 감정을 해소할 수 있는 밀가루 반죽, 물놀이, 부드러운 솜공, 담기 · 쏟기 놀잇감 등을 제공하여 영아가 놀잇감을 충분히 탐색하여 정서를 표출할 수 있도록 한다. • 이 시기 영아는 부정적인 정서표현도 할 수 있음을 이해하고, 영아의 부정적 정서표현을 수용한다. 교사가 영아의 감정을 읽어주고 공감해 주며 위로해 준다. 영아의 부정적인 정서표현을 즉시 긍정적인 정서로 전환하는 것보다 부정적인 정서표현도 공감해 주고 존중해 주는 것이 중요하다.
		다른 사람에게 주의 기울이기	• 교사는 영아가 자신이 아닌 다른 사람의 얼굴과 목소리에 관심을 가지고 상대방의 몸짓을 살펴봄으로써 자신과 구별되는 존재로서의 상대방이 자기 주변의 환경에 있다는 것을 인식하도록 상호작용한다. • 다른 사람이 표현하는 감정에 대하여 관심을 가져주고 공감해 주는 것을 보여 주어 영아가 다른 사람의 감정에 관심을 가지도록 하고, 기쁨, 놀람, 분노, 슬픔, 공포 등의 정서를 이해하며 다른 사람이 표현하는 감정에 대하여 이해할 수 있는 언어로 표현해 준다.
			• 영아가 선생님과 친구가 하는 말이나 표정, 몸짓을 직접 관찰할 뿐 아니라 또래나 교사 사진을 보면서 관심을 가져 볼 수 있으므로 벽면뿐 아니라 보육실 바닥, 문 등 영아가 보기에 쉬운 곳을 이용하여 다양한 방법으로 사진을 게시해 준다. • 영아의 발달수준에 따라 들춰보기, 벨크로테이프를 떼어서 열기, 옆으로/아래로 열기 등 여는 방법을 다양하게 하여 제작한 까꿍놀이판을 만들어 타인에 대한 흥미를 유발해 주도록 한다. • 영아가 다른 사람의 감정을 공감하는 것이 어려우므로 영아에게 공감하기를 강조하기보다 교사가 풍부한 표정으로 다른 사람의 감정에 공감해 주는 것을 보여 주어 자연스럽게 영아가 다른 사람의 감정에 관심을 가지도록 한다.

만 2세	나와 다른 사람의 감정 알기	나의 감정을 나타내기	• 교사는 영아가 자신이 느끼는 다양한 감정을 이에 적합한 말로 표현하거나 필요한 행동으로 나타낼 수 있도록 돕는다. 영아가 자기가 느끼는 여러 가지 감정을 울거나 떼쓰거나 때리는 행동으로 나타내는 것에서 나아가 점차 선생님을 부르거나 선생님에게 와서 간단하게 말하는 등의 행동으로 표현할 수 있도록 격려한다. • 영아가 느끼는 다양한 감정을 어떤 감정인지 구체적인 언어로 표현해 주어 영아는 자신의 감정에 대한 언어적 표현을 들으면서 자신이 느끼는 감정에 이름이 있다는 것을 인식할 수 있도록 돕는다. • 넉넉한 수의 놀잇감을 준비하고 똑같은 모양과 색의 놀잇감을 여러 개 준비하여, 교실 내에서 놀잇감 부족으로 인해 발생 가능한 분쟁 또는 문제 상황을 최소화한다. • 영아가 긍정적 감정을 표현할 뿐 아니라 부정적인 감정도 해소할 수 있는 놀이를 계획하여 영아가 충분히 즐길 수 있도록 한다. • 이 시기 영아는 부정적인 정서표현도 할 수 있음을 이해하고 교사가 영아의 감정을 읽어주고 공감해 주며 위로해 준다. 영아의 부정적인 정서표현을 즉시 긍정적인 정서로 전환하기보다 영아의 정서상태를 공감해 주어 자신이 존중받고 있다는 것을 느끼도록 부정적인 정서를 수용하고 이를 말로 표현할 수 있도록 모델링을 보여 주거나 격려해 준다.
		다른 사람의 감정에 반응하기	• 교사는 영아가 다른 사람이 다양한 감정을 가지고 있음을 인식할 수 있도록 감정표현에 대하여 언어로 표현해 주고, 영아의 정서표현에 민감하게 반응해 준다. • 다양한 감정을 나타내는 영아들의 얼굴 사진을 붙여주어 영아들이 사진을 보며 감정이입을 통해 주인공의 상황을 추측해 본다. • 다양한 표정 퍼즐이나 표정 그림판, 표정 바꾸기 놀잇감, 감정 표현 관련 그림책 등을 제공하여 영아가 놀이를 통해 자연스럽게 여러 가지 감정에 대한 관심을 가지고 반응해 볼 수 있도록 한다. • 영아가 부정적 정서를 나타낼 경우 영아의 부정적 정서표현을 피하기 위해 주의를 전환하기보다는 영아의 신체적 · 심리적 원인을 파악하고 상황을 바꾸어 주거나 적절한 방법으로 표현할 수 있도록 지속적으로 격려해 주며 교사가 직접 모델링을 보여 주도록 한다.

출처 : 김규수 외 (2015). 영유아사회교육.

2) 만 3~5세 연령별 누리과정

(1) "나와 다른 사람에 대한 감정" 관련 사회관계영역의 목표

만 3~5세 연령별 누리과정에서 "나와 다른 사람에 대한 감정" 관련 사회관계영역의 목표는 "친구, 공동체 구성원들과 서로 돕고, 예의 규칙 등 사회적 가치를 알고 지킨다", "우리 동네, 우리나라, 다른 나라에 관심을 가진다"이다.

[표 9-6] "나와 다른 사람에 대한 감정" 관련 사회관계영역의 목표

자신을 존중하고 다른 사람과 더불어 생활하는 능력과 태도를 기른다
① 자신을 소중히 여기며 자율성을 기른다. ② 자신과 타인의 감정을 알고 자신의 감정을 적절하게 표현하고 조절한다. ③ 가족과 화목하게 지내며 서로 협력한다. ④ 친구, 공동체 구성원들과 서로 돕고, 예의규칙 등 사회적 가치를 알고 지킨다. ⑤ 우리 동네, 우리나라, 다른 나라에 관심을 가진다.

(2) "나와 다른 사람에 대한 감정" 관련 연령별 사회관계 영역의 내용

[표 9-7] "나와 다른 사람에 대한 감정" 관련 연령별 사회관계영역의 내용

<table>
<tr><th rowspan="2">내용 범주</th><th rowspan="2">내용</th><th colspan="3">연령별 세부 내용</th></tr>
<tr><th>만 3세</th><th>만 4세</th><th>만 5세</th></tr>
<tr><td rowspan="3">나와 다른 사람의 감정 알고 조절하기</td><td rowspan="2">나와 다른 사람의 감정 알고 표현하기</td><td>자신에게 여러 가지 감정이 있음을 안다.</td><td colspan="2">자신의 감정을 알고 표현한다.</td></tr>
<tr><td>다른 사람의 감정에 관심을 갖는다.</td><td>다른 사람의 감정을 안다.</td><td>다른 사람의 감정을 알고 공감한다.</td></tr>
<tr><td>나의 감정 조절하기</td><td colspan="2">자신의 감정을 조절해 본다.</td><td>자신의 감정을 상황에 맞게 조절한다.</td></tr>
</table>

(3) 지도지침 및 유의사항

만 3~5세 연령별 누리과정의 사회관계영역에서 "나와 다른 사람에 대한 감정"에 관련하여 교사에 의해 지도되어야 할 내용에 대한 지침 및 유의사항은 [표 9-8]과 같다.

[표 9-8] "나와 다른 사람에 대한 감정" 관련 사회관계영역의 지도지침 및 유의사항

내용 범주	내용	지도지침 및 유의사항
다른 사람의 감정 알고 조절하기	나와 다른 사람의 감정 알고 표현하기	• 교사는 유아가 슬프고, 기쁘고, 행복하고, 화나고, 속상하고, 실망하는 등 자신의 감정을 알고 이를 말로 표현할 수 있도록 한다. 또한 교사가 다양한 감정을 적절하게 표현하는 본보기를 유아에게 보여 주어서 유아가 다양한 감정상태를 알고 적절하게 표현하도록 한다. • 유아가 잘 관찰할 수 있는 장소에 남녀노소가 다양한 감정을 표현하고 있는 사진이나 그림들을 게시해 주어 유아가 다양한 감정의 종류에 대하여 관심을 가질 수 있는 기회를 제공한다. • 교사는 유아가 다른 사람의 감정에 관심을 갖도록 주의를 환기시켜 주고 친구들의 감정은 모두 다를 수 있다는 것을 알도록 한다. 이때 성인이나 친구의 감정을 읽어줌으로써 다른 사람이 감정의 차이를 구분하는 기회를 제공한다.
		• 학급에서 일어난 갈등해결 상황 또는 일상생활 중 기쁘거나 슬픈 감정과 관련된 상황을 유아가 다른 사람의 감정을 공감할 수 있는 기회로 활용한다. • 긍정적인 표현뿐만 아니라 부정적인 표현도 필요한 상황이 있음을 알려주도록 한다. 다만, 부정적인 감정은 사회적으로 수용 가능한 방법으로 표현해야 함을 함께 알도록 한다. • 화가 나거나 너무 기뻐도 눈물이 날 수 있고, 속상하지만 괜찮다고 표현하는 등 복합적인 감정이 존재함을 알고 유아가 이를 죄책감 없이 수용할 수 있도록 한다.
	나의 감정 조절하기	• 유아가 자신의 감정을 표현하는 방식에 차이가 있음을 알고, 부정적인 감정을 긍정적으로 조절하도록 하는 데 중점을 둔다. • 교사는 유아가 사회에서 수용되는 감정표현방식을 알도록 하고, 자신의 다양한 감정을 상황에 따라 적절하게 표현할 수 있는 기회를 제공한다. • 교사는 학급에서 무의식적으로 나타내는 자신의 감정표현방식에 유의하도록 한다. 개인적으로 화가 나는 일이 생기더라도 때와 상황에 알맞게 감정을 조절하는 모습을 유아에게 보여 주어서 본보기가 될 수 있도록 한다.

출처 : 김규수 외 (2015). 영유아사회교육.

3. 교육과정 현장 적용을 위한 실제

소중한 내 마음

지도학생 : 성수은

주제	소중한 나	대상연령	만 3, 4세
활동 유형	동시	집단 형태	대 · 소집단활동

활동목표	• 상황에 적절한 감정을 이야기할 수 있다. • 여러 가지 감정이 있다는 것을 안다. • 동시를 주의 깊게 감상할 수 있다.
교육과정 관련 요소	의사소통 : 말하기 〉 느낌, 생각, 경험 말하기 의사소통 : 듣기 〉 동요, 동시, 동화를 듣고 이해하기 사회관계 : 나와 다른 사람의 감정 알고 조절하기 〉 나와 다른 사람의 감정 알고 표현하기
활동자료	동시판, 작은 동시책, 표정판

단계	활동 내용
도입	**1. 감정에 대한 경험 이야기를 나눈다.** 교사 : 우리 지난 시간에 감정에 대한 동화를 들었지요. 교사 : 그 동화책에 어떤 감정들이 있었나요? 교사 : 너희들도 그런 감정들을 느껴본 적이 있나요? 교사 : 오늘은 그 감정에 관한 동시를 하나 소개해 줄 거예요.
전개	**2. '내마음' 동시를 감상한다.** 교사 : 선생님이 너희들의 감정이 담긴 동시를 준비했어요. 교사 : 우리 친구들은 언제 기쁜 마음이 생기나요? 우리 친구들은 언제 슬픈 마음이 생기나요? 우리 친구들은 언제 화난 마음이 생기나요? 우리 친구들은 언제 놀란 마음이 생기나요? 교사 : 우리 친구들의 생각을 모아서 이렇게 어떤 분이 예쁜 동시로 만드셨네요. 교사 : 우리 한 번 〈내 마음〉 동시를 읊어볼까요? 교사 : 그런데 우리 친구들은 기쁜 마음일 때 얼굴 표정이 어떤가요? 우리 한번 표정을 지어보자.

<table>
<tr><td></td><td>교사 : 슬픈 마음일 때는 얼굴 표정이 어떤가요? 우리 한번 표정을 지어보자.
화난 마음일 때는 얼굴 표정이 어떤가요? 우리 한번 표정을 지어보자.
놀란 마음일 때는 얼굴 표정이 어떤가요? 우리 한번 표정을 지어보자.
교사 : 그럼 이 동시에서 각 마음의 표정을 지어 볼 친구 네 명만 나와볼까요?
다 나왔어요? 그럼 OO는 기쁜 표정, @@는 슬픈 표정, aa는 화난 표정, zz는 놀란 표정을 지어볼까요?
교사 : 이제 선생님이 다시 동시를 읊어 볼게요.
여기에 나온 친구들은 각 마음이 나올 때마다 표정이 지어 주는 거예요.
(교사가 동시를 읽으면서 각 마음을 담당한 영유아를 바라보며 이름을 부른다. 영유아는 마음에 맞는 표정을 짓는다)

3. '표정판'을 소개한다.
교사 : 우리 친구들이 보여 준 표정을 선생님이 놀잇감으로 준비해 왔어요.
(표정판을 보여 준다)
이것은 '표정판'이라고 하는데, 어떤 표정이 있는지 살펴보자.
그리고 이 표정판 앞에는 이 작은 동시책을 붙일 수 있어요.
이 동시책을 한 번 열어볼게요.
이 동시의 한 소절에 나오는 마음마다 이 표정판의 표정을 바꾸어 줄 수 있을까요?

4. 시범을 보인다.
교사 : 선생님이 한 번 해 볼게요.
교사 : 누가 나와서 동시와 표정판을 움직여 볼까요?</td></tr>
<tr><td>마무리</td><td>5. 활동을 마무리한다.
교사 : 나의 소중한 마음을 표현해 보았는데, 어땠나요?
교사 : 오늘은 마음을 얼굴로 표현해 보았는데요. 또 어떤 방법으로 마음을 표현할 수 있을까요?
교사 : 그럼 우리 다음 시간에는 말로 마음을 표현하는 방법을 알아보도록 해요.</td></tr>
</table>

활동자료

1. 동시판

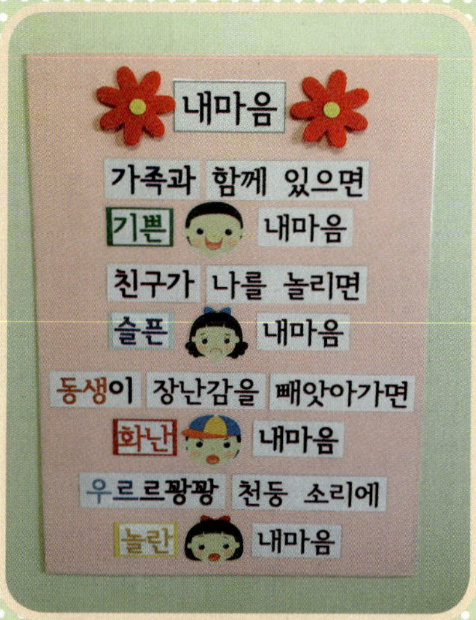

2. 작은 동시책

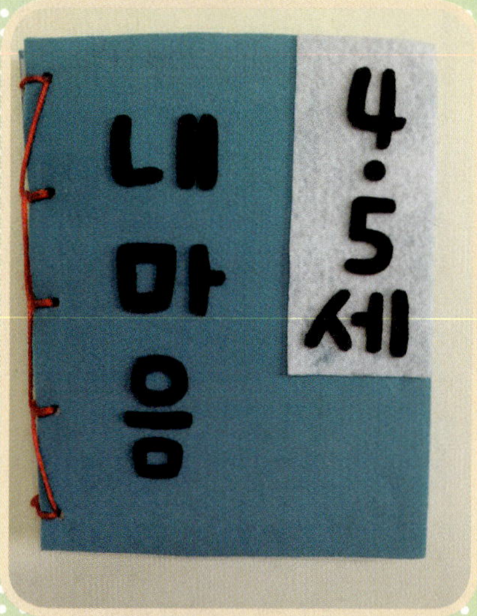

3. 표정판과 동시책(놀람)

4. 표정판과 동시책(화남)

5. 표정판과 동시책(슬픔)

6. 표정판과 동시책(기쁨)

7. 작은 동시책(놀람)

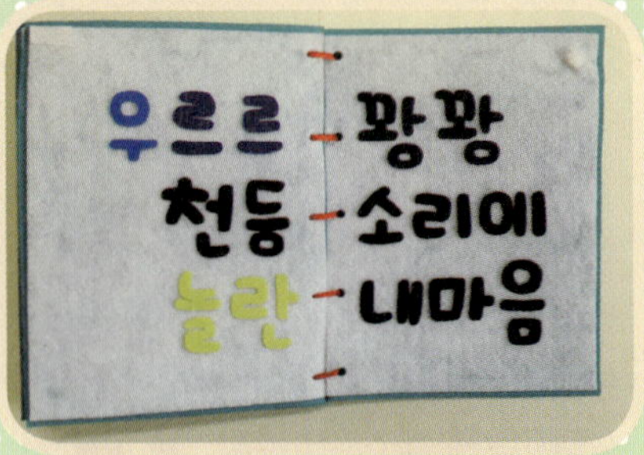

8. 작은 동시책(화남)

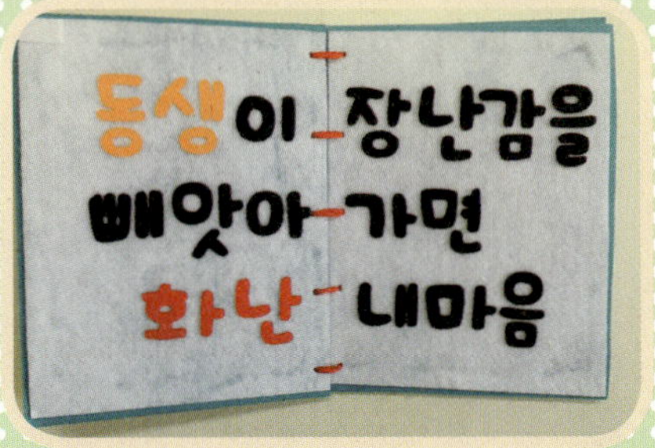

9. 작은 동시책(슬픔)

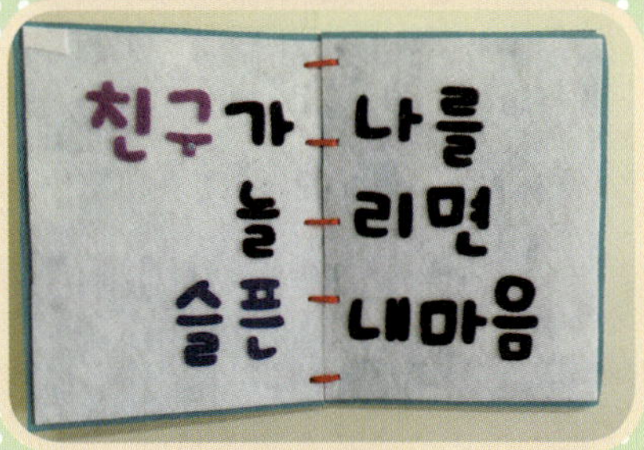

10. 작은 동시책(기쁨)

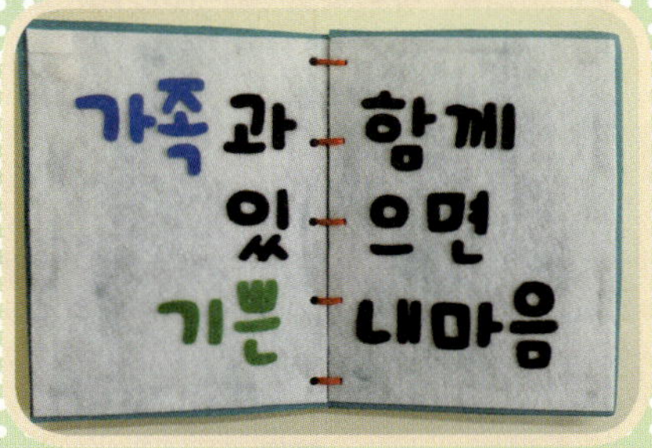

11. 표정판과 작은 동시책 1

12. 표정판과 작은 동시책 2

본 활동의 특징 및 교사의 역할

"소중한 내 마음" 활동의 특징

① 본 활동은 영유아가 자신이 느끼는 정서인식와 이해 그리고 표현을 도울 수 있도록 구성되어 있다.

② 자칫 동시 내용만 읽고 지나갈 수 있는 흥미롭지 못한 동시활동을 표정판이라는 교구를 준비하여 영유아가 자신에게 기쁜 마음, 슬픈 마음, 화난 마음, 놀란 마음이 생겼을 때 자신의 표정을 시각화한 것에 본 활동을 재미있게 이끌어 갈 수 있는 매력적인 효과를 두었다.

교사의 역할

본 활동에서 영유아가 자신의 마음을 잘 알 수 있도록 그리고 그 마음이 생기는 것이 잘못이 아님을 알게 해주고 그 마음이 영유아의 표정에 어떻게 표현되는지를 친구들의 표정을 보면서 발견할 수 있도록 교사의 매끄러운 진행을 필요로 한다. 표정판이 거울의 모양으로 만들어진 것처럼 거울을 보며 자신의 표정을 들여다 보듯이 친구들의 표정 속에 자신의 모습도 있을 수 있다는 다소 철학적인 교육활동이다.

마음이 말로 변해요!

지도학생 : 한지영

주제	나의 마음	대상연령	만 4, 5세
활동 유형	자유선택활동 – 게임(언어영역)	집단 형태	소집단 · 개별활동

활동목표	• 상황에 맞는 바른 말을 안다. • 내 마음에 맞는 말을 선택할 수 있다. • 마음을 말로 표현할 수 있다.
교육과정 관련 요소	의사소통 : 말하기 〉 느낌, 생각, 경험 말하기 사회관계 : 나와 다른 사람의 감정 알고 조절하기 〉 나와 다른 사람의 감정 알고 표현하기
활동자료	게임판, 말카드, 상황카드, 주사위, 말주머니

단계	활동 내용
도입	**1. 마음을 표현하는 방법에 대해 이야기한다.** 교사 : 지난 시간에 우리에게 여러 가지 마음이 있다고 했지요. 우리 친구들은 그런 마음을 다른 사람이 알았으면 좋겠어요? 몰랐으면 좋겠어요? 교사 : 다른 사람이 내 마음을 알도록 하려면 어떻게 하면 좋을까요? 교사 : 오늘은 내 마음을 다른 사람에게 전하기 위하여 할 수 있는 방법을 하나 알려주는 놀잇감을 소개해 줄 거예요.
전개	**2. 교구 탐색 및 교구활동방법을 소개한다.** 교사 : 이 주머니에는 무엇이라고 쓰여 있나요? 교사 : 기쁜 말은 무엇이고 슬픈 말은 무엇일까요? 교사 : 선생님이 여기 이런 말들을 놓아 볼게요. (기쁜 말 카드를 배열한다) 이 말들을 한 번 읽어 볼까요? 이 말들을 보니 이 말들을 들었을 때 마음이 어떨 것 같아요? 기분이 좋아지는구나. 교사 : 선생님이 여기 이런 말들을 놓아 볼게요. (슬픈 말 카드를 배열한다) 이 말들을 한 번 읽어 볼까요? 이 말들을 보니 이 말들을 들었을 때 마음이 어떨 것 같아요? 기분이 좋지 않구나. 교사 : 들었을 때 기분 좋은 말을 '기쁜 말', 기분이 안 좋은 말을 '슬픈 말'이라고 하기로 해요.

	교사 : 이번에는 그림을 보여줄게요. (기쁜 말 그림카드를 배열한다) – 이 그림에 맞는 말은 무엇일까요? 어떤 친구가 나와서 찾아보자. (슬픈 말 그림카드를 배열한다) – 이 그림에 맞는 말은 무엇일까요? 어떤 친구가 나와서 찾아보자. – 선생님이 여기 게임판에 이 그림카드를 놓을 거예요. – 그럼 우리 친구들이 그림에 맞는 말을 말주머니에서 찾아 맞출 수 있겠지요. – 그런데 이 주사위는 왜 준비했을까요? – 주사위 수만큼 말카드를 놓아보기로 하자. – 게임의 순서는 어떻게 정하면 좋을까요? – 이제 게임방법을 읽어보자. **〈게임방법〉** 1. 두 사람이 게임 판을 하나씩 나누어 가진다. 2. 가위바위보로 순서를 정한다. 3. 주사위(1~3)를 굴려 나온 수만큼 말 주머니 카드를 뽑는다. 4. 뽑은 카드를 알맞은 그림에 놓는다. (자신의 게임판에 가져간 글자와 맞는 그림이 없으면 말 주머니에 말카드를 다시 넣는다) 5. 게임판에 카드를 먼저 채우면 게임이 끝난다. **3. 규칙을 정한다.** 교사 : 어떤 규칙을 정하면 더 재미있게 할 수 있을까요? 유아 : 카드를 던지지 않아요. 교사 : 우리가 함께 규칙을 정했으니 잘 지킬 수 있겠지요. **4. 시범을 보인다.** 교사 : 선생님이 한 번 해 볼게요. 교사 : 누가 나와서 시범을 해 볼까요? 교사 : 시범을 보여 준 친구에게 고마움의 박수를 쳐 줄까요?
마무리	**5. 활동을 마무리한다.** 교사 : 나의 소중한 마음을 놀잇감에 있는 말로 표현해 볼 수 있겠지요? 교사 : 오늘은 마음을 말로 표현해 보았는데요. 또 어떤 방법으로 마음을 표현할 수 있을까요? 교사 : 그럼 우리 다음 시간에는 그림으로 마음을 표현하는 방법을 알아보도록 해요.

활동자료

1. 게임 원판 1

2. 게임 원판 2

3. 상황 그림 카드 1

4. 상황 그림 카드 2

5. 기쁜 말

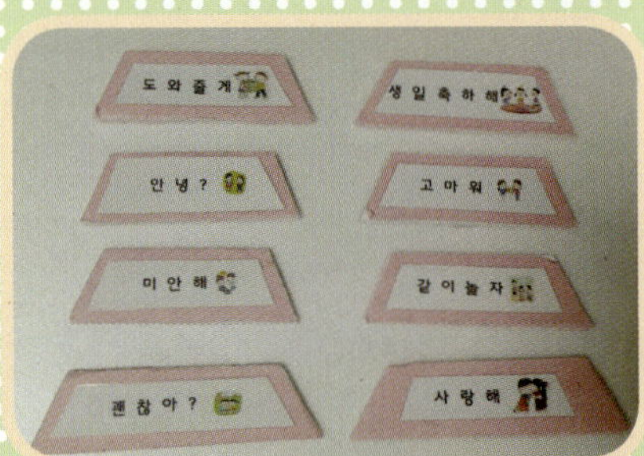

6. 슬픈 말

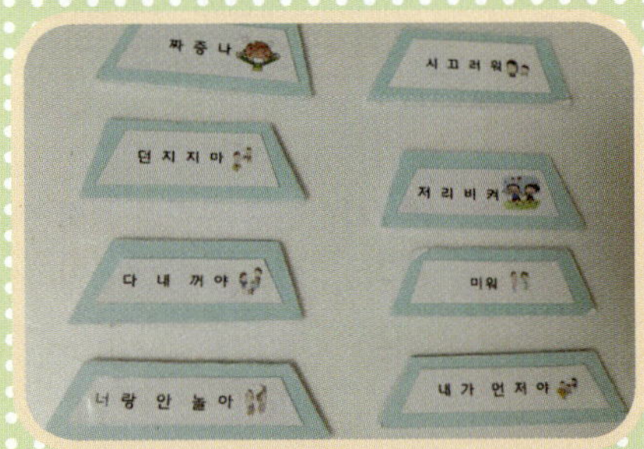

7. 주사위

8. 말 주머니

본 활동의 특징 및 교사의 역할

"마음이 말로 변해요!" 활동의 특징

① 본 활동은 아직 언어표현능력이 완성되지 못한 영유아들에게 자신의 감정, 특히 기쁨과 슬픔을 표현하는 말을 배울 수 있도록 마련한 게임이다.

② 상황에 따라 적합한 말이 있다는 것을 알고, 적합한 말을 잘 선택해서 말을 할 때 자신의 소중한 마음도 다른 사람에게 전해질 수 있다는 것을 활동을 통해 배울 수 있다.

교사의 역할

본 활동에서 교사는 영유아가 경험할 수 있는 각 상황들의 말을 잘 선별하여 상황과 말을 추출하는 작업을 먼저 해야 할 것이다. 하지만 말은 교사가 보여 주는 역할 모델로서의 말이 제일 중요하다. 교사가 먼저 상황에 맞게 영유아의 마음을 격려하는 말을 자연스럽게 해주는 교실 분위기는 반 전체 친구들의 말 속에 서로를 향한 존중의 표현을 담게 한다.

10
CHAPTER

가족관계

인간이 생애 최초로 맺는 가족관계는 아무리 현대사회가 가족, 특히 부모의 기능이 약화되었다 할지라도 그 영향력은 매우 크다 할 수 있다. 영유아가 자라면서 맺게 되는 많은 사회적 관계의 토대로서 중요할 뿐만 아니라 발달 전 영역에 걸쳐 영향을 미칠 부모를 통해 형성되는 애착 정도의 여부는 영유아의 행복한 삶의 열쇠가 될 수도 있다. 가족의 구조가 급변하고 있는 현대사회에서 영유아가 직면하고 있는 관계의 위기에 대처할 수 있도록 애착의 중요성을 다시 한 번 강조하고 대안을 모색해 보자.

1. 애착

1) 애착의 개념 및 중요성

애착은 두 사람의 관계의 질을 결정하는 중요한 요소이다(문혁준 외, 2016). 영아기의 중요한 발달과업인 주 양육자와의 애착 형성은 영아기 이후의 전인발달의 근간이 된다.

(1) 애착의 정의 및 특성

애착이란 '영아가 생애 초기에 주 양육자와 형성하는 정서적 유대이다. 애착의 대상인 주 양육자는 주로 어머니이나, 다변화된 현대사회의 구조에서는 어머니 이외에도 아버지, 조부모, 교사 등이 1차 양육의 책임을 맡기도 한다.

애착은 애착행동으로 표출되는데, 이것은 영아가 누군가와 애착을 형성하고 있는지를 알 수 있는 단서이다. 애착행동은 '애착을 느끼는 대상에게 접근하고 소통하기 위해 영아가 본능적으로 취하는 다양한 행동'으로 일반적으로 다음의 세 종류로 분류된다.

- 신호행동(signaling behavior) : 울기, 미소 짓기, 소리 내기
- 지향행동(orienting behavior) : 쳐다보기, 따라가기, 접근하기
- 신체접촉행동(active physical contact behavior) : 기어오르기, 매달리기

[표 10-1] 영아와 성인 사이에 형성되는 애착의 특성

특성	내용
보편성 및 특수성	애착은 모든 인류가 가지는 부모-자녀관계로부터 형성된다는 근본적인 생래적 · 보편적 특성이지만 더불어 각각의 부모-자녀관계에서 형성되는 애착의 질이 다르다는 점에서 특수성을 지닌다.
상호성	어머니와 영아 두 사람이 가지는 개인적 특성이나 상황적 특성이 반영된 상호작용은 애착의 특성을 다르게 한다. 예①〉 임신이나 출산에 대한 계획 · 준비가 충분했던 어머니는 보다 긍정적이고 질좋은 상호작용으로 건강한 애착 형성 가능성이 높다. 예②〉 건강한 아기의 상태는 어머니의 양육에 대한 심리적 안정감을 증가시켜 긍정적이고 질 좋은 양육행동을 촉진함으로써 영아와의 애착의 질에 영향을 미친다.

안정성	특별한 가족환경의 변화가 있지 않는 한 이미 형성된 애착은 쉽게 변화되지 않는다.
지속성	주 양육자와 형성된 초기의 애착 특성은 이후의 영유아의 또래관계나 이성관계 등의 특성에 영향을 지속적으로 미친다.

출처 : 박찬옥, 서동미, 엄은나(2016). 유아사회교육.

(2) 애착의 중요성

애착은 생애 초기에 형성되어 영유아의 전반적인 삶에 중요한 영향을 미치는 매우 중요한 요소이다. 무엇보다 영유아가 어떤 환경을 접한다 할지라도 잘 적응할 수 있도록 안전기지로서 영유아를 돕는 부모와의 애착관계는 가족구조의 변화로 부모역할이 약화된 현대사회에서도 그 중요성을 간과할 수 없다. Horlow와 Zimmerman(1959)의 모성결핍에 관한 연구는 이를 잘 뒷받침한다.

Horlow의 모성결핍에 관한 연구

◈ **실험 1**

생후 6~12시간에 어미로부터 격리된 원숭이들이 철사로 만든 대리모 원숭이와 나무로 만든 후 헝겊으로 감은 대리모 원숭이와 함께 실험실에서 양육되었다. 새끼 원숭이들이 비록 젖은 철사 어미에게서 먹지만 대부분의 시간을 헝겊 어미와 함께 보냈다.

◈ 실험 2
헝겊 어미를 둘 넣은 후 한 어미에게만 젖을 먹을 수 있도록 하였다. 젖을 먹을 수 있는 어미와 접촉이 훨씬 많았다.

◈ 실험 결과
이 연구 결과 새끼 원숭이는 어린 시기 동안에는 무사히 자랄 수 있었다. 그러나 나중에 커서 대리모들과 자란 원숭이들은 많은 문제점을 나타내었다. 배우자 원숭이를 쉽게 찾을 수 없었고 의사소통하는 방법과 두려움에 대처하는 방법을 배우지 못했다. 나중에 어미 원숭이가 되었을 때 새끼를 양육하지 못했고 거부하였다. 대리모 대신에 다른 새끼 원숭이들과 양육된 원숭이들도 문제점을 나타냈다. 탐색하여 학습하지 못했고 안정감을 느끼지 못했으며 대부분의 시간을 서로 뒤엉켜서 지냈다(Horlow, 1971; Harlow & Mears, 1979). 연구 결과 영아와 주 양육자 간의 상호 작용의 질이 중요함이 제기되었다.

출처 : 조순옥 외(2016). 유아사회교육.

2) 애착의 발달

영아가 어머니에게 어떻게 애착을 형성해 나가는가에 대하여 Bowlby(1969)는 다음과 같이 4단계로 설명하고 있다.

애착형성단계

◈ 1단계 : 사회적 반응을 못하는 단계(출생 후 2개월)
영아는 다양한 신호행동(울기, 붙잡기, 미소 짓기, 응시하기 등)으로 주위 사람들과 관계를 유지한다. 그러나 영아에게 자극을 주는 사람들을 변별하기 어려워서 전 애착단계라고 하여 아직 애착이 형성되기 전이라고 할 수 있다. 따라서 낯선 사람과 혼자 남겨져 있어도 영아는 별다른 반응을 보이지 않는다.

◈ **2단계 : 사회적 반응을 변별하는 단계(2~7개월)**

이 단계에서 영아는 친숙한 사람과 낯선 사람에 대하여 다른 반응을 보이기 시작한다. 예들 들어, 친숙한 엄마와 대면했을 때는 더 많이 웃고 미소를 지으며, 옹알이를 더 자주 하는 등 상호작용이 보다 적극적이고 활발하다. 이러한 반응의 이유는 영아가 자신의 행동이 다른 사람에게 영향을 준다는 것을 알고 있기 때문이며, 그래서 자신이 필요할 때 엄마가 언제든지 반응할 것이라는 신뢰감을 발달시키기 시작한다. 하지만 낯선 사람과 친숙한 사람의 구별에도 불구하고 어떠한 곳에서 친숙한 부모가 자신을 혼자 남기고 사라져도 아직 불안을 보이지는 않는다.

◈ **3단계 : 적극적 접촉추구의 단계(7개월~2세)**

이 시기는 영아가 애착을 형성했다고 판단되는 시기이다. 영아는 능동적으로 애착대상에게 적극적으로 접근을 하고 접촉을 하려고 행동한다. 또한 다른 사람보다 애착대상에 대한 선호가 생겨서 다른 사람에게는 배타적인 태도를 보이기도 한다. 또한 애착대상과 격리되거나 낯선 사람을 대면하게 되면 불안감을 느낀다. 따라서 정상적인 가정에서 자라나는 영아는 특별한 문제가 없다면 보통 7개월을 전후로 하여 주 양육자와 애착을 형성하기 시작하여 12개월경에는 애착을 확고하게 형성한다. 여기서 주 양육자는 엄마가 대부분이나 현대사회의 가족구조의 변화에 따라 아버지나 조부모 또는 다른 사람이 될 가능성도 있다.

◈ **4단계 : 목표수정 조합의 단계(2세 이후)**

이 단계에서는 유아가 자신의 욕구를 충족시키기 위하여 보호자의 행동을 변화시키려는 전략을 사용한다. 영아가 애착대상과 가까이 있으려고만 했던 이 전 단계와는 다르게 유아는 엄마의 행동이 가지는 의도와 목표, 그리고 그것을 위한 계획을 예상하고 이해할 수 있다. 그러므로 이 시기의 유아는 애착대상이 없을 때에도 그 대상의 행동을 상상할 수 있기 때문에 격리 시에도 불안을 나타내지 않는다. 또한 자신이 원하는 바를 위하여 엄마의 행동에 수정이 필요할 경우 엄마와 협상할 수 있다. 다양한 인물에 대한 애착도 형성한다.

출처 : 홍순정, 김희태(2014). 유아사회교육.

3) 애착의 유형

영아가 형성하는 애착의 질과 유형은 개인에 따라 다르다. Ainsworth(1973)는 1~2세 영아의 애착관계의 질(quality of attachment)을 관찰하기 위한 낯선 상황 실험(strange situation)을 통해 영아와 애착대상과의 애착관계의 안정성에 따라 애착 유형을 구별하였다.

[표 10-2] Ainthworth의 낯선 상황 실험

번호	장면	지속 시간	관찰되는 애착행동	내용
1		30초		관찰자가 어머니와 아기에게 놀이실을 보여 준 후 놀이실을 떠난다.
2		3분	안전기지로서의 어머니	어머니는 아기가 방을 탐색하도록 허용한다. 아기가 아무것도 하지 않을 경우 2분이 지난 후 놀이를 하도록 격려한다.
3		3분	낯선 사람에 대한 반응	낯선 사람이 들어온다. 최초 1분은 침묵, 두 번째 1분은 낯선 이가 어머니와 대화, 세 번째 1분은 낯선 이가 아기에게 접근, 3분이 다 지난 후 어머니가 조용히 방을 나간다.
4		3분 또는 보다 짧게	분리불안	• 첫 번째 격리 낯선 사람이 아기와 상호작용하고 아기가 불안 반응을 보이면 진정시킨다.
5		3분 또는 보다 길게	재회했을 때의 반응	• 첫 번째 재회 어머니가 아기를 반기거나 달랜 후 다시 놀이를 하도록 도와준다. 낯선 사람이 방을 나간다.
6		3분 또는 보다 짧게	분리불안	• 두 번째 격리 어머니가 방을 나간다.
7		3분 또는 보다 짧게	낯선 사람이 달랬을 때 진정되는 정도	낯선 사람이 방을 들어와서 아기를 진정시킨다.
8		3분	두 번째 재회	어머니가 들어와서 아기를 반기고 안아 준다. 그 사이에 낯선 이는 가만히 방을 나간다.

(1) 안정애착(secure attachment)

실험대상의 65%가 이 유형에 해당한다. 부모를 안전기지로 활용하는 영아는 부모와 함께 있을 때는 낯선 사람에게 긍정적으로 반응하고 낯선 상황을 탐색한다. 부모와 떨어졌을 때 울기도 하지만 쉽게 빠른 시간 안에 달래져 안정된다. 부모가 돌아왔을 때 자발적으로 부모에게 다가가 금방 울음을 그친다.

[표 10-3] 낯선 상황 실험에 의한 영유아 애착안정성 유형의 분포 비교

구분	연구자	애착대상	안정	회피	저항	비조직	N
국외	Ainthworth 등(1978)	어머니	66	22	12	–	106
	Goossens와 van IJzen-doorn(1990)	어머니	68	21	11	–	75
		아버지	64	31	5	–	75
	Belsky와 Rovine(1988)	어머니	68	16	15	–	149
		아버지	73	14	13	–	130
	Chase-Lansdale과 Owen(1987)	어머니	78	10	13	–	94
		아버지	77	16	14	–	94
	Miyake 등(1985)	어머니	62	0	38	–	106
	Grossmann 등 (1985)	어머니	33	49	12	–	29
국내	유효순(1985)	어머니	55.4	29.2	15.4	–	65
	이영환(1993)	아버지	48.0	38.0	14.0	–	38
	박응임(1995)	어머니	78.2	16.4	1.8	3.6	55
	최해훈(1997)	어머니	57.0	3.0	27.0	13.0	30
	장미자(1998)	어머니	65.0	25.0	10.0	0	20
	양연숙(2000)	어머니	63.0	22.0	15.0	–	40
	옥 정(2012)	아버지	65	16	16	3	57

출처 : 옥정(2012). 아버지 애착표상, 아버지 탐색민감성, 유아 애착안정성 및 유아발달 간의 관계.

(2) 불안-회피 애착(anxious-avoidment attachment)

실험대상 영아의 20%가 이 유형에 해당한다. 부모를 안전기지로 생각하지 않아서 부모와 떨어져도 울지 않고 낯선 사람에게도 부모에게 무관심한 것처럼 관심을 나타내지 않는다. 부모가 다시 돌아왔을 때 무관심하거나 혼자 놀면서 부모를 회피하거나 무시한다. 부모와 신체적 접촉이나 상호작용을 하지 않는다.

(3) 불안-저항 애착(anxious-avoidment attachment)

실험대상 영아의 10~15%가 이 유형에 해당한다. 부모와 떨어지기 전부터 불안해하고 부모 곁에서 떨어지지 않고 지속적으로 머무르려고 하며 탐색도 놀이도 하지 않는다. 부모가 방을 나가자 심하게 분리불안을 보이고 낯선 사람에 대해 큰 소리로 울면서 경계를 나타낸다. 부모가 돌아왔을 때 접촉을 하려는 시도는 하였으나 안아주어도 안정감을 찾지 못하고 분노를 나타내거나 저항하는 행동, 차거나 미는 행동을 보이는 이율배반적 모습을 보인다.

(4) 애착이 형성되지 않은 유형(disorganized/ disoriented attachment)

실험대상 영아의 5~10%가 이 유형에 해당한다. 애착이 전혀 형성되지 않은 유형이다. 부모가 돌아왔을 때 처음에는 다가가서 안겼다가 이내 화난 듯이 부모를 밀어내고 부모를 떠나는 등 혼란스러운 행동을 한다. 부모가 안아줄 때도 먼 곳을 바라보면서 우울한 표정을 한다. 대부분의 영아는 나른한 얼굴 표정을 하면서 일관성 없는 이야기를 하고 진정되었다가 갑자기 울기도 한다. 또는 놀라는 표정을 보이거나 이상한 행동을 하기도 한다.

낯가림과 분리불안
(straner anxiety and separation anxiety)

◈ 낯가림

영아가 애착을 형성한 이후에 나타나는 정서적 · 인지적 반응이다. 8~9개월 사이에 낯선 사람에게 보이는 부정적 반응으로 이것은 첫돌까지 지속된다. 영아의 낯가림은 낯선 사람과 친숙한 상황에 지속적으로 있게 되면 사라지나 영아의 기질이나 환경요인에 따라 낯가림의 정도는 차이가 있다. 부모가 가까이에 있고 낯선 사람이 갑자기 접근하지 않거나 낯선 사람이 영아에게 접근하는 상호작용방식에 따라서 영아는 낯선 사람에게 호기심을 가질 수 있다.

◈ 분리불안

영아가 부모나 애착을 느끼는 대상과 분리될 때 느끼는 불안이다. 돌 전후에 나타나기 시작하는 분리불안은 20~24개월경에 없어진다(정옥분, 2002). 분리불안은 부모가 아니어도 영아를 돌보는 사람의 양육의 질에 따라 나타난다. 민감하지 않은 양육자의 반응에 영아는 분리불안을 더 잘 나타낸다. 부모 이외에 여러 사람과의 다양한 접촉 기회를 갖는 것은 분리불안 감소에 도움을 줄 수 있다. 하지만 낯선 사람과 너무 빈번한 접촉으로 분리불안을 많이 경험하게 되면 영아기 이후 사회적 행동에 부정적 영향을 미칠 수 있다. 따라서 부모의 양육방법과 대리양육자의 양육방법에 있어서 일관성은 양육안정성을 통한 안정애착 형성에 필요하다.

4) 애착에 영향을 주는 요인

애착은 한 인간의 삶에 있어서 다각도의 영향을 미치기도 하지만 또한 많은 영향요인들을 통하여 그 형성이 좌우되기도 한다. 삶에 있어서의 영향력을 염두에 둘 때 영향요인에 대한 탐색은 매우 의미 있다고 할 수 있다.

(1) 애착의 기회

영아기에 애착의 기회 여부는 영유아의 안정 애착 형성에 중요한 요인이다. 애착 형성 대상이 부재한 시설의 보육원에서의 경험을 3~12개월 사이에 갖게 되는 영아들은 부모와의 격리 이전에는 밝고 명랑한 성격을 나타내었으나 어머니와 격리 이후에는 주변환경을 탐색하지 않고 체중 저하 현상을 보이며 수면장애를 일으켰다. 지속적으로 이러한 경험을 갖게 될 경우 우울한 성격을 동반하게 될 우려와 함께 영아기 이후에 정서장애를 겪는 증상을 나타낼 수도 있다.

(2) 주 양육자의 인성적·심리적 특성 및 양육의 질

이전에는 주 양육자가 대부분 어머니였으나 맞벌이 부부가 현격히 증가한 현대사회에서는 부부가 양육을 분담하는 가운데 아버지가, 또는 조부모가 주 양육자가 될 가능성이 있다. 어머니가 태중에서부터 영아와 함께 하였기 때문에 어머니가 주 양육자가 되는 것을 더 선호될 수 있지만 급변하는 현대사회에 바람직한 양육체계를 통하여 영유아에게 안정적인 정서적 분위기를 조성하는 것도 중요하다. 누가 주 양육자가 되더라도 주 양육자가 가지고 있는 인성적 · 심리적 특성은 영아의 애착 유형을 결정하는 매우 중요한 요인이다. 명랑하고 사교적이며 자신감이 있고 활동적인 주 양육자로부터 돌보아진 영유아일수록 안정 애착을 형성하게 된다(Goldsmith & Alansky, 1987). 또한 영아의 정서적 · 행동적 신호에 민감하게 반응하는 주 양육자의 적절한 상호작용에 따라 영아는 안정적인 애착관계에 있게 된다. 주 양육자가 제공하는 일관되고 민감한 반응을 통하여 이루어지는 양육은 영유아의 안정 애착 형성에 지대한 영향을 미친다. 반면, 영유아와 신체접촉을 좋아하지 않거나 불안 및 우울 수준이 높은 주 양육자들의 영아들은 불안정 애착을 형성할 가능성이 높다(Egeland & Faber, 1984).

(3) 부모의 영유아기 애착 경험

부모는 자신이 어렸을 때 경험했던 애착관계에 따라 자신의 자녀와의 애착 형성을 고려한다. 부모가 영아기에 좋은 애착관계를 형성했을 경우에는 자기 자녀와 긍정적 애착관계를 형성하나 부정적 애착관계를 형성했을 경우에는 자기 자녀와 긍정적 애착관계 형성에 어려움을 갖는다. 하지만 드물게 부정적 애착관계 경험을 가지고 있는 부모가 자신의 어린 시절에 대한 회상을 통하여 보상욕구를 가지고 자녀와의 긍정적인 애착 형성에 노력하는 경우도 있다.

(4) 영아의 기질

기질은 인간 행동 특성이나 성격의 근간을 이루는 기본적인 성향으로 영아의 애착 형성에 영향을 미친다. 영아의 기질이 순한 기질, 까다로운 기질, 느린 기질로 나뉘고 그에 따라 양육하는 부모의 반응이 다르다. 하지만 다른 영아의 기질이라 할지라도 부모의 일관되고 민감한 반응적 양육태도는 부모-자녀 간에 안정적 애착관계를 형성할 수 있는 가능성을 높인다.

5) 애착발달을 돕는 교사의 역할

주 양육자와 불안정 애착을 형성한 영유아라 할지라도 교사와의 애착을 통하여 사회성 발달을 이룰 수 있다. 실제 많은 시간을 영유아교육기관에서 보내는 영유아들에게 영향을 미치는 교사의 역할은 매우 중요하다.

(1) 민감하게 반응하기

자신이 보내는 신호에 민감하고 정확하게 해석하여 반응해 주는 교사와의 상호작용을 경험한 영유아는 스스로를 유능한 사람으로 느끼고 세상에 대해 신뢰를 갖게 된다. 이러한 경험의 일관된 반복은 영유아에게 안정 애착 형성에 도움을 준다.

(2) 긍정적 상호작용으로 따뜻한 사랑 전하기

영유아를 그냥 바라보는 것과 지지하는 눈빛을 주는 것과는 차이가 있다. 영유아의 질문에 성의 없는 답변을 주는 것과 친절한 태도로 말솜씨가 유창하지 못한 영유아의 필요를 채워주려는 응답과는 차이가 있다. 영유아에 대한 의무감으로 하는 칭찬의 말과 영유아의 보다 나은 발달과 자아존중감을 세워 주기 위해 관찰 후에 건네는 칭찬의 말은 차이가 있다. 영유아에게 교사는 매우 중요한 역할 모델이므로 교사의 모든 행동을 통하여 영유아는 교사의 사랑을 느낄 수도 있고 느끼지 못할 수도 있다.

(3) 애착 증진 놀이 지원하기

놀이는 영유아와 교감할 수 있는 가장 자연스럽고 훌륭한 통로이다. [표 10-4]는 오감발달을 통한 애착 증진 놀이에 대한 예를 제시한 것이다.

[표 10-4] 오감발달을 통한 애착 증진 놀이

감각	활동명	활동방법
시각	표정이 달라요	영유아들이 가장 즐겨 그리는 그림은 사람의 얼굴이다. 유아에게 엄마와 가족의 얼굴을 살펴보게 하고, 코나 입 모양, 눈 등을 세심하게 관찰하게 한 후, 그림을 그리도록 도와준다. 화난 얼굴, 웃는 얼굴, 우는 얼굴 등 표정을 보여 주는 것도 놀이방법 중 하나다.
청각	일상의 소리를 들어 봐요	영유아에게 책을 읽어 줄 때는 '동화구연가'처럼 해보자. 소리의 높낮이를 구분해 주고, 책 내용에는 없더라도 중간 중간에 의성어와 의태어를 넣어서 읽어준다. 그리고 발음을 정확히 해주며, 아주 천천히 그리고 반복적으로 들려준다.
미각	맛으로 놀이해요	물, 설탕, 소금, 주스, 과일, 채소, 과자 등을 이용하여 맛을 보고 이름을 맞추는 놀이, 여러 가지 재료를 혼합하여 맛을 찾아내는 놀이, 예를 들어 비빔밥과 김밥 등과 같이 재료를 모두 혼합했을 때의 맛과 색깔의 차이를 얘기할 수 있다.
후각	자연의 향을 맡아요	우유, 모유, 과일 등 자연의 향이 더 후각발달을 돕는다. 인위적인 향보다는 자연의 향을 맡을 수 있도록 한다. 요리를 할 때에도 자연스럽게 음식의 냄새를 맡도록 하며, 산책할 때에도 솔잎이나 꽃잎 등을 따서 유아에게 향기를 맡을 기회를 자주 주도록 한다.
촉각	다양한 모양의 재료를 이용해요	스펀지나 화장솔 등 촉감이나 모양이 다양한 여러 재질을 피부에 대주거나 갖고 놀게 한다. 바닥에 여러 재질을 깔아, 발바닥을 통해 다양한 촉감을 느낄 수 있도록 해준다.

출처 : 김혜금 외(2014). 유아사회교육.

2. 교육과정 관련 내용

1) 만 0~2세 제3차 표준보육과정

(1) "가족관계" 관련 사회관계 영역의 목표

- 만 0~1세에서는 "안정적인 애착을 형성하고 또래와 교사와 함께 지낸다"는 사회관계영역의 목표를 갖는다.
- 만 2세에서는 "가족을 사랑하고 또래, 교사와 즐겁게 지내며 간단한 규칙 등을 지킨다"는 사회관계영역의 목표를 갖는다.

[표 10-5] "가족관계" 관련 만 0~2세 사회관계영역의 목표

만 0~세 사회관계영역의 목표	만 2세 사회관계영역의 목표
친숙한 사람과 관계를 형성한다.	나를 인식하고 다른 사람과 더불어 생활하는 경험을 한다.
• 자신과 다른 사람을 구별된 존재로 인식한다. • 기본 정서를 표현하고 다른 사람의 감정에 주의를 기울인다.	• 자기존중감을 형성한다. • 자신의 감정을 알고 다른 사람의 감정에 반응을 보인다.
• 안정적인 애착을 형성하고 또래와 교사와 함께 지낸다.	• 가족을 사랑하고 또래, 교사와 즐겁게 지내며 간단한 규칙 등을 지킨다.

출처 : 중앙보육정보센터(2013). 어린이집 표준보육과정 및 0~2세 영아보육프로그램의 이해.

(2) "가족관계" 관련 사회관계영역의 내용

- 만 0~1세에서는 "더불어 생활하기" 내용 범주 하위 내용인 "안정적인 애착 형성하기"에서 1수준에서 4수준에 따라 [표 10-6]에 세부 내용이 제시되어 있다.

[표 10-6] "가족관계" 관련 만 0~1세 사회관계영역의 세부 내용

<table>
<tr><th>내용 범주</th><th>내용</th><th>1수준</th><th>2수준</th><th>3수준</th><th>4수준</th></tr>
<tr><td rowspan="3">나를 알고 존중하기</td><td>나를 구별하기</td><td colspan="2">거울 속의 나에게 관심을 가진다.</td><td colspan="2">거울 속의 나를 알아본다.</td></tr>
<tr><td rowspan="2">나의 것 인식하기</td><td colspan="4">자기 이름을 부르는 소리에 반응한다.</td></tr>
<tr><td colspan="2">–</td><td colspan="2">친숙한 자기 물건을 안다.</td></tr>
<tr><td rowspan="2">나와 다른 사람의 감정 알기</td><td>나의 감정을 나타내기</td><td colspan="4">나의 욕구와 감정을 나타낸다.</td></tr>
<tr><td>다른 사람에게 주의 기울이기</td><td colspan="2">다른 사람의 말과 표정, 몸짓에 주의를 기울인다.</td><td colspan="2">다른 사람이 나타내는 여러 가지 감정에 주의를 기울인다.</td></tr>
<tr><td rowspan="6">더불어 생활하기</td><td rowspan="2">안정적인 애착 형성하기</td><td>양육자와 시선을 맞춘다.</td><td colspan="3">양육자에게 적극적으로 관심과 욕구를 표현한다.</td></tr>
<tr><td colspan="2">주변의 친숙한 사람의 얼굴과 목소리를 인식한다.</td><td colspan="2">주변의 친숙한 사람에게 애정을 표현한다.</td></tr>
<tr><td>또래에 관심 갖기</td><td colspan="4">다른 영아와 함께 지내는 것을 경험한다.</td></tr>
<tr><td>자신이 속한 집단 알기</td><td colspan="2">담임교사를 구별한다.</td><td colspan="2">자기 반에서 지내며 안정감을 가진다.</td></tr>
<tr><td rowspan="2">사회적 가치를 알기</td><td colspan="2">–</td><td colspan="2">친숙한 물건의 자리를 안다.</td></tr>
<tr><td colspan="4">만나고 헤어지는 인사를 해본다.</td></tr>
</table>

- 만 2세에서는 "더불어 생활하기" 내용 범주 하위 내용인 "내 가족 알기"에서 1수준에서 2수준에 따라 [표 10-7]에 세부 내용이 제시되어 있다.

[표 10-7] "가족관계" 관련 만 2세 사회관계영역의 세부 내용

<table>
<tr><th>내용 범주</th><th>내용</th><th>1수준</th><th>2수준</th></tr>
<tr><td rowspan="3">나를 알고 존중하기</td><td>나를 구별하기</td><td colspan="2">나와 다른 사람의 모습을 구별한다.</td></tr>
<tr><td rowspan="2">좋아하는 것 해보기</td><td colspan="2">내가 좋아하는 것을 찾아본다.</td></tr>
<tr><td>좋아하는 놀이나 놀잇감을 선택해 본다.</td><td>스스로 선택한 놀이나 놀잇감을 즐긴다.</td></tr>
<tr><td rowspan="2">나와 다른 사람의 감정 알기</td><td>나의 감정을 나타내기</td><td colspan="2">여러 가지 감정을 말과 행동으로 나타낸다.</td></tr>
<tr><td>다른 사람의 감정에 반응하기</td><td colspan="2">다른 사람이 나타내는 여러 가지 감정에 반응을 보인다.</td></tr>
<tr><td rowspan="9">더불어 생활하기</td><td>내 가족 알기</td><td>내 가족에게 애정을 표현한다.</td><td>내 가족에게 다른 사람과는 구분된 특별한 감정을 갖는다.</td></tr>
<tr><td rowspan="2">또래와 관계하기</td><td>또래에게 관심을 보인다.</td><td>또래의 모습과 행동을 모방한다.</td></tr>
<tr><td>또래의 이름을 안다.</td><td>또래가 있는 곳에서 놀이를 한다.</td></tr>
<tr><td>자신이 속한 집단 알기</td><td>자신이 속한 반과 교사를 안다.</td><td>자신이 속한 반의 활동에 즐겁게 참여한다.</td></tr>
<tr><td rowspan="4">사회적 가치를 알기</td><td>도움 받아 물건을 정리한다.</td><td>스스로 물건을 정리한다.</td></tr>
<tr><td>자기 순서를 안다.</td><td>순서를 기다린다.</td></tr>
<tr><td colspan="2">바른 태도로 인사한다.</td></tr>
<tr><td colspan="2">간단한 약속을 지킨다.</td></tr>
</table>

(3) 지도지침 및 유의사항

제3차 만 0~2세 표준보육과정의 사회관계영역에서 "가족관계"에 관련하여 교사에 의해 지도되어야 할 내용에 대한 지침 및 유의사항은 [표 10-8]와 같다.

[표 10-8] "가족관계" 관련 사회관계영역의 지도지침 및 유의사항

연령	내용범주	내용	지도지침 및 유의사항
만 0~1세	더불어 생활하기	안정적인 애착 형성하기	• 교사는 영아가 교사와 친숙해지고 애착을 형성할 수 있도록 시선 맞추기, 안아주기, 쳐다보며 미소를 짓는 등의 활동을 통하여 영아가 자연스럽게 관심과 욕구를 표현하도록 한다. 교사는 영아의 흥미와 관심, 성향 등을 잘 관찰하여 즉각적이고 민감하며 온정적으로 반응해준다. • 친숙한 사람의 얼굴이나 목소리를 인식하고 도움을 요청하거나 애정을 표현할 때나 교사나 양육자에게 관심과 욕구를 표현할 때 어떤 상황인지, 어떤 것이 필요한지 알아채고 영아의 정서적 행동을 언어로 표현해 주며 안정감을 가질 수 있도록 돕는다. • 영아가 양육자와 떨어져 점차 교사와 친숙해질 수 있도록 적응 프로그램을 충분히 가지는 것이 중요하다. 영아가 교사와 친숙해진 후에도 영아가 교사에게 관심과 애정을 표현할 수 있는 기회를 많이 가지도록 한다. • 영아가 분리불안을 느낄 수 있음을 이해하고 실내 보육환경을 구성할 때 가정과 같이 편안하고 안락하며 안전한 공간을 구성해 준다.
			• 영아는 낯가림을 할 수 있고, 낯선 사람보다 친숙한 사람과 활발하게 상호작용을 한다는 것을 이해하며 낯선 사람이 있을 때 선생님이 함께 있고 낯선 사람으로부터 거리를 두어 영아가 안정감을 가질 수 있도록 한다.
만 2세	더불어 생활하기	내 가족 알기	• 교사는 영아가 생활을 함께 하는 가족이 있음을 알고 자신을 둘러싼 가족원에게 소속감을 느끼며 가족과 기쁨과 즐거움 등을 함께 나누고 가족과 다시 만났을 때 적절한 애정을 표현할 수 있도록 상호작용하면서 격려한다. • 가족사진, 부모님이 일하는 모습 사진, 부모님이 읽어주는 동화나 이야기 녹음한 것, 영아가 좋아하는 노래를 부모님이 불러서 녹음한 것 등 다양한 자료를 활용하여 영아가 가족구성원의 소중함을 느껴보도록 한다. • 가족구성원이 사용하는 물건, 아기용품 등을 준비하여 가족놀이 소품을 제공하여 가족역할놀이를 할 수 있도록 하고 소품을 실물자료로 제공할 때 안전하게 다룰 수 있도록 돕는다. • 맞벌이, 외벌이, 주말부부, 한부모 등 다양한 가족형태가 있음을 존중하고 가정으로부터 여러 가지 활동자료 협조를 부탁하여 영아의 가족에 대한 사전 정보를 알고 있도록 하여 각 영아를 존중하며 놀이가 이루어질 수 있도록 한다.

출처 : 김규수 외(2015). 영유아사회교육.

2) 만 3~5세 연령별 누리과정

(1) "가족관계" 관련 사회관계영역의 목표

만 3~5세 연령별 누리과정에서 "가족관계" 관련 사회관계영역의 목표는 "가족과 화목하게 지내며 서로 협력한다"이다. 유아가 가족에 대한 이해를 바탕으로 가족을 기쁘게 하는 일을 찾아보고, 가족이 어려움에 처해 있을 때 서로 위로하고 협력할 수 있도록 한다.

[표 10-9] "가족관계" 관련 사회관계영역의 목표

자신을 존중하고 다른 사람과 더불어 생활하는 능력과 태도를 기른다
① 자신을 소중히 여기며 자율성을 기른다. ② 자신과 타인의 감정을 알고 자신의 감정을 적절하게 표현하고 조절한다. ③ 가족과 화목하게 지내며 서로 협력한다. ④ 친구, 공동체 구성원들과 서로 돕고, 예의 · 규칙 등 사회적 가치를 알고 지킨다. ⑤ 우리 동네, 우리나라, 다른 나라에 관심을 가진다.

(2) "가족관계" 관련 연령별 사회관계영역의 내용

[표 10-10] "가족관계" 관련 연령별 사회관계영역의 내용

<table>
<tr><th rowspan="2">내용범주</th><th rowspan="2">내용</th><th colspan="3">연령별 세부 내용</th></tr>
<tr><th>만 3세</th><th>만 4세</th><th>만 5세</th></tr>
<tr><td rowspan="4">가족을 소중히 여기기</td><td rowspan="2">가족과 화목하게 지내기</td><td colspan="2">가족의 소중함을 안다.</td><td>가족의 의미와 소중함을 안다.</td></tr>
<tr><td></td><td></td><td>가족과 화목하게 지낸다.</td></tr>
<tr><td rowspan="2">가족과 협력하기</td><td>가족구성원을 알아본다.</td><td>가족구성원의 역할에 대해 알아본다.</td><td>다양한 가족구조에 대해 알아본다.</td></tr>
<tr><td>가족을 위하여 내가 할 수 있는 일을 알아 본다.</td><td>가족을 위하여 내가 할 수 있는 일을 알아보고 실천한다.</td><td>가족을 서로 도와야 함을 알고 실천한다.</td></tr>
</table>

(3) 지도지침 및 유의사항

만 3~5세 누리과정의 사회관계영역에서 "가족관계"에 관련하여 교사에 의해 지도되어야 할 내용에 대한 지침 및 유의사항은 [표 10-11]과 같다.

[표 10-11] "가족관계" 관련 사회관계영역의 지도지침 및 유의사항

연령	내용 범주	내용	지도지침 및 유의사항
만 3~5세	가족을 소중히 여기기	가족과 화목하게 지내기	• 교사는 가정에서 가지고 온 사진이나 물건 등을 활용하여 가족의 의미와 소중함을 느낄 수 있는 기회를 제공한다. • 가족에게 고마움이나 소중함을 표현할 때 이를 전달할 수 있는 방법이 있음을 알고 마음을 전달하는 방법을 알도록 한다. • 가족 간에도 화목하게 지내려면 서로 예의를 지키며 존중해야 함을 알도록 한다. • 가정과 연계하여 집에서 가지고 온 사진, 가족들이 사용하는 물건 등으로 환경 구성을 한다. • 가족에 대하여 이야기할 때 교사는 항상 긍정적이고 자랑스러운 부분을 강조하기보다 유아들이 자신의 가족에 대하여 있는 모습 그대로 자연스럽게 말할 수 있도록 허용적인 분위기를 만드는 데 유의한다. • 다양한 가족문화와 다문화가족에 대한 반편견 교육 내용을 포함하도록 한다.
		가족과 협력하기	• 다양한 가족의 유형에 대해 알아보고 가족이 다양한 구성원으로 이루어져 있음을 알도록 한다. • 가족의 다양한 특성과 역할에 관심을 갖고 존중하도록 한다. • 유아가 가족구성원의 역할을 알고 가족 간에 서로 도와야 하며 자신의 수준에서 가족에게 도움을 줄 수 있는 일을 실천해 보도록 한다. • 역할놀이영역에 가족과 관련한 소품을 다양하게 제공한다. • 가족구성원의 역할에 대하여 성 고정적인 선입견을 가지지 않고, 양성평등 의식을 가지도록 기회를 제공한다. • 각 가족은 가족구조, 생활방식, 가치관이 다르므로 이러한 차이를 이해하고 다양성을 존중하는 반편견 · 다문화 관점을 교사가 가지도록 한다. • 유치원이나 어린이집의 행사를 특정 구성원의 참여로 제한하지 말고 가족으로 확장하여 다양한 가족을 배려한 활동을 준비하도록 유의한다.

출처 : 김규수 외(2015). 영유아사회교육.

3. 교육과정 현장 적용을 위한 실제

짝 맞추기

지도학생 : 홍지혜

주제	음식	대상연령	만 3, 4세
활동 유형	게임(수 · 조작영역)	집단형태	흥미영역 소집단활동

활동목표	• 과일의 겉과 속이 다르다는 것을 안다. • 같은 그림을 찾아낼 수 있다.
교육과정 관련 요소	자연탐구 : 수학적 탐구하기 〉 기초적인 자료 수집과 결과 나타내기 사회관계 : 가족을 소중히 여기기 〉 가족과 화목하게 지내기
활동자료	과일, 가위바위보 통, 게임판

단계	활동 내용
도입	**1. 자유선택활동시간 전, 새 교구를 소개한다.** 교사 : – (게임판을 보여 주며) 어떤 그림이 있어요? – 여러 가지 과일 그림들이 있지. 안에는 어떤 것이 있을까요? – 안에는 이렇게 하얀 동그라미가 있네. 찍찍이도 붙어 있는데, 왜 붙여 놓았을까요? – (과일들을 보여 주며) 다른 것을 보여 줄게. 이것이 무엇인 것 같아요? – 이것은 무슨 과일인가요? – 둘 다 사과인데 어떤 점이 다른 것 같아요? – 이것으로 어떤 놀이를 하면 좋을까요?
전개	**2. 활동방법을 알려준다.** 교사 : – 게임순서는 어떻게 정하는 것이 좋을까요? – (가위바위보 통을 보여 주며) 이것이 무엇일까요? – 이것으로 어떻게 가위바위보를 할까요? – 가위바위보에서 이긴 친구는 어떻게 할까요? – 두 개의 덮인 컵을 열고 무엇을 확인해야 하나요? – 과일의 속과 겉이 맞는 경우, 어떻게 할까요? – 짝이 맞지 않으면 어떻게 할까요? – 어떤 사람이 이기는 것일까요?

	〈게임방법〉 1. 가위바위보 막대를 뽑는다. 2. 이긴 사람은 두 개의 컵을 들어 과일의 짝이 맞는지 확인한다. 3. 짝이 맞으면 자신의 바구니에 과일과 컵을 가져다 놓는다. 짝이 맞지 않으면 그 자리에 다시 컵을 놓는다. 4. 다시 가위바위보 막대를 뽑는다. 5. 과일이 다 없어질 때까지 한 후, 과일이 더 많은 사람이 이긴다. **3. 시범을 보인다.** 교사 : – 누가 선생님과 시범을 보일까요?
마무리	**4. 활동을 마무리한다.** 교사 : – 더 생각해야 할 친구들을 위해서 작은 게임방법판도 준비했어요. – 이 놀잇감은 어느 영역에 두는 것이 좋을까요? – 자유선택활동시간에 이 놀잇감을 가지고 놀이하고 싶은 사람은 수 · 조작영역으로 가서 놀이해 보자.

활동자료

1. 가위바위보 뽑기 통

2. 전체 교구

3. 게임판

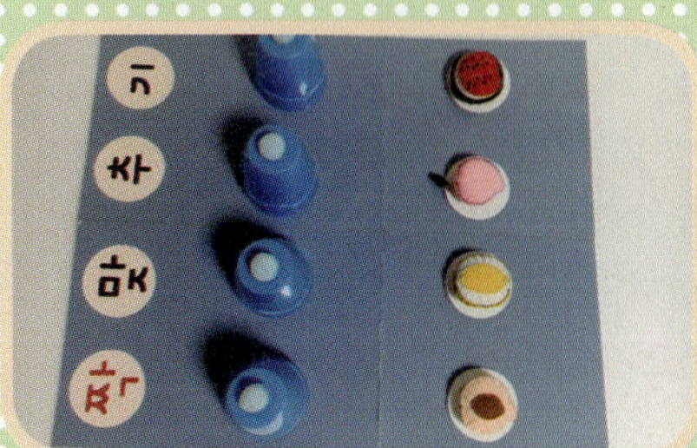

4. 과일(겉과 속)

본 활동의 특징 및 교사의 역할

"짝 맞추기" 활동의 특징

① 본 활동은 물리적 개념에 있어서는 자연탐구영역의 활동으로 여겨지나 서로 같은 속성의 것을 묶는 활동을 통하여 가족이 갖는 공통 속성을 생각해 보며 더불어 가족의 소중함을 느껴 보는 활동이다.

② 시각적 · 촉각적 자극을 주는 교구로서 영유아의 애착발달을 도울 수 있다.

교사의 역할

본 활동은 동일한 과일의 겉과 속의 차이점을 알고 그에 대하여 습득된 지식으로 같은 과일의 다른 겉과 속모양을 짝을 지어 같은 과일을 찾는 활동이다. 교사는 본 활동과 연계하여 가족구성원이 다른 성격과 특징을 가지고 있으나 한 가족을 이루는 중요한 공동체 일원임을 강조한다.

나는 물건을 느낄 수 있어요

지도학생 : 방채림

주제	나와 가족	대상연령	만 5세
활동 유형	게임	집단 형태	대집단활동

활동목표	• 촉감을 이용하여 물건의 특성을 안다. • 즐거운 마음으로 게임에 적극적으로 참여한다.
교육과정 관련 요소	신체운동 · 건강 : 신체 인식하기 〉 감각능력 기르고 활용하기 사회관계 : 가족을 소중히 여기기 〉 가족과 화목하게 지낸다.
활동자료	신호도구, 비밀상자 2개, 비밀상자 물건(칫솔, 연필, 빨대, 거즈, 빨래집게), 주사위 2개, 동물발바닥, 게임방법판, 게임점수판과 점수스티커, 팀 나누기 도구, 게임판, 도입자료

단계	활동 내용
도입	**1. 유아들의 주의를 집중시킨다.** 교사 : – '사과 같은 내 얼굴' 노래에 맞추어 손유희를 한다. – 지난 시간에 감각기관에 대해 이야기를 했었지요? – 선생님이 수수께끼를 하나 낼게요. 알아맞혀 보세요. – 이것은 길어요. 이것은 물건을 잡을 수 있어요. 이것은 무엇일까요? – 오늘은 이 손과 손으로 느끼는 촉감에 대한 게임을 하려고 해요.
전개	**2. 활동방법을 알려준다.** 교사 : – (비밀상자를 보여 주며) 이것이 무엇일까요? – 이 동물들은 무엇이 필요할까요? – 선생님이 그것들을 이 상자 안에 넣어놓았어요. 누가 손을 넣어 이 안에 무엇이 있는지 알아볼까요? – 자, 그럼 이 동물들에게 필요한 물건을 붙여 줄 수 있겠지요? – 그런데 그 물건을 어떻게 정할까요? – 이 발바닥은 왜 있을까요? – 어떤 친구에게 점수를 줄 수 있을까요?

	〈게임방법〉 1. 출발신호와 함께 주사위를 던진다. 2. 주사위에 나온 이름을 확인한다. 3. 발바닥을 따라 걸어서 비밀상자로 간다. 4. 이름에 맞는 물건을 촉감으로만 찾는다. 5. 찾은 물건을 필요한 동물들에게 붙여준다. 6. 출발선으로 돌아와서 선생님하고 손뼉을 친다. **3. 규칙을 정한다.** – 칫솔을 입에 넣지 않아요. – 발바닥에 발을 잘 맞추어 걸어요. **4. 팀을 나누고 시범을 보인다.** – 오리팀은 왼쪽에 토끼팀은 오른쪽에 앉아보자. – 각 팀 수를 세어보자. – 누가 선생님과 시범을 보일까요? **5. 게임을 진행한다.**
마무리	**6. 정리 및 평가한다.** – 어느 팀 얼굴이 다 완성이 되었나요? – 이긴 팀에게 박수로 칭찬해 주자. – 다음 시간에는 소리를 듣고 알아맞추는 게임을 할 거예요.

활동자료

1. 게임방법 판(1)

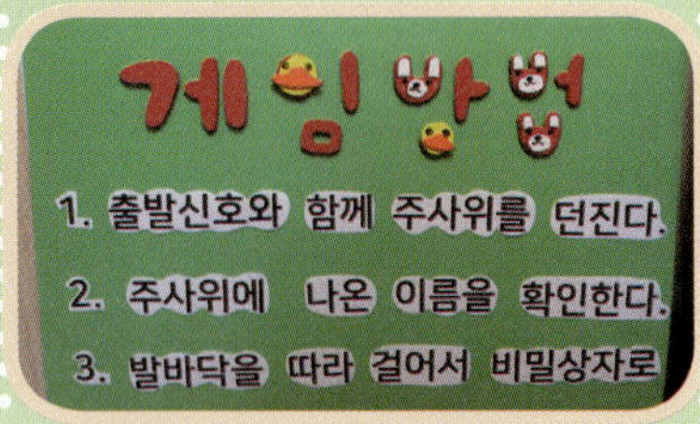

2. 게임방법 판(2)

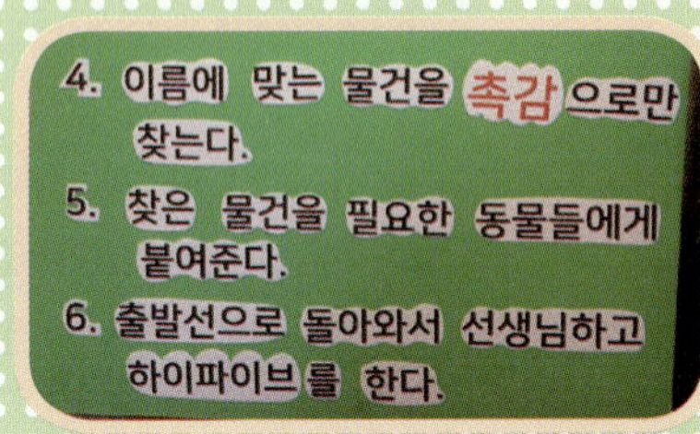

3. 게임판

4. 주사위

5. 도입자료(몸의 감각기관)

6. 점수판

7. 느낌 자료들

8. 궁금이 상자와 느낌상자

본 활동의 특징 및 교사의 역할

"나는 물건을 느낄 수 있어요" 활동의 특징

① 본 활동은 감각으로 탐색하는 방법을 활용한 신체운동 · 건강영역의 활동이면서 시각과 촉각을 발달시킴으로써 영유아의 애착발달을 증진시킬 수 있는 게임이다.

② 영유아의 생활주변에서 활용되는 물건들을 촉각으로 인지하고 시각으로 확인하는 감각 연계를 통하여 영유아의 감각을 통한 인지발달을 도울 수 있다.

교사의 역할

본 활동이 감각원리를 활용한 활동이기도 하고 애착을 발달시킬 수 있는 활동이라는 것을 감안할 때 교사는 보다 애착 발달을 촉진할 수 있도록 언어적 상호작용에 세심한 배려를 해야 할 것이다. 물건을 촉각을 통해 느껴보는 경험도 중요하나 그 경험을 말로 표현해 봄으로써 자신의 감각을 통한 느낌을 스스로 점검할 수 있는 기회를 갖도록 적절한 발문을 해준다.

피자 만들어 드릴게요

지도학생 : 강보연

주제	나와 가족	대상연령	만 2세
활동 유형	역할놀이	집단 형태	흥미영역 개별 · 소집단활동

활동목표	• 가족에게 자발적으로 애정을 표현할 수 있다. • 간접적으로 음식을 만들며 즐거운 마음을 느낀다.
교육과정 관련 요소	사회관계 : 더불어 생활하기 〉 안정적인 애착 형성하기 사회관계 : 나와 다른 사람의 감정 알기 〉 나의 감정을 나타내기
활동자료	피자박스, 피자판, 피자도우, 피자토핑, 피자제작판, 피자메뉴판, 요리사 모자, 접시와 포크, 피자사진

단계	활동 내용
도입	**1. 영아들의 주의를 집중시킨다.** – 선생님이 수수께끼를 하나 낼게요. 알아맞혀 보세요. – 피자를 먹어 본 친구 있어요? 어떤 피자를 먹어 보았나요? 맛은 어땠니? 모양은 어땠어요? – 오늘은 선생님이 피자 만드는 놀잇감을 소개하려고 해요.
전개	**2. 활동방법을 알려준다.** – 피자를 만들려면 무엇이 필요할까요? **〈활동방법〉** (활동 1) 1. 요리사와 손님 역할을 정한다. 2. 요리사는 "어떤 피자를 만들어 드릴까요?"라고 말한다. 3. 손님은 메뉴판을 보고 피자를 주문한다. 4. 요리사 역할을 하는 친구는 피자 제작판을 보고 피자를 만들어본다. 5. 손님에게 피자를 준 뒤 알맞게 만들었는지 확인해 본다. (활동 2) 1. 자녀가 부모님에게 피자를 만들어 대접한다. 2. 맛있게 드세요! 하며 정성스러운 마음을 말로 표현한다. (활동 3) 1. 재료를 가지고 자유롭게 피자를 만든다. 2. 자신이 만든 피자를 가지고 친구들과 놀이한다.

	3. 규칙을 정한다. – 토핑은 작은 모양이니까 사용하고 제자리에 잘 두어요. – 토핑을 친구에게 던지지 않아요. **4. 시범을 보인다.** – 누가 선생님과 시범을 보일까요?
마무리	**5. 정리 및 안내한다.** – 이 놀잇감은 어느 영역에 두면 좋을까요? – 이 놀잇감으로 놀이하고 싶은 친구는 역할놀이영역으로 가보자.

활동자료

1. 피자박스

2. 피자도우

3. 감자와 버섯(토핑 1)

4. 양파와 올리브(토핑 2)

5. 토마토와 파인애플(토핑 3)

6. 페퍼로니와 피망(토핑 4)

도입

1. 수수께끼 판

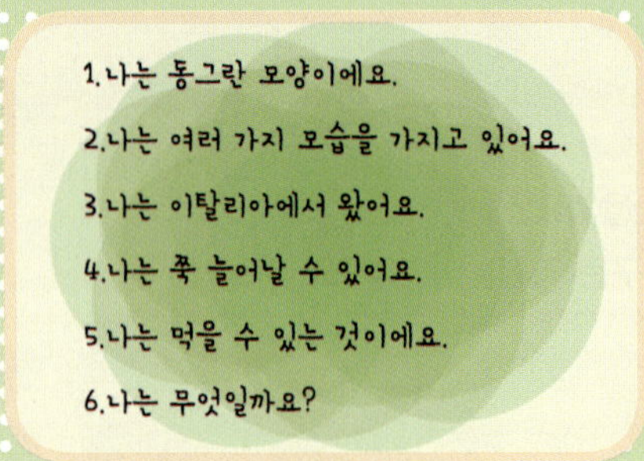

2. 피자 실물사진

전개

1. 활동방법판

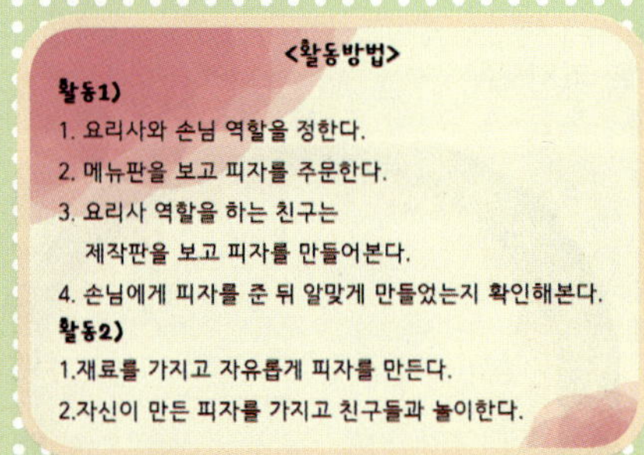

2. 요리사 모자

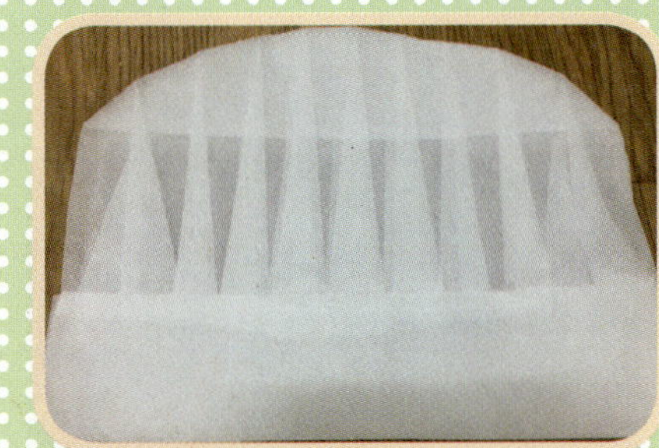

3. 양면 메뉴판 1

4. 양면 메뉴판 2

5. 제작판 1

6. 제작판 2

7. 제작판 3

8. 제작판 4

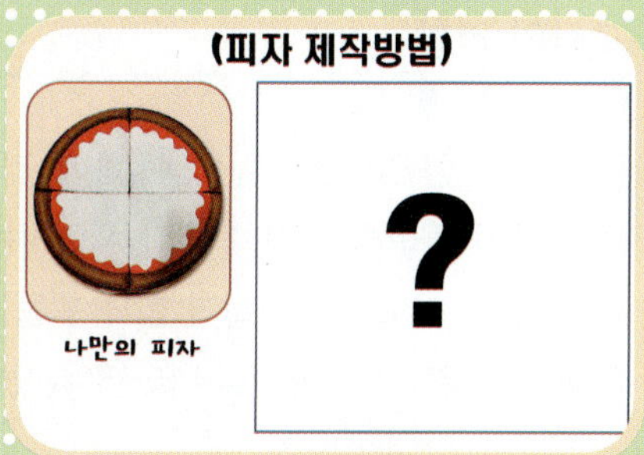

본 활동의 특징 및 교사의 역할

"피자 만들어 드릴 게요" 활동의 특징

① 본 활동은 가족들이 평상시 어울려 즐겁게 먹는 '피자'라는 음식을 교구를 가지고 영유아들이 만들어 보고 사랑하는 가족들에게 마음을 전해보는 역할놀이 활동이다.

② 시각적으로 영유아들의 흥미를 유발시킬 뿐만 아니라 촉각적으로 영유아들의 감각에 부드러움을 느낄 수 있는 재질로 교구가 제작되어 영유아들의 따뜻한 마음을 간접적으로 표현해 볼 수 있는 활동이다.

교사의 역할

본 활동은 영유아들이 일상생활에서 가족과 즐기는 맛있는 피자를 간접적으로 만들어 보고 내가 좋아하는 것을 내가 사랑하는 사람과 나누는 기쁨이 중요한 것임을 알려준다. 교사 자신도 영유아들과 함께 활동을 하면서 다양한 언어적 표현을 활용하여 영유아들이 가족들에게 애정을 나타낼 수 있도록 돕는다.

11

CHAPTER

또래관계

한 개인이 발달에 있어서 연령이 갖는 의미는 매우 크다. 그 연령이 갖는 특별한 특성들을 아는 것은 한 개인을 이해하는 데 중요한 자료가 되기 때문에 영유아를 돕는 영유아교사가 연령의 특성에 따른 발달 지식을 아는 것은 당연하다. 영유아기 연령에 있어서 사회적 지식의 가장 큰 관심사는 무엇일까? 또래다. 친구다. 누가 나와 놀아 줄 것인가? 누구와 놀면 재미있을까? 저 친구와 친해지려면 난 무엇을 해야 할까? 좋아하는 친구에게 자신이 제일 좋아하는 사탕을 내밀고 달아나는 영유아의 부끄럽고 진지한 모습에서 영유아들의 중요한 관계 형성의 원리를 발견한다.

1. 우정

우정은 영유아들에게 가족과 다른 매우 중요한 사회적 관계인 또래와 맺는 특별한 결속력이다. 연령이 증가하면서 사회적 범위가 확장되는 가운데 영유아에게 우정이 갖는 의미는 매우 중요하다.

1) 우정의 개념 및 중요성

(1) 우정의 정의 및 특성

연령이 증가함에 따라 영유아들의 관심사는 가족에서 그 중요도가 점차 옮겨지게 된다. 그것이 사회 변화에 따른 부모의 맞벌이 활동 때문에 외적으로 주어진 이유일 수도 있지만 영아의 놀이발달 특성에 따른 이유일 수도 있고 자기중심적 사고에서 벗어나는 과정에서 이루어지는 관계의 변화일 수도 있다. 영유아기에 겪는 이러한 관계의 변화는 매우 중요한데, 그것은 영유아의 발달의 근원이라고 할 수 있는 놀이를 할 수 있는 대상으로서 가족이 아닌 또 다른 상대자를 발견하면서 이루어진다.

보통 영유아들은 비슷한 특성을 갖는 같은 연령의 또래들과 놀이를 하나, 모든 또래가 '친구' 라는 또 다른 개념의 관계성을 갖지는 않는다. 친구란 '오래 두고 가까이 사귄 벗'으로서(이희승, 1982), 그냥 놀이에 함께 참여하는 또래와는 다른 특별한 관계이다. 즉, 친구관계란 '호감을 지닌 두 사람이 상호 의존하며 감정과 생각을 교환하고 지속적인 접촉을 유지하는 애착관계'이다(정인수, 2005).

그렇다면 왜 그런 특별한 관계가 형성되는 것일까?

친구라는 특별한 애착관계에는 우정(, friendship)이라는 명칭으로 교감하는 애정이 있다. 즉, '벗과 나누는 정'이라고 풀이하는 특별한 또래와의 친밀함이 영유아들의 또래관계에서 긍정적이고 보다 발전적인 친구관계를 도울 뿐 아니라 영유아들의 발달에 영향을 미친다.

이러한 우정으로 이루어지는 친구관계가 갖는 특성은 다음과 같다(김희태, 2004).

[표 11-1] 우정관계의 특성

특성	의미
친밀함	신체적, 공간적 근접성으로 정서적으로 안전기지의 역할 및 정보를 활발하게 교류하는 것
긍정적인 사회적 상호작용	서로 지지하며 도와주고 협동하는 이타적인 상호작용을 하는 것
감정조절 연습	지속적인 상호작용을 통하여 인지한 상대방의 내적 의도나 표현되는 감정을 내면적으로 표상하고 감정을 조절하는 것
역사성	시간이 경과함에 따라 둘 만이 가지는 의사소통방식과 행동양식에 대한 맥락을 형성하는 것
경쟁	현재 진행 중인 놀이의 풍부함을 더하여 재미있게 함으로써 승부욕을 떠나서 관계의 필요성을 증가시키는 것

출처 : 박찬옥 외(2016). 유아사회교육.

(2) 우정의 중요성

우정을 나누는 친구란 많은 또래들 중에서 특히 자신에게 의미 있는 타인으로서의 역할을 하는 또래와의 관계이다(Parker & Asher, 1987). 점차 출산율이 낮아지고 외동아가 많아지는 현대 사회의 변화는 특히 영유아들에게 있어서 또래관계 중 특별한 영향을 미치는 친구가 어느 때보다도 중요한 이유를 제공하고 있다(최기영 외, 2008).

친구를 통한 영유아기의 우정에 대한 경험은 이후 사회성발달에 매우 중요한 영향을 미치는데, 그것은 다음과 같다.

첫째, 우정관계는 영유아의 긍정적인 자아개념 발달을 돕는다.

가족을 떠나 또래집단에 소속된 영유아는 특별히 친밀한 정서적 유대를 형성하게 된 친구와의 우정관계를 통하여 제2의 안전기지를 갖게 된다. 자신에게 의미 있는 타인으로부터 얻는 긍정적인 평가를 통하여 형성되는 긍정적인 자아개념, 즉 자아존중감은 우정관계에 있는 또래 친구가 제공하는 칭찬과 격려, 지지, 응원의 영향을 받아 더욱 발달하게 된다. 이렇게 형성된 자아존중감으로 영유아는 혹여 어떤 상황에서 또는 다른 또래집단으로부터 거절이나 거부를 당했다 할지라도 외로움을 느끼는 등의 큰 영향을 받지 않는 것으로 나타났다(문은정, 심희옥, 2001). 이는 자신이 신뢰하는 친한 친구와의 즐거운 놀이 및 상호작용을 지속적으로 하는 가운데 자신의 능력과 외모에 대하여 만족감뿐만 아니라 자신이 사회적으로 수용되는 존재임을 인식하는 요인이 된다(박혜란, 2008).

둘째, 우정관계는 영유아의 자신과 타인에 대한 이해능력을 증진시킨다.

영유아는 연령이 비슷한 자신과 친밀한 또래친구와 놀이하면서 도움을 받거나 나누거나 돕기 행동을 통하여 가족이 아닌 다른 사람으로부터 배려를 받는 경험을 하게 되고 이것은 영유아에게 보다 강한 정서적 유대감을 느끼게 한다. 따라서 지속적인 관계를 유지하기 위해서는 영유아 자신도 타인에 대해 이해를 기반으로 한 상호작용이 중요하다는 것을 알게 된다. 또한 놀이 가운데 발생되는 갈등 상황에서도 역시 이미 형성된 친밀함의 유지를 위해서 자신의 입장과 타인의 입장을 고려하고 이해하여 관계가 깨어지지 않으려는 노력을 한다. 즉, 이것은 영유아가 자신의 입장과 생각이 다른 또래 친구와 다르다는 것을 인식하고 수용하는 탈중심화를 촉진하는 것이다(정인수, 2005).

셋째, 우정관계는 영유아의 사회 적응능력을 돕는다.

영유아는 우정관계를 통하여 가족과 같은 친밀한 관계 가운데 느끼는 소속감을 가지게 되고 이러한 소속감은 영유아가 보다 성장한 후에 소속될 사회에서의 구성원으로서 안정된 역할을 할 수 있는 기초를 마련하도록 돕는다. 또래집단이라는 집단생활에 원만한 적응을 돕는 우정관계는 영유아가 타인과 상호작용하는 방법, 욕구나 감정을 처리하는 방법, 갈등을 해결하는 방법 등 상황에 적합한 사회적 행동과 기술을 배울 수 있는 여건을 마련해 준다.

넷째, 우정관계는 영유아의 놀이행동에 영향을 준다.

우정관계가 형성된 영유아들의 놀이 패턴과 우정관계가 형성되지 않은 영유아들의 놀이 패턴을 비교하여 몰입도를 측정한 결과 우정관계가 형성된 영유아들의 놀이 몰입도가 보다 높은 것을 알 수 있었다(신유림, 2004).

2) 우정의 발달 및 영향요인

(1) 우정의 발달

영유아기의 우정은 발달수준에 따라 질적인 차이를 보인다. 최근의 연구들은 영아와 걸음마기 유아도 우정을 발달시킨다고 보고하는데, 대개 10개월부터 불안정적이고 덜 분화된 상태에서 한두 명의 친구를 대상으로 영아들 사이의 우정이 형성된다. 약 25~30개월에 영아는 단순한 사회적 수준으로 '친구'라는 말을 사용하고 약 25개월에서 30개월을 지나 약 3세경에 '우정'에 관하여 말하기 시작한다.

다음은 Damon과 Selman이 제시한 우정발달단계이다.

① Damon의 우정발달단계

Damon(1977)은 '가장 친한 친구가 누구이며, 그 이유가 무엇인지', '그 친구가 자신을 좋아한다는 것을 어떻게 아는지', '친구나 적을 만드는 방법은 무엇인지', ' 부모와 형제가 친구가 될 수 있는지' 등의 질문에 대한 답변을 기반으로 하여 우정이 어떻게 발달하는지에 대한 과정을 3단계로 정리하여 제시하였다.

✻ 1단계(5~7세) : 시도단계

유아들이 놀이를 하기 위한 목적을 갖고 다른 유아에게 접촉과 상호작용을 시도하는 단계이다. 이 단계에는 물리적 공간 거리상 가까이 있으면서 놀이할 수 있는 '놀이 짝'을 친구라고 생각하여 친구에 대한 특별한 의미를 부여하는 우정관계를 발달시키지는 못한다. 이 시기의 친구관계는 일반적으로 일시적이기 때문에 쉽게 형성되고 쉽게 깨진다. 친구 간에 발생하는 갈등도 감정이나 애정에 따른 것이 아니라 먹을 것이나 스티커, 놀잇감 등 물질적인 것을 분배하는 과정을 통하여 일어난다.

✻ 2단계(8~12세) : 상호교환단계

이 시기의 아동들은 구체적인 물건이나 협력활동을 통하여 우정을 나눔으로써 서로 도움을 주기도 하고 요청하기도 한다. 그래서 다소 성격이나 기질에 기초한 주관적이고 현실적인 견지에서 친구란 자발적으로 서로 돕거나 도움에 대한 필요를 말할 때 도와주는 사람이라고 생각한다. 이 시기의 우정관계는 상호 신뢰감, 친절, 사려성 등의 특성을 기초로 형성된다.

✲ 3단계(사춘기 이후) : **유지단계**

이 시기의 청소년들은 서로가 가지고 있는 성격이나 관심사가 유사하여 서로 감정, 생각, 비밀 등을 이해하고 공유하며 심리적 문제에 도움을 주면서 형성된 관계를 오랫동안 유지고자 한다. 상호이해와 용서가 가능한 수준으로 상호 간 신뢰가 깨어지지 않는 한 관계가 지속되기를 원한다. 우정관계인 친구들은 서로가 외로움, 슬픔, 또는 두려움 등의 심리적 문제들을 함께 공유하고 해결하고자 노력하고 서로에게 불편을 느끼게 하는 행동이나 문제가 될 수 있는 일은 자제해야 한다고 생각한다.

② Selman의 **우정발달단계**

Selman(1981)은 유아의 우정발달단계를 사회적 조망능력의 발달 정도에 따라 5단계로 제시하였다. 0단계에서부터 4단계까지의 우정발달단계로서 유아의 우정이 자기 요구에 초점을 맞추어 우정을 형성하는 단계에서부터 점차로 타인의 욕구와 관심에 보다 민감해지며 우정을 형성하는 단계로 발달하는 것을 알 수 있다.

✲ 0단계(3~7세) : **일시적 물리적 놀이의 단계**(momentary physicalistic playment)

놀이친구와의 신체적 상호작용만 일시적으로 이루어지는 단계이다. 우정은 물리적이고 지리적으로 가까운 공간적 특성에 기초하고 일시적인 행동과 자기의 소망에 따라 주관적으로 형성되는 경향이 있다. 그래서 우정관계는 쉽게 변하고 순간적이다. 따라서 함께 놀이하는 친구에 대한 내적인 사고나 감정에 대해 이해하지 않는다.

✲ 1단계(4~9단계) : **일방적인 도움의 단계**(one-way assistant)

일방적으로 유아 자신의 기준에 맞추어진 친구로서의 개념을 갖는 단계이다. 쌍방간의 도움으로 형성된 친구관계가 아니라 일방적인 도움으로 친구관계가 형성되며 친구를 자신이 가지고 있는 목적을 이루기 위한 대상으로 이해한다. 이 단계 역시 순간적으로 놀이친구가 형성될 수 있으며, 자신과 다른 사람의 관점 차이를 이해하지만 아직도 좋은 우정관계란 자기가 원하는 것대로 해주는 친구관계라고 생각한다.

✲ 2단계(6~9단계) : **공평한 협력의 단계**(fair-weather cooperation)

양방향적인 상호관계를 갖는 단계이다. 따라서 협동이 나타나고 서로가 좋아하고 싫어하는 정도에 따라 행동을 결정한다. 이 시기는 서로 비밀을 공유하고 자신이 누구와 친구인지를 말할 수 있게 되며, 상대방의 생각을 고려하여 행동하게 된다. 옷이나, 언어, 행동에 있어 일치를 보이는 아동들끼리 집단을 만들고 그 집단에 동조하는 경향을 나타낸다. 하지만 우정관계를 연속적인 관계로 보지 못한다.

✲ 3단계(9~12세) : **공유의 단계**(intimate and mutually shared relationships)

친밀하고 상호적이며 애정관계가 두터워지는 단계이다. 우정관계를 시간이 지남에 따라 더욱 발달하는 관계로 인식하고 상호적 관심을 표현하는 가운데 그 관계가 더욱 강해지고 안정된다고 생각하는 단계이다. 그래서 작은 갈등도 초월하여 서로 우정을 지속적으로 주고받으며 친구관계를 유지하려는 노력을 보인다.

✲ 4단계(12세 이상) : **자율적인 상호의존적 우정의 단계**(autonomous interdependent friendship)

성숙한 우정단계이다. 복잡한 양상을 보이며 우정을 나누는 친구를 서로 심리적 지원을 해 주는 중요한 사회적 관계로 인식한다. 더불어 친구란 독립적인 관계이며 한 명 이상의 친구를 소유할 수 있고, 물리적 거리상으로 멀리 떨어져 있어도 서로를 위한 지원해 줄 수 있는 사람이라고 생각한다. 상호 심리적인 원조에 의존하고 서로 동일시도 하면서 정체감 형성에 영향을 미치는 단계로서 우정은 변화하고 성장할 수 있는 유연성 있는 개방적 성격을 가지고 있다고 인식한다.

(2) 우정발달의 영향요인

① 성별

우정은 성별에 따라 발달상의 차이를 보인다. 보통 남아는 집단으로 친구관계를 형성하는 데 비해 여아는 일대일의 단짝 친구와 보다 강한 유대를 갖는다. 왜냐하면 여아들이 형성하는 친구관계에는 친밀함과 신뢰감을 동반하기 때문인데, 그로 인하여 친구 간에 발생하는 긴장과 갈등은 친구로부터의 거부 또는 배신에 대한 두려움을 갖게 한다. 이러한 이유로 일반적으로 여아들은 남아들보다 배타적인 우정망을 형성한다(정정옥, 이경희, 임은숙, 2007).

한편, 남아들의 친밀감은 운동경기를 함께 하거나 관람하는 등의 활동을 통하여 형성된다(정옥분, 2002). 여아보다 자신의 감정을 덜 나누는 남아들은 어려서부터 자기감정을 노출하지 않는 것이 남자다운 것으로 배워왔고 11세경에서 13세경에 이성에 대한 혐오감이나 부정적인 태도가 최고조에 이른다. 하지만 이 시기에 경험되는 동성 친구에 대한 정서적 유대나 친밀감은 이후 이성 친구를 사귀는 데 있어서 필수적인 것이다.

② 또래와의 긍정적인 상호작용 경험

또래와 함께할 때 기분 좋은 경험은 계속적으로 또래에 대한 필요를 갖게 한다. 특별히 그 필요가 한 대상의 또래에게 집중될 때 영유아들은 서로 관계를 형성하고자 하는 욕구로 표현될 것이다. 또래를 만났을 때 지속적으로 또래를 통한 지지, 인정, 칭찬 등의 심리적 지원은 가족과는 또 다른 사람으로부터의 평가로서 영유아에게 매우 큰 의미를 지닌다. 그에 따른 만족감은 또래집단 속에 수용되고 인정되었다는 성취감을 느끼게 해주고 순기능적으로 지속적인 또래와의 친밀한 관계에 대한 기대와 믿음을 갖게 한다.

③ 사회인지능력

사회인지능력은 유아대상의 연구에서 우정의 질 정도를 측정하는 중요한 지표이다(Mendelson et al., 1994). 사회인지능력은 다른 사람들이 느끼는 감정, 생각하는 의도, 표현된 행동에 대해 보다 잘 이해하고 예견할 수 있도록 도움으로써 자신의 행동을 그에 비추어 통제하고 사회적 상호작용을 조절할 수 있게 한다(Slomkowski & Dunn, 1996). 이에 대하여 사회인지능력이 발달한 영유아의 경우, 친구와 협력적 가상놀이를 하는 경향이 있었고 이후에는 초기 학교 생활에서도 친구에 대한 통찰력을 보다 많이 보여 주었다(Dunn et al., 2002).

사회인지능력의 발달 정도는 보통 감정이입능력이나 조망수용능력의 측정을 통하여 알 수 있다. 감정이입능력과 조망수용능력은 자기중심적 사고에 있는 영유아가 탈중심화를 통하여 타인의 입장에서 자신과 타인이 처한 상황을 고려할 줄 아는 능력으로서, 사회적 관계를 형성하는 데 있어서 매우 중요한 능력이다. 공동체 내에서 맺어지는 일반적인 사회적 관계에서 영유아가 특별한 친밀감을 갖게 되는 우정관계는 높은 정도의 감정이입능력과 조망수용능력의 수반으로 이루어질 수 있다(Rubin et al., 2006). 이러한 우정관계를 통하여 표현되는 사회적 행동들은 낮은 수준의 공격성, 나누기와 돕기 등의 친사회적 행동이라고 할 수 있다(Erwin, 2001).

④ 놀이 기술

영유아의 발달 및 학습의 매체가 놀이이고 연령이 증가해도 친구가 없어도 놀이할 수 있는 혼자 놀이 형태가 나타나지만 영유아의 발달의 기본적인 기제가 상호작용이므로, 상호작용활동으로 이루어지는 놀이가 영유아의 발달에서의 의미는 매우 중요하다. 즉, 영유아의 발달에 있어서 놀이상대자는 절대적으로 필요하다. 혼자 놀이를 하는 경우에도 영유아가 가지고고 놀이하는 놀잇감이 상호작용을 하는 놀이상대자이다. 따라서 영유아가 친구관계를 유지시켜주는 우정을 발달시키기 위하여 교사가 주목하여 관찰하여야 할 것이 영유아가 다른 유아들과 놀이하고 있느냐 하는 것이다. 놀이 발달상에 따른 기준과 다르게 다른 영유아들과 놀이를 하고 있지 못한 영유아는 영유아가 영유아교육기관을 처음 접했을 때도 볼 수 있지만 영유아의 심리적인 문제가 해결되지 않은 경우에도 종종 볼 수 있다. 하지만 또 다른 이유로서 놀이를 통해 접근하는 기술의 미흡에서도 우정관계 형성은 어려울 수 있다. 또래에게 함께 놀자고 요청하거나, 장난감을 분배하고 교대하거나, 장난감을 달라고 요청하거나, 또래에게 정서적으로 지지를 제공하거나, 필요에 따라 도움을 주고받을 수 있는 적절성 여부가 영유아의 우정 형성 및 유지에 결정적인 영향을 줄 수 있다(박찬옥 외, 2016).

⑤ 갈등해결능력

모든 사람은 외적이든 내적이든 동일하지 않기 때문에 사회에서 형성되는 다양한 관계에 있어서 갈등의 발생은 필요불가결하다. 그것은 갈등해결의 방법과 결과에 따라 갈등에 대한 긍정적인 해석과 부정적인 해석이 동반될 수 있다. 그것은 영유아에게서 일어나는 갈등에서도 마찬가지이다. 자기중심적 사고에 있는 영유아들은 다른 사람도 자신과 동일한 감정과 생각을 가지고 있다는 생각으로 행동함으로써 갈등이 일어나게 되지만 그에 대한 적절한 방법으로의 해결을 통하여 영유아들의 욕구와 바람이 충족될 때 서로의 우정관계는 더욱 돈독해질 수 있다.

3) 우정발달을 돕는 교사의 역할

영유아교육현장에서 영유아들의 가장 중요한 관심사인 친구관계 형성 및 발달을 돕는 것은 교사의 역할로서 가장 중요한 것일 수 있다. 왜냐하면 교사를 통해 많은 세상의 지식이 영유아에게 소개되고 안내된다 할지라도 인지적으로 습득한 지식을 생활 속에서 실험하고 느끼고 적용을 하도록 돕는 것은 우정으로 연결된 친구관계를 통해서 이루어지기 때문이다. 그리고 영유아기에 더욱 중요한 친구관계를 통한 사회 · 정서적 유대와 지지는 다음 발달 시기에 형성되어야 할 사회적 관계의 중요한 토대가 되므로 영유아의 우정발달을 돕는 교사의 역할이 무엇보다 중요하다고 할 수 있다.

(1) 놀이기술 증진시키기

영유아기의 우정은 놀이를 중심으로 이루지는 경향이 있다(박찬옥 외, 2016). 그래서 재미있는 놀이 아이디어를 낸다거나 놀이를 주도하는 리더십이 있거나 하는 영유아들은 또래들 사이에서 인기아로서 주목을 받는다. 또한 영유아가 친구와 신나게 놀이하고 있다는 것은 유치원에서 혹은 어린이집에서 더없이 행복감을 표현하는 것이며 그것은 영유아의 모든 발달영역 면에서 매우 긍정적인 효과를 가져올 수 있으므로 영유아가 친구와 놀이에 참여하고 몰입하고 유지할 수 있는 놀이기술을 습득하도록 돕는 것은 매우 중요하다.

먼저 놀이에 개입하거나 참여하지 못하는 영유아가 있다면 비중이 크지 않더라도 놀이에 필요한 역할을 만들어서 자발적으로 놀이 참여에 대한 동기를 갖도록 즐거운 놀이 경험을 제공해 주고(예를 들면, 병원놀이 시 의사에게 진료에 필요한 도구를 준비해 주는 역할 등), 놀이가 지루해질 것 같고 더 이상 발전하지 못하고 맥이 끊길 것 같은 상황이나 변화가 필요한 상황에서는 특별한 놀이 아이디어 제안을 통하여 영유아의 놀이 상황을 새롭게 전환하는 작업이 필요하다. 예를 들면, 병원놀이 시 계속 청진기로 진료하는 똑같은 상황만 반복하는 경우, 갑작스런 응급 산모의 등장이라는 상황요소를 가미시킬 수 있다. 또는 정교하고 세련된 놀이 경험을 위하여 교사는 놀이에 필요한 물품이나 아이디어를 적절히 지원해 줄 수 있다. 예를 들면, 병원놀이 시 필요한 장비 등의 물리적 환경요소를 최대한 실제와 같이 구비할 수 있도록 하여 영유아들의 놀이에 대한 몰입이 자연스럽게 이루어져 지속적으로 놀이가 유지되도록 한다.

(2) 친사회적 행동 지도하기

우정이 형성되는 초기에는 영유아의 신체적 조건 등의 외적 요소가 관계 형성 욕구에 대한 중요한 요인이 되지만, 일단 우정관계가 이루어지면 접촉하기, 긍정적인 관계 유지하기, 갈등 해결하기, 관계 종결짓기와 같은 사회적 과정에서 성공하는 일이 중요하다. 즉, 미소 짓기 등을 통해 우호적인 태도로 접근하기, 경청하며 현재 상황에 관하여 대화 나누기, 일대일 개별적 경험을 통하여 함께 시간 보내기, 친구의 필요에 따라 도움주기 등은 또래집단에 잘 수용되는 영유아의 행동 특성이다(박찬옥 외, 2016). 이러한 특성은 상대 유아에게 좋은 인상을 주어 친구가 되고 싶다는 신호를 제공하게 된다. 또래와 지속적이고 긍정적인 상호작용을 가능하게 하는 협력적인 주의집중(joint attention)은 또래를 모방하면서 조화로운 상호작용과 협동을 돕는다(김미숙, 2006).

자기중심성에 있는 영유아들에게 있어서 자아개념이 형성되면서 더불어 형성되는 소유개념은 함께 놀이하는 영유아들에게는 갈등유발의 원인이 되기도 한다. 제한된 수의 장난감에 대한 소유분쟁과 자신이 놀이하고 싶은 놀이영역 지배권 획득에 대한 놀이영역 차지 욕구는 자칫 영유아들의 우정관계를 손상시킬 우려가 있다. 이것을 방지하고 보다 성숙한 우정관계 유지를 위하여 교사는 영유아들에게 친사회적 행동을 지도할 필요가 있다. 우정관계 유지를 위한 친사회적 행동에는 민감성, 친절, 배려, 관심 표현, 협력, 수용, 애정표현, 공감, 도움주기, 제안하기, 칭찬하기, 차례 지키기 등이 있다(박찬옥 외, 2016).

(3) 효과적인 의사소통 격려하기

영유아가 또래집단에서 친구 상대자로서 주의를 얻고 우정관계를 더욱 견고히 할 수 있는 놀이에 대한 생각을 주고받기 위해서는 효과적인 언어 사용이 필요하다. 적절한 크기의 목소리, 억양, 어투, 말을 시작하고자 하는 신호, 적절한 순간에 말차례의 전환 기술, 요구나 거절을 위한 우호적인 방식 등은 메시지를 정확하게 전달하고 상대를 기분 좋게 하는 의사소통능력이라고 할 수 있다. 특별히 영유아들의 갈등 상황에서 빚어지는 공격적 행동은 이러한 의사소통의 어려움으로 발생하므로 교사의 직접적인 시범을 통한 지도와 격려가 필요하다.

2. 교육과정 관련 내용

1) 만 0~2세 제3차 표준보육과정

(1) "또래관계" 관련 사회관계영역의 목표

- 만 0~1세에서는 "안정적인 애착을 형성하고 또래와 교사와 함께 지낸다"는 사회관계영역의 목표를 갖는다.
- 만 2세에서는 "가족을 사랑하고 또래, 교사와 즐겁게 지내며 간단한 규칙 등을 지킨다"는 사회관계영역의 목표를 갖는다.

[표 11-2] "또래관계" 관련 만 0~2세 사회관계영역의 목표

만 0~1세 사회관계영역의 목표	만 2세 사회관계영역의 목표
친숙한 사람과 관계를 형성한다.	나를 인식하고 다른 사람과 더불어 생활하는 경험을 한다.
• 자신과 다른 사람을 구별된 존재로 인식한다. • 기본 정서를 표현하고 다른 사람의 감정에 주의를 기울인다.	• 자기존중감을 형성한다. • 자신의 감정을 알고 다른 사람의 감정에 반응을 보인다.
• 안정적인 애착을 형성하고 또래와 교사와 함께 지낸다.	• 가족을 사랑하고 또래, 교사와 즐겁게 지내며 간단한 규칙 등을 지킨다.

출처 : 중앙보육정보센터(2013). 어린이집 표준보육과정 및 0~2세 영아보육프로그램의 이해.

(2) "또래관계" 관련 사회관계 영역의 내용

- 만 0~1세에서는 "더불어 생활하기" 내용 범주 하위 내용인 "또래에 관심 갖기"에서 1수준에서 4수준에 따라 [표 11-3]에 세부 내용이 제시되어 있다.

[표 11-3] "또래관계" 관련 만 0~1세 사회관계영역의 세부 내용

내용 범주	내용	1수준	2수준	3수준	4수준
나를 알고 존중하기	나를 구별하기	거울 속의 나에게 관심을 가진다.		거울 속의 나를 알아본다.	
	나의 것 인식하기	자기 이름을 부르는 소리에 반응한다.			
		–		친숙한 자기 물건을 안다.	
나와 다른 사람의 감정 알기	나의 감정을 나타내기	나의 욕구와 감정을 나타낸다.			
	다른 사람에게 주의 기울이기	다른 사람의 말과 표정, 몸짓에 주의를 기울인다.		다른 사람이 나타내는 여러 가지 감정에 주의를 기울인다.	
더불어 생활하기	안정적인 애착 형성하기	양육자와 시선을 맞춘다.	양육자에게 적극적으로 관심과 욕구를 표현한다.		
		주변의 친숙한 사람의 얼굴과 목소리를 인식한다.		주변의 친숙한 사람에게 애정을 표현한다.	
	또래에 관심 갖기	다른 영아와 함께 지내는 것을 경험한다.			
	자신이 속한 집단 알기	담임교사를 구별한다.		자기 반에서 지내며 안정감을 가진다.	
	사회적 가치를 알기	–		친숙한 물건의 자리를 안다.	
		만나고 헤어지는 인사를 해본다.			

- 만 2세에서는 "더불어 생활하기" 내용 범주 하위 내용인 "또래와 관계하기" 에서 1수준에서 2수준에 따라 [표 11-4]에서 세부 내용이 제시되어 있다.

[표 11-4] "또래관계" 관련 만 2세 사회관계영역의 세부 내용

<table>
<tr><th>내용 범주</th><th>내용</th><th>1수준</th><th>2수준</th></tr>
<tr><td rowspan="3">나를 알고 존중하기</td><td>나를 구별하기</td><td colspan="2">나와 다른 사람의 모습을 구별한다.</td></tr>
<tr><td rowspan="2">좋아하는 것 해보기</td><td colspan="2">내가 좋아하는 것을 찾아본다.</td></tr>
<tr><td>좋아하는 놀이나 놀잇감을 선택해 본다.</td><td>스스로 선택한 놀이나 놀잇감을 즐긴다.</td></tr>
<tr><td rowspan="2">나와 다른 사람의 감정 알기</td><td>나의 감정을 나타내기</td><td colspan="2">여러 가지 감정을 말과 행동으로 나타낸다.</td></tr>
<tr><td>다른 사람의 감정에 반응하기</td><td colspan="2">다른 사람이 나타내는 여러 가지 감정에 반응을 보인다.</td></tr>
<tr><td rowspan="8">더불어 생활하기</td><td>내 가족 알기</td><td>내 가족에게 애정을 표현한다.</td><td>내 가족에게 다른 사람과는 구분된 특별한 감정을 갖는다.</td></tr>
<tr><td rowspan="2">또래와 관계하기</td><td>또래에게 관심을 보인다.</td><td>또래의 모습과 행동을 모방한다.</td></tr>
<tr><td>또래의 이름을 안다.</td><td>또래가 있는 곳에서 놀이를 한다.</td></tr>
<tr><td>자신이 속한 집단 알기</td><td>자신이 속한 반과 교사를 안다.</td><td>자신이 속한 반의 활동에 즐겁게 참여한다.</td></tr>
<tr><td rowspan="4">사회적 가치를 알기</td><td>도움 받아 물건을 정리한다.</td><td>스스로 물건을 정리한다.</td></tr>
<tr><td>자기 순서를 안다.</td><td>순서를 기다린다.</td></tr>
<tr><td colspan="2">바른 태도로 인사한다.</td></tr>
<tr><td colspan="2">간단한 약속을 지킨다.</td></tr>
</table>

(3) 지도지침 및 유의사항

제3차 표준보육과정의 만 0~2세 사회관계영역에서 "또래관계"에 관련하여 교사에 의해 지도되어야 할 내용에 대한 지침 및 유의사항은 [표 11-5]와 같다.

[표 11-5] "또래관계" 관련 사회관계영역의 지도지침 및 유의사항

연령	내용범주	내용	지도지침 및 유의사항
만 0~1세	더불어 생활하기	또래에 관심 갖기	• 교사는 영아가 또래에 대한 관심을 자연스럽게 인식할 수 있도록 하루 일과 중 개별적인 영아의 요구를 수용해 주면서도 다른 영아에 대한 보살핌을 함께 느낄 수 있도록 지속적으로 돕는다. • 영아가 보육교사와 신뢰로운 관계 속에 안정적인 애착을 형성하기 위해 보육실을 가정과 같이 편안하고 안락하고 안정감 있게 구성한다. • 영아는 아직 자신의 개별용품에 대한 구별이나 인식이 약하므로 개별 수유용품 및 기저귀 등의 물품 보관에 유의하여 영아가 다른 영아의 소독된 우유병이나 다 쓴 기저귀 등을 만지지 않도록 관리한다. • 영아가 교사는 자신뿐 아니라 다른 영아의 놀이활동이나 일상적 양육활동을 지원해야 한다는 점을 자연스럽게 인식할 수 있도록 반복적인 경험을 일관적으로 지원한다.
만 2세		또래와 관계하기	• 교사는 영아와 놀이할 때 또래에게 간단한 인사를 하게 하거나 또래가 하는 놀이활동을 함께 바라보며 상호작용하도록 한다. 또한 또래와 마주 앉아 친구의 행동을 따라하거나 함께 하는 동작활동 등을 통해 함께 활동할 수 있는 경험을 지속적으로 제공한다. • 영아가 일상적인 상호작용이나 놀이 상황에서 자신의 이름뿐 아니라 또래의 이름을 자주 불러주는 경험을 가질 수 있도록 하고 영아가 또래와 병행놀이를 하면서 점차 함께 놀이할 수 있는 경험을 지속적으로 제공한다. • 영아가 또래에게 지속적으로 관심을 가질 수 있도록 개별 사물함에 영아 개별사진을 붙여두고 등 · 하원 시 가방을 정리할 때 또래 사진에 관심을 가지도록 한다. • 영아가 또래와 함께 놀이하거나 나란히 앉아 놀이하는 모습을 사진으로 찍어 벽에 제시하고 영아와 일과 중 자연스럽게 바라보며 또래에 관심을 가질 수 있도록 한다. • 영아는 또래에 대해 관심을 가지나 아직 병행놀이 단계임을 이해하고 교사는 일과 중 지속적으로 또래에 대한 관심과 사회적 기술을 증진하도록 돕는다.

출처 : 김규수 외(2015). 영유아사회교육.

2) 만 3~5세 연령별 누리과정

(1) "또래관계" 관련 사회관계영역의 목표

만 3~5세 연령별 누리과정에서 "또래관계" 관련 사회관계영역의 목표는 "친구, 공

동체 구성원들과 서로 돕고, 예의 · 규칙 등 사회적 가치를 알고 지킨다"이다. 유아가 친구와의 놀이에 참여하고 협동하는 가운데 의견의 불일치 등으로 인한 갈등을 긍정적으로 해결하는 방법을 알도록 한다.

[표 11-6] "또래관계" 관련 사회관계영역의 목표

자신을 존중하고 다른 사람과 더불어 생활하는 능력과 태도를 기른다
① 자신을 소중히 여기며 자율성을 기른다. ② 자신과 타인의 감정을 알고 자신의 감정을 적절하게 표현하며 조절한다. ③ 가족과 화목하게 지내며 서로 협력한다. ④ 친구, 공동체 구성원들과 서로 돕고, 예의 · 규칙 등 사회적 가치를 알고 지킨다. ⑤ 우리 동네, 우리나라, 다른 나라에 관심을 가진다.

(2) "또래관계" 관련 연령별 사회관계영역의 내용

[표 11-7] "또래관계" 관련 연령별 사회관계영역의 내용

<table>
<tr><th rowspan="2">내용 범주</th><th rowspan="2">내용</th><th colspan="3">연령별 세부 내용</th></tr>
<tr><th>만 3세</th><th>만 4세</th><th>만 5세</th></tr>
<tr><td rowspan="9">다른 사람과 더불어 생활하기</td><td rowspan="2">친구와 사이좋게 지내기</td><td>친구와 함께 놀이한다.</td><td colspan="2">친구와 협동하며 놀이한다.</td></tr>
<tr><td>나와 친구의 의견에 차이가 있음을 안다.</td><td>친구와의 갈등을 긍정적인 방법으로 해결한다.</td><td></td></tr>
<tr><td rowspan="2">공동체에서 화목하게 지내기</td><td></td><td>도움이 필요할 때 다른 사람과 도움을 주고받는다.</td><td>다른 사람과 도움을 주고받고 서로 협력한다.</td></tr>
<tr><td colspan="3">교사 및 주변 사람과 화목하게 지낸다.</td></tr>
<tr><td rowspan="5">사회적 가치를 알고 지키기</td><td></td><td colspan="2">정직하게 말하고 행동한다.</td></tr>
<tr><td>다른 사람의 소유물을 존중한다.</td><td>다른 사람의 생각, 행동을 존중한다.</td><td>다른 사람을 배려하여 행동한다.</td></tr>
<tr><td></td><td colspan="2">친구와 어른께 예의 바르게 행동한다.</td></tr>
<tr><td>약속과 규칙을 지켜야 함을 안다.</td><td colspan="2">다른 사람과 한 약속이나 공공규칙을 지킨다.</td></tr>
<tr><td></td><td colspan="2">자연과 자원을 아끼는 습관을 기른다.</td></tr>
</table>

(3) 지도지침 및 유의사항

만 3~5세 누리과정의 사회관계영역에서 "또래관계"에 관련하여 교사에 의해 지도되어야 할 내용에 대한 지침 및 유의사항은 [표 11-8]과 같다.

[표 11-8] "또래관계" 관련 사회관계 영역의 지도지침 및 유의사항

내용 범주	내용	지도지침 및 유의사항
다른 사람과 더불어 생활하기	친구와 사이좋게 지내기	• 친구와 함께 생각하고 행동하면서 협동의 효과와 즐거움을 느낄 수 있는 다양한 경험의 기회를 갖도록 한다. 물건을 나누어 쓰거나, 순서를 바꿔가며 서로 공유하고 양보하는 등 다양한 협동방법을 적용해 보는 과정을 통해 집단의 한 구성원으로서 자발적으로 협력하는 자세를 배우도록 한다. • 친구들 간에도 서로 의견 차이와 갈등이 있음을 알고, 긍정적인 방법으로 문제를 해결하도록 한다. 다툼과 갈등은 서로 이해가 부족하여 생기는 것임을 알고 상대방의 관점에서 생각해 보게 하여, 갈등이 있을 때는 서로 배려하고 양보하는 노력을 통하여 화해하고 협동하는 관계로 되돌아가는 긍정적인 경험을 할 수 있도록 지도한다. • 갈등 상황에 개입할 때에는 명확한 상황 판단으로 어느 한쪽에게만 일방적인 양보나 배려를 요구하지 않도록 한다.
	공동체에서 화목하게 지내기	• 유치원이나 어린이집 생활 속에서 유아-유아, 교사-유아 간에 자연스럽게 도움을 주고받으며 서로 협력할 수 있도록 지도한다. 또한 다른 사람이 도움을 요청하기 전에 미리 상대방의 어려움을 알아차리고 먼저 다가가 묻고 도움을 줄 수 있는 사회적 기술도 익히도록 한다. • 다른 사람들과 함께 지내면서 어울려 사는 공동체의 기쁨과 친밀감을 느낄 수 있는 긍정적인 경험을 갖도록 한다. 유아가 주변 사람들로부터 보고 배울 수 있도록 원장-교사, 교사-부모, 교사-직원들이 서로 화목하게 지내며, 돕고 배려하는 분위기를 조성한다. • 교사의 모습이 모델링이 될 수 있도록 모범적인 행동을 보이도록 한다.
	사회적 가치를 알고 지키기	• 정직한 말과 행동의 중요성에 대해 알아보고, 어떠한 경우에도 정직하게 말하며 행동하도록 지도한다. 동화책, 영상, 토의활동 등을 통하여 정직과 솔직함의 긍정적인 효과와 정직해야 하는 이유에 대해서 유아와 이야기 나누기를 해본다. 또한 거짓말이 가져오는 부정적인 효과와 거짓말을 하게 되면 다른 사람에게 어떤 피해를 주게 되는지에 대해서도 알아본다. 유아가 정직하지 않은 행동을 했을 때 어떤 마음이 들었는지에 대해서도 이야기를 나누어 보고, 거짓을 통한 당장의 편리함은 정직한 행동의 가치보다 높지 않다는 것도 알게 한다.

		• 다른 사람과 함께 생활할 때에는 자신의 생각과 감정만이 아니라 상대방의 의견이나 감정도 존중하고 배려할 줄 알게 한다. 책이나 동영상을 활용할 수 있으나 친구나 이웃, 사회적 약자 등을 배려하며 도와주는 직접 경험을 통하여 그 필요성과 중요성을 인식시키는 것이 더 효과적이며, 다른 사람에게서 배려를 받았을 때에는 "고맙습니다"라고 인사를 하는 것이 상대방을 존중하고 배려하는 행동임을 알게 한다. 또한 일상생활에서 공공규칙이나 예절을 잘 지켜 다른 사람을 불편하지 않게 하는 것도 존중과 배려임을 알도록 지도한다. • 예의 바른 행동은 다른 사람에 대한 존중과 배려, 친절 등을 표현하는 것임을 알게 하고, 친구나 어른에게 바른 말을 사용하며 웃는 얼굴로 인사하고 예의를 갖추어 행동하도록 지도한다. 유아가 다른 사람으로부터 이름이 불리거나 질문을 받으면 친절히 응대하고, 고마움이나 미안함을 상황에 맞게 행동으로 표현할 수 있도록 한다. 또한 말씨나 태도도 대상과 장소, 상황에 따라 알맞게 표현하도록 지도하며, 예의 바른 행동의 습관화를 위하여 생활 속에서 꾸준히 실천할 수 있도록 지도한다.

출처 : 김규수 외(2015). 영유아사회교육.

3. 교육과정 현장 적용을 위한 실제

여우와 두루미

지도학생 : 백선아

주제	나와 친구	대상연령	만 3, 4, 5세
활동 유형	동화	집단 형태	대 · 소집단활동(언어영역)

활동목표	• 배려의 중요성을 안다. • 친구 사귀는 방법을 실천할 수 있다. • 동화를 듣고 즐거움을 느낀다.
교육과정 관련 요소	의사소통 : 듣기 〉 이야기 듣고 이해하기 사회관계 : 다른 사람과 더불어 생활하기 〉 친구와 사이좋게 지내기
활동자료	입체상자 동화, 막대인형(여우, 두루미), 요약본, 여우 집, 두루미 집, 식탁, 접시, 호리병, 의자, 나무, 배경그림

단계	활동 내용
도입	**1. 소중한 친구를 사귀는 방법에 대해 이야기 나눈다.** 교사 : – 우리 지난 시간에 소중한 친구들에 대해 이야기 했지요. – 친구들과 좋은 친구가 되려면 어떻게 해야 할까? – 오늘 선생님이 소중한 친구를 사귀는 비밀스런 방법을 알려주는 책을 하나 읽어주려고 해.
전개	**2. '여우와 두루미 아가씨' 동화를 들려준다.** 교사 : – 동화를 잘 들어보도록 하자. **3. 동화를 회상하고 이야기를 나눈다.** 교사 : – 동화를 잘 들어보았나요? – 오늘 선생님이 들려준 동화에서 어떤 동물들이 나왔었나요? – 선생님이 동화 내용을 그림으로 만들어 왔어. 선생님이 그림을 보여 줄 테니까 동화 속에 어떤 내용이 있었는지 생각해 보자. – (1번 장면) 이 장면에는 어떤 내용이 있었나요? – 그렇구나. 선생님이 친구들이 말한 동화 내용을 카드로 만들어 왔어요. 이 카드를 이 그림에 붙여주도록 할게요.

	교사 : – (2번 ~ 6번 장면) 이 장면에는 어떤 내용이 있었나요? – 그렇구나. 선생님이 친구들이 말한 동화 내용을 이 그림에 붙여주도록 할게요. – 우리 친구들이 동화 내용을 잘 기억하고 있구나. – 얘들아, 여유가 두루미에게 어떻게 했나요? – 요우가 두루미와 친구가 되려면 어떻게 했어야 할까요? – 그런 여우의 행동에 두루미의 마음이 어떨 것 같아요? – 다른 사람의 어려움을 돕는 것, 필요한 일을 해주는 것을 우리는 어려운 말로 무엇이라 하는지 알고 있나요? – 우리 주변에서 배려하는 모습을 본 적이 있나요? – 나도 친구들을 배려할 수 있을까요? – 내가 친구들을 배려할 때 친구들의 마음은 어떨까요? 내 마음은 어떨까요? – 많은 사람들이 서로를 배려하며 살면 우리는 무엇을 느끼게 될까요? – 앞으로 친구들과 배려를 하면서 잘 지내보도록 하자.
마무리	**4. 영역에 배치한다.** 교사 : – 선생님이 준비해 온 교구는 어느 영역에 놓는 것이 좋을까요? – 그럼 선생님이 이 동화 교구를 언어영역에 갖다 놓도록 할게요. 직접 해보고 싶은 친구들은 자유선택활동을 할 때 한 번 해보도록 하자.

활동자료

1. 동화 내용

2. 입체동화 틀

3. 막대인형(여우, 두루미)

4. 여우 집과 소품(접시 등)

5. 두루미 집과 소품(호리병 등)

6. 동화진행 장면

7. 달력동화 자료

8. 막대인형 사용 장면

본 활동의 특징 및 교사의 역할

"여우와 두루미" 활동의 특징

① 본 활동은 아주 짧은 내용의 동화이나 입체 동화 틀을 활용하여 주의집중과 흥미 유발을 시켜 동화 듣기 활동에 몰입할 수 있다.

② 여우라는 친구가 갖는 특징과 두루미라는 친구가 갖는 특징의 차이점을 정확하게 구별 지어 두 사람이 친구가 되려면 그 차이를 서로 배려하고 수용해야 한다는 것을 흥미롭게 접근한 동화 듣기 활동이다.

③ 창의적이고 매력적인 교수자료의 활용으로 영유아들은 동화의 내용에 대한 이해뿐만 아니라 창의적인 사고와 심미감 발달이 촉진될 수 있다.

교사의 역할

본 활동은 자신과 다른 사람의 차이를 여우와 두루미의 신체적 외모에 비유하여 영유아들이 친구를 사귈 때 가질 수 있는 자기중심성에서 벗어나도록 도울 수 있다. 신체적 외모는 영유아가 친구를 선택할 때 고려되는 하나의 중요한 요건일 수 있기 때문에 영유아 자신과 다른 사람의 차이에 대해서 이해를 돕는 매우 효과적인 동화이다. 다른 사람의 입장을 고려할 수 있도록 돕는 교사의 역할로 영유아의 사회적 조망능력의 발달을 도모할 수 있는 활동이다.

동물친구들 모여라!

지도학생 : 장정희

주제	즐거운 친구들	대상연령	만 3, 4, 5세
활동 유형	게임	집단 형태	대 · 소집단활동

활동목표	• 눈과 손을 협응하여 신체를 활용한다. • 친구와 함께 즐겁게 놀이할 수 있다. • 게임 규칙을 이해하고 지키는 태도를 기른다.
교육과정 관련 요소	신체운동 · 건강 : 신체조절과 기본 운동하기 〉 신체조절하기 신체운동 · 건강 : 신체활동에 참여하기 〉 기구를 이용하여 신체활동하기 사회관계 : 다른 사람과 더불어 생활하기 〉 친구와 사이좋게 지내기 사회관계 : 다른 사람과 더불어 생활하기 〉 사회적 가치를 알고 지키기
활동자료	기린 봉 2개, 동물 링 12개(토끼, 코끼리, 호랑이, 소, 쥐, 곰), 바구니 2개, 게임방법판, 팀 나누기 도구, 동물 그림, 동물 그림 넣는 통, 발모양 스티커, 점수판, 호루라기

단계	활동 내용
도입	**1. 지난 시간 활동에 대해 이야기 나눈다.** 교사 : – 지난 시간에 무엇에 대해 이야기 나누었는지 기억나나요? – 동물친구들에 대해 이야기 나누었지요. – 오늘은 동물 친구들과 함께하는 재미있는 게임을 해보려고 해요.
전개	**2. 교구탐색을 하며 게임방법을 소개한다.** 교사 : 재미있는 게임을 하기 위해서 우리 반에 일곱 마리의 동물 친구들이 찾아왔어요. OO이는 어떤 동물 친구일 것 같아요? 유아 : 토끼요. 교사 : 어떤 동물 친구들이 왔는지 맞추어 보자. (동물 링을 보여 주면서) 이 동물은 어떤 동물인 것 같아요? 유아 : 토끼요. 교사 : 지금 인사한 친구들이 모두 몇 마리지요? 유아 : 여섯 마리요. 한 마리가 없어요. 교사 : 한 마리의 친구가 너무 부끄러워서 나오지 못하고 있대요. 우리 함께 친구를 불러볼까요? 유아 : 친구야 얼른 나와~. 교사 : (기린 봉을 소개한다) 얘들아, 이 동물 친구는 어떤 친구인 것 같아요?

교사 : 7마리의 동물 친구들을 만나 보았는데, 기린의 목이 어떤 것 같아요?
유아 : 길어요!
교사 : 기린의 목은 길고, 다른 동물들은 어떤 모양인 것 같아요?
유아 : 동그라미요.
교사 : 맞아요. 동그라미 모양을 가지고 있지요.
우리 반에 찾아온 동물친구들과 어떻게 게임을 할 수 있을까요?
유아 : 던져요. 굴려요.
교사 : 선생님도 생각했는데 오늘은 여러 게임방법 중에서 이 동물 링 친구들을 던져서 기린의 봉에 넣는 게임을 해보려고 해요. 그래서 선생님이 저쪽에 기린 봉을 가져다 놓았어요. 그런데 얘들아~ 저 기린봉은 같이 놀이할 수 있는 친구가 필요하대요. 우리가 무엇이 되면 기린 봉하고 친구가 될 수 있을까요?
유아 : 동물이요.
교사 : 그렇구나. 그럼 너희들이 될 동물은 어떻게 정할까요?
여기 무엇이 보이니?
유아 : 종이랑 통이 있어요.
교사 : 종이에는 무엇이 있는 것 같아요?
(동물 그림을 보여 주면서) 그래 이 종이에는 동물이 그려져 있어요. 이것은 어떤 그림인 것 같아요?
유아 : 토끼요.
교사 : 그래! 그럼 기린 봉에게 갈 때 우리는 어떤 흉내를 내고 가면 좋을까요?
유아 : 토끼요. 깡충깡충 뛰어요! 손을 이렇게 해요.
교사 : 그런데 기린 봉 앞에는 무엇이 있어요?
유아 : 발바닥이요.
교사 : 왜 발바닥 모양을 붙여 놓았을까요?
유아 : 발바닥에 서야 해요.
교사 : 맞아. 발바닥 모양에 서서 동물 링을 던져야 해요. 왜 그래야 할까요?
유아 : 똑같이 던져야 해요.
교사 : 다른 곳에서 던지면 선생님이 누가 더 잘 던졌는지 공정하게 생각할 수가 없겠지. 그래서 모두 같은 곳에서 던져서 누가 더 힘이 센지, 누가 더 정확하게 넣었는지 모두 같이 생각할 수 있겠지. 그래서 꼭 발바닥에서 던져야 해요.
유아 : 예.
교사 : 그럼 선생님이 너희들에게 동물 링 6개를 바구니에 넣어줄 거예요. 발바닥에 서서 6개를 한 개씩 던져 많이 넣은 친구에게 점수를 주도록 할 거예요. 너희들이 게임방법을 좀 더 쉽게 알 수 있도록 선생님이 게임방법 판을 준비했어요.
선생님을 따라 읽어보도록 하자.

〈게임방법〉

1. 출발선에 선다.
2. 출발 신호가 들리면, 동물 그림종이를 뽑아 뽑은 동물을 몸으로 표현하며 간다.
3. 발판에 맞추어 선다.
4. 6개의 동물 링을 기린 봉을 향해 하나씩 던진다.
5. 기린 봉에 링을 많이 넣은 팀이 이긴다.

교사 : 게임방법 판을 읽으면서 이해가 안 된 부분이 있나요?

교사 : 우리가 게임을 안전하고 재미있게 하기 위해서는 무엇을 정해야 하나요?

유아 : 약속이요. 규칙이요.

교사 : 게임을 위한 약속을 말해 줄 사람?

유아 : 뛰지 않아요. 링은 하나씩 던져요. 발판에 서서 던져야 해요.

교사 : 내가 던진 링은 어떻게 해야 할까요?

유아 : 바구니에 다시 넣어요.

교사 : 그럼 우리가 정한 약속을 지키면서 게임을 할 수 있겠지요.

3. 게임을 위하여 팀을 나눈다.

교사 : – 게임을 하기 전에 팀을 정하도록 할 거야. 선생님이 팀 나누기 통과 팀 막대를 준비했어요. 팀 막대에는 빨간색과 파란색이 있어요. 한 명씩 나와서 팀 막대를 뽑아보도록 할까요?

– 빨간색이 나온 친구들 손 한번 들어볼까요?

– 친구들은 몇 명이 있나요?

– 파란색이 나온 친구들도 손 한번 들어볼까요?

– 빨간색과 파란색을 뽑은 친구들의 수가 같은가요?

교사 : (점수판을 보여 주며) 여기 무엇이 보이나요?

유아 : 기린이요.

교사 : 점수를 쉽게 볼 수 있도록 선생님이 점수판을 준비해왔어요. 오늘은 선생님이 팀 이름을 정해오지 않았어요. 그래서 너희들이 점수판 기린들에게 이름을 정해 주면 어떨까요? 무엇이라 정하면 좋을까요?

유아 : 노란이요. 길죽이요

교사 : OO팀과 OO팀 중에서 동물 링을 던져서 많이 넣은 팀에게 점수판에 링스티커를 붙여주도록 할 거예요.

	4. 게임 시범을 보여 준다. 교사 : – 선생님과 먼저 시범을 보여 줄 친구 있나요? – 고마워요. OO덕분에 친구들이 이 게임을 더 잘할 수 있을 것 같아요. **5. 게임을 진행한다.**
마무리	**6. 게임을 회상하고 평가한다.** 교사 : – OO팀과 OO팀 중 어느 팀이 더 많은 동물링을 넣었나요? – 누가 동물 흉내를 멋지게 내 주었나요? – 어느 팀이 이긴 것 같나요? – 우리 반에 찾아 온 동물 친구들과 함께 정말 즐거운 시간을 보냈어요. 모두 열심히 놀이를 하니 정말 즐거운 놀이가 되었어요.

활동자료

1. 기린 봉

2. 동물 링

3. 게임방법 판

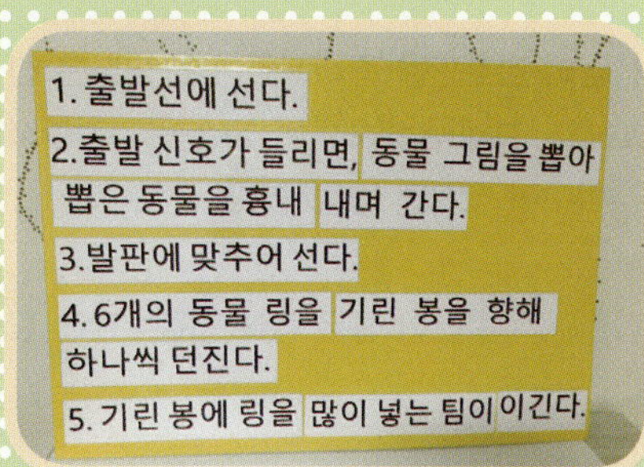

4. 점수판(목에 걸린 동물링 수로 점수)

5. 팀 나누기 도구 1(통)

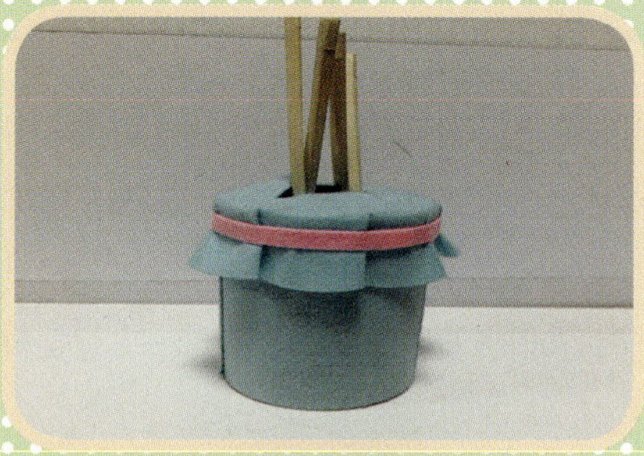

6. 팀 나누기 도구 2(팀 막대)

7. 동물그림 통과 기준 발바닥

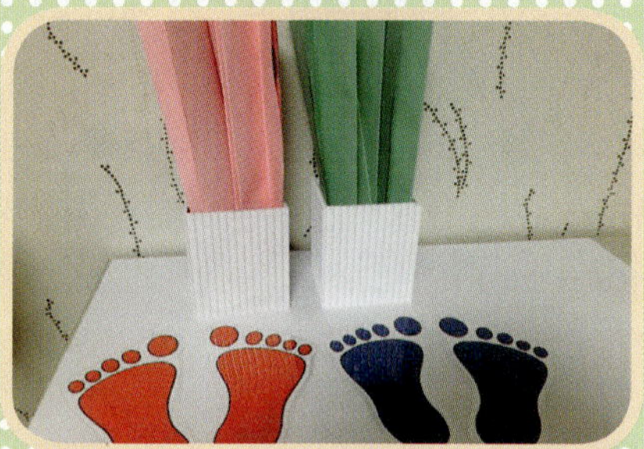

8. 막대인형 사용 장면

9. 동물 그림 1

10. 동물 그림 2

본 활동의 특징 및 교사의 역할

"동물친구들 모여라!" 활동의 특징

① 본 활동은 자칫 컴퓨터 게임이나 모바일 게임으로 친구들과 협력하여 신체활동을 하지 않으려는 영유아들에게 흥미를 유발할 수 있는 매력적인 게임교구 제공과 함께 이루어지는 링 던지기 활동이다.

② 흔히 할 수 있는 링 던지기 활동이나 활동계획안에 소개된 교사와 영유아의 상호작용의 예에서 공정 및 협력을 배울 수 있는 인성교육 게임임을 알 수 있다.

③ 게임방법으로 제안된 동물친구가 되기 위하여 동물 흉내를 내는 것은 영유아들의 창의적 표현을 돕는 활동이며 게임 평가 시 반드시 영유아의 창의적 표현에 대한 평가도 이루어져야 한다.

④ 이 게임에 활용되는 링이 1명당 6개이고 1회에 6개를 모두 사용하며 기린봉에 걸린 링 개수를 세어야 하므로 개수를 세는 도움교사 또는 효율적인 공간배치로 교사가 매 회 링 개수를 셀 수 있도록 게임진행을 하여야 한다.

교사의 역할

본 활동에서 링을 던지는 위치로서 발바닥 기준점은 매우 중요한 설명과 이해가 필요하다. 본 활동계획안에 소개해 놓은 대로 링 던지는 위치를 설정해 놓음으로써 게임의 공정성 및 다른 친구들과 같은 위치에서 자신의 눈과 손의 협응력 및 힘 조절 등을 영유아 스스로 평가할 수 있도록 도울 수 있어야 한다. 또한 게임방법 소개 시 동물 흉내를 내는 것에 있어서 교사의 자신감 넘치고 신나게 표현하는 모습을 통하여 영유아들은 자신의 표현기량을 잘 발휘할 수 있다.

수 세는 펭귄 친구

지도학생 : 김서령

주제	친구와 함께하는 놀이	대상연령	만 5세
활동 유형	자유선택활동(수 · 조작 영역 게임)	집단 형태	개별 활동

활동목표	• 덧셈의 기본적인 개념을 안다. • 수 놀이에 즐겁게 참여할 수 있다. • 친구와 협동하여 놀이할 수 있다.
교육과정 관련 요소	자연탐구 : 수학적 탐구하기 〉 수와 연산의 기초개념 알아보기 자연탐구 : 탐구하는 태도 기르기 〉 탐구과정 즐기기 사회관계 : 다른 사람과 더불어 생활하기 〉 친구와 사이좋게 지내기 사회관계 : 다른 사람과 더불어 생활하기 〉 사회적 가치를 알고 지키기
활동자료	펭귄상자, 덧셈 카드, 물고기와 펭귄 밥 그릇, 덧셈 카드와 물고기 밥그릇을 담을 상자

단계	활동 내용
도입	**1. 물고기 수 세기에 대한 이야기를 나눈다.** 교사 : 선생님이 펭귄을 데려왔는데, 펭귄이 궁금한 게 있나봐. 무엇인지 모두 함께 알아볼까요? 교사 : (펭귄막대를 꺼내고 유아들에게 말을 한다) 펭귄막대 : 나에게 물고기 두 마리가 있는데 두 마리가 또 생겼어. 모두 몇 마리인지 잘 모르겠는데 나를 도와 줄 수 있니? 유아 : 응~ 내가 도와줄게.
전개	**2. 교구탐색을 하며 게임방법을 소개한다.** 교사 : 펭귄이 무엇을 도와달라고 했나요? 유아 : 물고기가 두 마리가 있었는데, 두 마리가 또 생겨서 모두 몇 마리인지 잘 모른대요. 교사 : 그렇다면 우리가 어떻게 펭귄을 도와주어야 할까요? 유아 : 물고기가 몇 마리인지 우리가 세어서 알려줘요. 교사 : 선생님이 오늘 새로운 친구 하나를 데리고 왔어요. 그런데 그 친구는 수를 아주 잘 세는 친구예요. (펭귄상자를 꺼낸다) 교사 : 이 펭귄은 물고기를 아주 좋아해서 이렇게 물고기가 있는 카드를 입에 넣어주면 물고기 수를 아주 잘 셀 수 있는 친구래요. 유아 : 신기해요.

<table>
<tr><td></td><td>
교사 : 그렇다면 우리 OO가 나와서 펭귄 입에 물고기 카드를 넣어줄까요?
교사 : 그런데 이 수를 잘 세는 펭귄 친구는 그냥 카드만 넣어주는 것은 좋아하지 않는대요. 우리가 먼저 이 분홍카드의 물고기 문제에 대한 답을 생각하고 답으로 생각한 물고기 수만큼 노란 그릇에 물고기를 담아서 보여 주어야 좋아한대요. 우리 할 수 있을까요?
유아 : (물고기 카드의 답만큼 물고기를 그릇에 넣는다) 할 수 있어요.
교사 : (카드의 답과 유아의 답을 비교한 후) OO이와 펭귄이 답을 잘 맞힌 것 같아요?
교사 : – 답을 잘 맞춰 준 펭귄과 OO이에게 박수쳐 줄까요!
– 너희들이 게임방법을 좀 더 쉽게 알 수 있도록 선생님이 게임방법 판을 준비했어요.
– 선생님을 따라 읽어보도록 하자.

〈게임방법〉
1. 펭귄 상자의 얼굴을 내 앞에 놓는다.
2. 물고기 카드의 분홍부분이 보이도록 하나를 선택해 내 앞에 놓는다.
3. 선택한 카드에 있는 문제의 답만큼의 물고기를 그릇에 넣는다.
4. 정답을 알아보기 위해 분홍 면이 위로 가도록 펭귄 입 구멍에 넣는다.
5. 펭귄 밑으로 나온 정답을 확인한다.

3. 규칙을 정한다.
교사 : 이 놀잇감을 사용하기 전에 우리가 알아야 할 것이 있는데, 무엇일까요?
유아 : 규칙을 정해요.
교사 : 무슨 규칙을 정하면 좋을까요?
유아 : 순서를 지켜요. 생각을 잘 해요.
</td></tr>
<tr><td>마무리</td><td>
4. 활동을 마무리한다.
교사 : 물고기 세는 활동을 해보았는데, 우리가 활동한 수 세는 펭귄친구와 물고기들은 어디에 두면 좋을까요?
유아 : 수 · 조작영역이요.
교사 : 그래. 선생님이 수 · 조작영역에 두도록 할께요. 펭귄과 수 놀이하고 싶은 친구는 자유선택활동시간에 수 · 조작영역에서 놀이하도록 하자.
</td></tr>
</table>

활동자료

1. 펭귄 상자(속)

2. 동물 그림

3. 도입 자료(펭귄 막대)

4. 게임방법 판

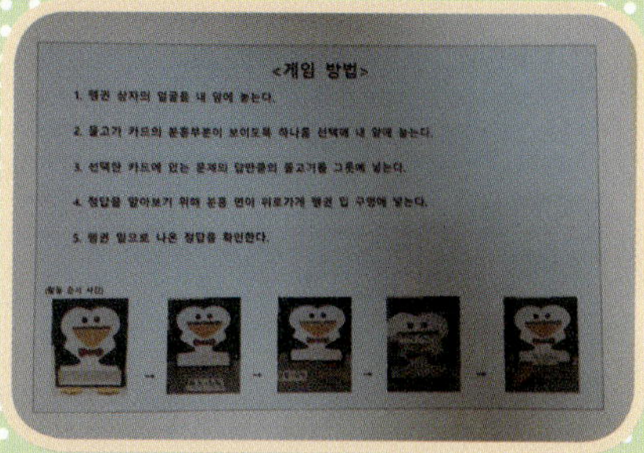

5. 생선 카드(앞)

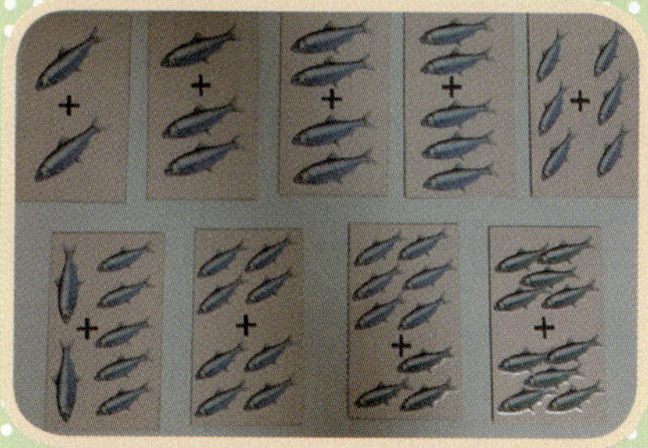

6. 생선 카드(뒤)

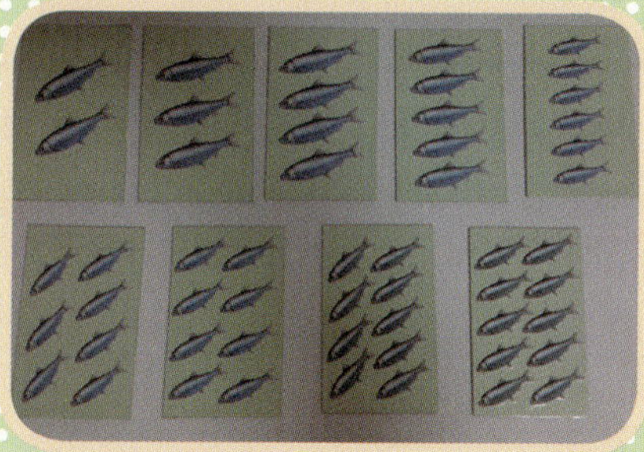

7. 생선카드 상자(겉)

8. 생선카드 상자(속)

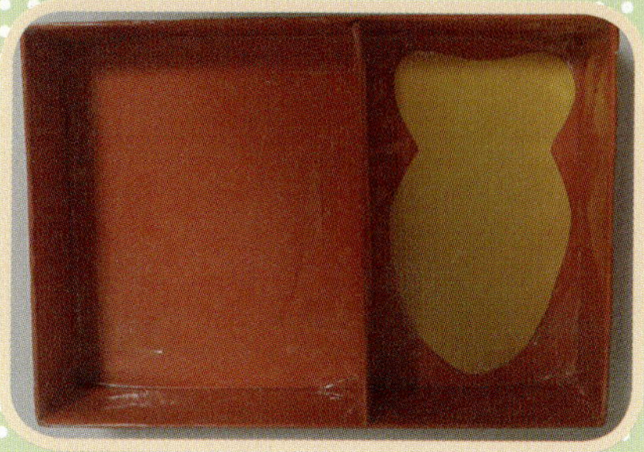

본 활동의 특징 및 교사의 역할

"수 세는 펭귄 친구" 활동의 특징

① 본 활동은 컴퓨터 시대에 발맞추어 컴퓨터의 대안이라고 할 수 있는 계산을 하는 펭귄 친구를 소개하여 컴퓨터와 친밀성을 자연스럽게 증진하도록 돕는 교구활용 흥미영역 활동이다.

② 수 연산에 대한 두려움을 가질 수 있는 영유아들에게 수 연산을 놀이로 접근하여 수 연산에 대한 즐거움을 가질 수 있도록 돕는 활동이다.

③ 이 활동에 활용되는 펭귄상자에 생선카드를 넣을 때 면의 색깔을 잘 구분하여 넣어 펭귄상자가 정말 수 연산을 하는 듯한 상황이 연출되는 것을 고려하여 활동해야 한다.

교사의 역할

본 활동은 수를 잘 세는 펭귄친구를 등장시킴으로써 영유아들이 펭귄친구가 자신들이 궁금해 하는 수 연산의 답을 찾도록 도움을 주지만 자신들도 역시 펭귄과 함께 협력하여 답을 생각해 보도록 격려하는 활동이다. 교사는 영유아에게 친구와의 협력관계를 잘 유지하고 격려하는 역할을 해야 한다. 하지만 유의해야 할 사항은 이 교구활동 역시 혼자서 하는 것보다 다른 친구와 함께 생각과 의견을 나누면서 한다면 보다 우정이 돈독해질 뿐 아니라 사회적 기술도 증진될 것이다.

12
CHAPTER

공동체의 중요성 I

세상에 나 한 사람만 있다면 '거짓말'이나 '도둑질', '불공정'이란 말도 없을 것이다. 또한 많은 사람들이 모인 사회 가운데 한 개인으로서 내가 있다고 해도 나 자신만 중요하다고 생각한다면 '거짓말', '도둑질', '불공정' 등의 단어가 같은 부정적인 의미로 수용되지 않을 것이다. 건강한 사회가 형성되기 위하여 필요한 관계들은 모두 '신뢰'를 바탕으로 맺어진다. 그것은 다 자란 성인의 사회뿐만 아니라 영유아의 사회에서도 마찬가지이다. 도덕성은 실천해야 한다고 생각하면 불편한 짐(burden)으로 여겨질 수도 있지만 도덕성을 염두에 두지 않은 행동은 진정한 행복을 보장하기 어렵다. 정말 행복한 삶을 위하여 도덕성은 영유아 시기부터 준비해야 한다.

1. 도덕성

1) 도덕성의 개념

도덕성(morality)은 라틴어의 'mores'에서 유래하였는데, 유아교육학사전(1999)에서는 '사회 규범을 이해하고 선악의 가치 기준에 따라 어떤 것이 좋은 것이고 나쁜 것인지를 판단하고 행동하고자 하는 심성'으로 이해하고 있다.

이러한 도덕성은 정의적 요소, 인지적 요소, 행동적 요소로 구성된다.

- 정의적 요소 : 도덕적 규범에 따르고자 하는 성향, 도덕적 감성, 태도로서 규칙 위반 후의 죄책감 등으로 표현되는 도덕적 정서
- 인지적 요소 : 도덕적 규범에 합치되는 것이 무엇인지 인식하고 판단하는 능력으로서, 옳고 그른 것을 이해하는 도덕적 사고
- 행동적 요소 : 도덕적 규범을 실천하는 행동 자세로서 일탈행동 혹은 유혹에 대처하는 행동으로 표현되는 도덕적 행동

즉, 도덕성은 자신이 속한 사회 공동체에서 기대하는 도덕적 규범에 부합하는 방향으로 사고하고 행동하게 하는 정신적인 면과 행위적인 면을 포함하는 규범의 총체라고 할 수 있다(명승화, 2008).

2) 도덕성의 발달 및 영향요인

도덕성이 발달한다는 것은 한 개인이 자신이 속한 사회 공동체의 문화, 규범, 가치체계를 긍정적으로 인식하여 자신의 삶 속에 구현할 수 있도록 내면화하는 과정이다(한영미, 2009). 이에 대한 이해를 돕는 대표적 이론과 영향요인을 살펴보겠다.

(1) 도덕성발달이론

① 정신분석이론

정신분석이론은 도덕성의 정서적 요인에 관심을 갖는 이론이다(문혁준 외, 2016). 정신

분석이론의 대표적 학자인 Freud는 인간의 마음을 쾌락의 원리에 따르는 본능(id), 현실의 원리에 따르는 자아(ego), 그리고 양심의 원리에 따르는 초자아(superego)로 나누어 설명하였다. 특히, 도덕적 쟁점을 불러일으키는 초자아는 양심과 자아-이상(ego-ideal)으로 구분되어 잘못한 행동을 했을 때 죄책감이나 수치심을 느끼게 하는 것은 양심이, 유혹을 이기고 행동했을 때 자신에 대한 자부심을 느끼게 하는 것은 자아-이상이 작용한다(Michael, 2004). 이러한 초자아의 발달은 영유아가 이성 부모를 선망하는 남근기(3~6세)에 이루어진다. 어머니에 대한 애정으로 아버지를 경쟁자로 바라보는 가운데 아버지가 자신을 거세할지도 모른다는 거세불안을 해소하는 방법으로 아버지의 태도와 특성을 동일시하고 내면화하여 도덕성이 발달하게 된다. 남아는 이러한 오이디푸스 콤플렉스를 해소하는 6세에 초자아 형성이 가능한 반면 여아는 페니스의 부재로 어머니의 도덕기준을 동일시하고 내면화를 통한 엘렉트라 콤플렉스 해소가 어려워 남아보다 초자아발달이 미약하다고 주장한다(Shaffer & Brody, 1981). 영유아는 이렇게 내면화된 가치나 기준을 어길 때 생기는 죄의식을 피하기 위해 부모의 기대에 부합하는 행동을 하게 된다는 것이다(조순옥 외, 2007).

〈지지 및 비판〉

이성 부모에 대한 사랑의 상실감이나 동성 부모에 대한 동일시를 통한 도덕성 기준의 내면화에 있어서 실제적 증거가 부족하고 여아의 도덕성이 남아보다 열등하다는 주장에 대한 비판이 크다(이영자 외, 2007). 도덕성발달에 대한 Freud이론이 충분한 지지를 받지는 못하나, 영유아가 사회 공동체 규범이나 가치를 내면화하는 과정에서의 부모역할의 중요성을 강조하고, 도덕성발달에서 영유아의 정서적 요인을 중요하게 다룬 것에 대해서는 큰 인정을 받고 있다.

② 사회학습이론

Bandura를 대표적 학자로 하는 사회학습이론에서는 도덕성의 발달을 다른 심리적 특성이 학습되어 발달하는 과정과 동일하다고 본다. 지적 수준이나 연령보다 어떤 경험이 주어졌느냐에 따라 그리고 그 경험 가운데 있을 수 있는 벌이나 보상, 동일시에 따라서 도덕성발달이 이루어진다고 하는 것이다. 주로 주변의 부모나 교사와 같은 의미 있는 성인들이나 또래를 모델로 삼는 모방학습을 통해 동일시 과정으로 도덕적 행동을 배운 후 옳은 행동과 부적절한 행동에 따른 상과 벌은 영유아의 도덕적 행동을 강화하게 된다. 이러한 강화의 원리는 타인이 그의 도덕적 행동을 강화 받는 모습을 관찰하는 과정 중에도 적용되어 대리강화의 경험을 갖게 된다.

〈지지와 및 비판〉
외적 보상이나 벌이 영유아의 도덕성발달을 돕는다는 사회학습이론은 영유아가 도덕적 행동을 획득해가는 메커니즘 적절하게 설명해 주는 것으로 생각되어 실제적으로 많이 적용하는 이론이나 영유아의 도덕적 발달이 외적인 통제의 영향 외에도 근본적으로 영유아 스스로 도덕적으로 사고하고 판단하고 행동하고자 하는 인간 고유의 주관적이고 내재적인 성향의 영향하에 있다는 것을 인정하지 않는다는 점은 비판을 받는다(송명자, 1999). 따라서 사회학습이론은 영유아의 도덕성발달이 보상이나 벌 또는 모방할 수 있는 모델이 없이는 어떤 도덕적 가치의 발현이나 행동의 실천으로 이루어질 수 없다는 위험한 이해를 기반으로 하고 있다고 할 수 있다.

③ 인지발달이론

도덕성발달을 설명할 때 가장 지지를 받고 주목을 받는 이론이 인지발달이론이다. 도덕성발달이 인지발달에 따라 이루어진다고 보는 이 이론은 '도덕적 판단'에 초점을 둔다. Piaget는 인지발달이론을 근거로 도덕성 발달단계를 처음으로 주장하였고, 이를 토대로 변형, 확대한 학자는 Kohlberg이다. 두 학자의 이론을 이해하는 것은 영유아의 도덕성발달을 보다 체계적으로 교육현장에 적용하는 데 도움을 줄 수 있다.

✲ Piaget의 도덕성발달이론

Piaget는 그의 저서 『아동의 도덕적 판단』에서 도덕성의 본질을 영유아들이 가지는 규칙을 내면화하고 규칙에 비추어 비판하는 능력이라고 보았다(한영미, 2009). 그는 '임상적 면담'을 통하여 결과는 비슷하나 행동의 동기가 다른 내용의 이야기 두 편을 들려주고 어떤 쪽의 아이가 도덕적으로 더 나쁜 행동을 한 것인지 질문한 후 그 답변의 결과를 분석하여 3단계의 도덕성발달단계로 체계화하였다(유효순, 2007).

〈이야기 ①〉
John이라는 아이가 방에 있는데, 어머니가 저녁을 먹으라고 부르셔서 식당으로 갔다. 그런데 문 뒤의 의자 위에 있는 쟁반에 접시가 15개 있었는데, John이 이것을 모르고 문을 열고 들어가서 문이 '쾅'하고 쟁반에 부딪히면서 접시 15개가 모두 깨져 버렸다.

〈이야기 ②〉
Henrry라는 아이가 있었는데, 어느 날 어머니가 외출하였을 때 Henrry는 잼을 꺼내려고 하였다. Henrry는 의자를 놓고 올라가 잼을 꺼내려고 하였으나 잼이 너무 높은 곳에 있어 손이 잘 닿지 않았다. Henrry가 잼을 꺼내려고 애를 쓰다 한 개의 컵을 쓰러뜨려 마루에 떨어져 깨졌다.

출처 : Piaget(1965) ; 이영자 외(2001) 재인용.

어린 영유아일수록 이 두 가지 이야기를 듣고 '누가 더 나쁜 아이일까'의 질문을 받았을 때 의도 여부에 관계없이 결과의 정도에 따라 판단하여 컵 1개를 깬 Henrry보다 접시 15개를 깬 John이 더 나쁜 아이라고 판단한다는 것이다.

Piaget의 도덕성발달단계

◈ 전도덕성단계(pre-moral stage) : 2~4세
규칙에 대하여 인식하지 못하여 규칙에 대하여 관심을 보이지 않는 단계이다. 여기서 규칙이란 '어떻게 해야 하는가에 대한 합의'인데, 이 단계의 영유아는 도덕적 갈등 상황에서 일관성 있는 도덕적 판단을 이끌어 내기 어렵다.

◈ 타율적 도덕성단계(heteronomous morality) : 4~7세
이 단계의 영유아들은 Piaget의 실험에서 동기나 의도와 관계없이 15개의 접시를 깬 John이 1개의 컵을 깬 Henrry보다 나쁘다고 생각한다. 규칙을 '절대적이고 불변의 것이며, 반드시 지켜야 하는 것'이라고 생각하여 이 단계를 도덕적 실재론(moral realism) 단계라고 말하기도 한다. 규칙이 힘이 있고 권위 있는 사람이 만든 것이어서 절대 변경될 수 없기 때문에 규칙을 만든 성인의 옳고 그름의 기준에 의존하고 복종한다. 왜냐하면 규칙을 어겼을 경우 그것에 대한 벌이 주어진다는 믿음이 강하기 때문이다.

◈ **자율적 도덕성단계(autonomous morality) : 7~10세**

이 단계의 아동들은 어머니가 외출 후 어머니 몰래 잼을 먹으려는 Henrry의 의도를 파악하여 1개의 컵을 깬 Henrry가 15개의 접시를 깬 John보다 나쁜 아이라고 도덕적 판단을 하게 된다. 규칙을 '사회적 승인에 의한 만들어진 임의적 약속'으로 서로 간의 조정과 동의에 의해 변경될 수 있다고 생각한다. 행위의 옳고 그름을 판단함에 있어서 결과와 함께 의도도 고려해야 하므로 옳고 그름에 대한 절대적인 기준보다 공평성에 따른 정의의 개념을 발달시켜서 도덕적 상대론(moral realism) 단계라고도 한다. 성인보다 또래의 기준을 중요시 여겨서 또래와의 상호작용, 즉 경쟁, 협동, 공유 등을 통해 도덕성을 발달시킨다.

Kohlberg의 도덕성발달이론

Kohlberg는 Piaget와 마찬가지로 도덕발달이 인지발달에 따라 점진적으로 이루어지는 것으로 보았다. 그러나 Kohlberg는 도덕발달이 인지발달뿐만 아니라 사회적 조건에도 의존한다는 것을 강조하였다. Kohlberg는 Piaget의 타율적 도덕성과 자율적 도덕성으로의 도덕성 양분에 따른 도덕발달이론은 도덕성 발달을 지나치게 단순화하였다고 비판하면서, 성인으로까지 연구의 대상을 확대하여 도덕발달이론을 보다 논리적으로 체계화하였다.

양자택일의 판단을 요구했던 Piaget의 폐쇄형 질문식의 연구와는 달리, Kohlberg의 연구에서는 도덕적 행위의 동기, 인간생명의 가치, 판단의 상대성 등 도덕성의 문제를 담고 있는 갈등 상황(예〉 Heinz 이야기)이 제시되었고, 그 주인공이 그런 상황에서 어떻게 하며, 왜 그렇게 하는지를 묻는 개방형의 질문을 사용하여, 응답자의 반응을 분석한 결과, 도덕성발달단계를 3수준 6단계로 체계화하였다.

Heinz 이야기

암에 걸린 한 부인이 죽어가고 있었다. 그 마을의 한 약사는 부인의 병을 치료할지도 모르는 약품을 개발하였고 약값을 재료비의 10배나 되는 2,000달러로 책정하였다. 그 부인의 남편인 Heinz는 부인의 생명을 구하기 위해 주변 사람들에게 돈을 빌려 간신히 1,000달러를 만들 수 있게 되었다. 그리고 약사에게 자신의 아내를 살려달라고 그 약을 싸게 주거나 아니면 1,000달러로 약을 내어주고 나머지 금액은 나중에 주겠다고 사정하였다. 그러나 약사는 "나는 이 약을 개발했고 이것으로 돈을 벌고 싶습니다. 나머지 돈을 다 구해서 와야만 약을 줄 수 있습니다." 라고 말하며 거절하였다. 절망한 Heinz는 아내의 생명을 구하기 위해 약국의 문을 부수고 약을 훔쳤다.

질문	• Heinz는 약을 훔쳐야 했는가? • 약을 훔치는 것은 옳은 일인가? 잘못된 일인가? 왜 그런가? • 만약 다른 방법으로 약을 구할 수 없었다면 Heinz는 약을 훔치는 것이 최선이었는가? • 좋은 남편이라면 약을 훔쳐야 하는가? • 약사는 비싸게 약값을 책정할 권리가 있는가? 있다면 그 이유는 무엇인가?

출처 : 하수연 외(2015). 3~5세 연령별 누리과정에 의거한 유아사회교육.

Kohlberg의 도덕발달단계

1수준 : 전 인습적 도덕수준(pre-conventional morality level, 4~10세) 이 시기에는 도덕적 가치가 내면화가 되지 않아서 물리적 권위에 의해 주어지는 외적 보상이나 처벌에 따라 도덕적 판단이 이루어진다. 사회 규범이나 기대를 이해하지 못하며 9세 이전이 아동이나 일부 청소년 및 성인 범죄자가 이에 해당된다.	
1단계 : 처벌 및 복종 지향	권위자가 제시하는 명령이나 규칙에 당연히 복종해야 하고 잘못된 행동에 대하여 처벌받는 것을 당연하게 여긴다. 인간이 가지는 의미와 가치보다 행위가 가져오는 물리적 결과에 따라 옳고 그름을 결정한다. (실험 결과 → 남편이 나쁘다고 말하며, 이유는 법에 어긋나니까 훔치는 것은 벌을 받을 것이니 때문이다)
2단계 : 도구적 상대주의 지향	자신이나 타인의 욕구를 도구적 목적으로 삼고 상대적인 기준에 따라 충족시키는 것이 옳은 행위라고 여긴다. 즉, 자신이 원하거나 이익이 될 경우에 복종한다. 옳은 것이란 기분이 좋고 무엇인가 보상을 주는 것이라고 생각하며, 즐거운 결과를 가져오는 행동이 선한 것이라고 판단한다. 보상받을 일들을 하고 처벌받을 일은 피한다. (실험 결과 → 남편이 아내를 진정 사랑한다면 약을 훔칠 수 있으나 다른 여자와 결혼하기를 원한다면 훔칠 필요가 없다고 대답한다)

<table>
<tr><td colspan="2">2수준 : 인습적 도덕수준(conventional morality level, 10~13세)
결과와 무관하게 가족 · 사회 · 국가가 기대하는 바를 유지하기 위해 행동하고 이에 대하여 가치롭게 여긴다. 도덕적 기준을 내면화하기는 하지만 다른 사람을 기쁘게 하고 사회 질서 유지 등의 외적 기준에 준하여 도덕적인 행동을 한다. 그러나 단순히 개인적 기대와 사회적 질서를 유지하는 것뿐만 아니라 적극적으로 사회 공동체의 질서 유지를 위하여 규범에 대한 지지, 구성원에 대한 동일시와 충성이 이루어진다. 10세 이후의 대부분의 청소년과 다수의 성인이 이 수준에 포함된다.</td></tr>
<tr><td>3단계 : 대인 간 조화 또는 착한 아이 지향</td><td>타인을 기쁘게 하고 도와주며, 타인으로부터 인정받는 것이 옳은 행동의 기준이다. 그것은 개인 간의 관계를 중요시 여겨서 다른 사람의 믿음이나 배려, 충성심을 도덕적 판단의 기준으로 삼기 때문이다. 대다수의 사람들이 갖는 고정관념에 동조하고 타인의 반응이 도덕적 판단의 기준이나 물리적 힘보다 심리적 인정 여부에 관심을 두어 착해지면 타인의 인정을 얻는다고 생각한다. 이 단계에서는 행위의 결과가 아닌 의도를 고려하는 전이가 일어난다.
(실험 결과 ➜ 남편은 아내를 사랑했고 그 생명을 구하려고 애썼으며 어쩔 수 없이 약을 훔친 착한 사람이다. 그러나 약제사는 탐욕스럽고 자신의 이익만 생각하는 나쁜 사람으로 판정된다)</td></tr>
<tr><td>4단계 : 법과 질서 지향</td><td>고정된 사회적 기준으로서, 사회 질서, 법, 정의 및 의무를 준수하는 것이 옳은 도덕적 행동이라고 생각한다.
(실험 결과 ➜ 남편에 대해서 안타깝게 여기기는 하지만 약을 훔치는 것은 용서하지 않는다. 자신의 이유로 법을 어긴다면 사회가 어떻게 될 것인가? 라고 대답한다)</td></tr>
</table>

<table>
<tr><td colspan="2">3수준 : 후 인습적 도덕수준(post-conventional morality level)
도덕성이 완전히 내면화되며 타인의 규범이나 법 또는 관습보다는 개인의 가치기준이나 원리에 우선한다. 개인적 도덕기준은 서로 상충될 수 있다는 것을 인식하게 되고, 권리나 정의에 근거한 나름대로의 도덕적 판단을 한다. 형식적 조작을 할 수 있는 청년기로서 소수의 성인만이 해당된다.</td></tr>
<tr><td>5단계 : 사회적 계약과 합법적 지향</td><td>인간의 기본적 권리와 가치가 법보다 우선시되어야 한다고 생각하여 개인의 권리가 존중을 기반으로 한 사회적 기준을 적용하는 것이 옳은 행동이라고 여긴다. 법과 질서와 같은 사회적 약속은 대다수의 사회 공동체 구성원들의 보다 나은 이익을 위하여 항상 바뀔 수 있다는 것으로 판단하고, 이 전 단계와 달리 도덕적 융통성을 갖는다.
(실험 결과 ➜ 법에 의하면 약을 훔친 것은 나쁘나 인간이 살아야 할 권리에 의하면 남편을 나쁘다 할 수 없다고 대답한다)</td></tr>
<tr><td>6단계 : 보편적 윤리 원칙 지향</td><td>개인의 양심과 생명의 존엄성, 인간의 평등성, 정의와 같은 보편적인 원리에 근거한 도덕적 실천을 옳은 행동이라고 여긴다. 이 단계의 도덕성은 극히 개인적일 수 있어서 사회적 질서와 갈등을 일으킬 수 있으나 자신의 결정이 개인에게 위험적 요소가 있더라도 양심을 따른다.
(실험 결과 ➜ 남편이 아내를 위해 약을 훔칠 권리는 없으나 사랑하는 사람의 생명은 고유한 가치를 가지고 있으므로 사랑하는 아내뿐만 아니라 어떠한 사람이라도 구제할 의무가 있다고 대답한다)</td></tr>
</table>

출처 : 박찬옥 외(2016) ; 문혁준 외(2015) 참고.

Kohlberg는 도덕적 발달이 인지적 갈등개념(불균형)으로 인지구조의 기본적인 질적 변형이 가능하다고 하였다. Kohlberg가 제시하는 도덕적 발달을 위한 교육적 환경은 상이나 벌의 조직이 아니라, 인지갈등의 유발을 가능하게 하는 환경과의 상호작용이다(정창우, 2016). 도덕적 발달수준이 높은 사람과의 접촉을 통하여 추론하는 기회를 제공함으로써 인지적 불균형을 일으켜 도덕판단 발달단계의 상향적 이동을 도와주는 발달의 촉진과정을 통하여 도덕교육이 이루어진다. 이것을 블래트 효과(Blatt Effect) 또는 +1효과 라고 말한다(Blatt & Kohlberg, 1975).

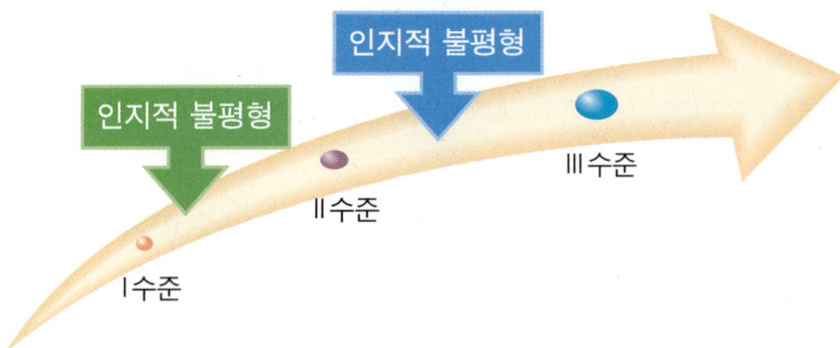

[그림 12-1] Blatt 효과에 따른 Kohlberg 도덕발달단계의 상승 원리

그 이후 Kohlberg는 도덕적 갈등 상황 토론의 한계를 인식하고 Durkheim의 관점을 반영하여 '정의공동체 접근(Just Community Approach)'을 통하여 도덕교육을 실현하고자 하였다. 정의공동체 접근이 갖는 세 가지 기본 목적은 다음과 같다.

첫째, 학생들의 도덕추론능력 확장을 위하여 도덕적 토론에 참여시킨다.

둘째, 도덕적인 문화 창조를 통하여 집단의 결속이나 공동체의 형성, 그리고 민주적인 규칙을 제정한다.

셋째, 도덕적 제도와 결정에 따라서 행동할 수 있는 환경을 마련하여 학생과 교사가 모두 적응한다.

✲ Damon의 공정성 판단이론

한 사회 공동체 내에서 구성원들이 분배에 대한 불공정을 느끼고 있다면 그 사회는 큰 도덕적 갈등을 내포하여 건강한 모습이라고 할 수 없다. 영유아기의 분배의 공정에 관심을 둔 Damon은 Kohlberg의 갈등 상황 이야기가 영유아들의 삶과 동떨어져 있다고 이의를 제기하면서 갈등 상황 이야기를 영유아의 수준으로 조정하고 영유아의 초기 도덕성개념을 공정한 나누기, 권위개념, 우정개념, 규칙에 대한 개념으로 나누어 연구하였다.

Damon의 분배공정 이야기
어느 반의 아이들이 그림을 그렸습니다. 어떤 아이들은 그림을 보다 많이 그리고, 어떤 아이들은 적게 그렸습니다. 어떤 아이들은 그림을 잘 그리고, 어떤 아이들은 잘 못 그렸습니다. 어떤 아이들은 착하게 열심히 그렸지만, 어떤 아이들은 돌아다니며 장난을 쳤습니다. 아이들 중에는 가난한 아이도 있고 부자도 있으며, 남자 아이도 있고 여자 아이도 있었습니다. 아이들이 그린 그림을 학교 바자회에서 팔았습니다. 바자회에서 번 돈을 어떻게 나누면 공평할까요?

Damon은 위와 같은 분배 공정에 관한 이야기를 들려주고 개방적인 질문을 하여 얻은 결과로 영유아의 공정성 판단 발달단계를 3단계 6수준으로 제시하였다. 영유아는 자기중심적 입장에서 점차적으로 보다 객관적이면서 평등과 상호호혜성을 포괄하는 입장을 취한다고 하였다.

[표 12-1] Damon의 공정성 판단 발달단계

단계	수준	연령	추론의 특징	선택의 이유	추론의 예
0단계 (4세 이하)	0-A	3~4세	피험자의 소망	이유 없이 단순히 그 선택을 주장	내가 원하니까 많이 가져야 해.
	0-B	4~5세	피험자의 욕망을 반영	외현적 실체, 관찰, 가능한 사실로 선택을 정당화(키, 성별, 그 밖의 특징)	키가 제일 크니까 제일 많이 가져야 해. 우리는 남자니까 많이 가져야 해.
1단계 (5-7세)	1-A	5~6세	철저한 평등 · 호혜적이고 상호적인 개념 출현	철저한 동등 분배가 공평함	그림을 많이 그린 아이들이 많이 가져야 해.
	1-B	7~8세	행위에 대한 호혜적이고 상호적인 개념 출현	모든 사람은 각각 행위에 따라 좋은 것이나 나쁜 것으로 보상받아야 함	그림을 많이 그린 아이들이 많이 가져야 해.

2단계 (8–10세)	2–A	8–10세	도덕적 상대성에 대한 개념 생김. 모든 사람의 요구를 고려. 양적인 타협을 시도	각자의 정의에 대한 가치, 합리성	아이들의 이야기를 들어보아야 돼. 가난한 아이가 다 가져야 해.
	2–B	10세 이상	동물과 상호성에 대한 고려	모든 사람은 자신이 가져야 할 몫이 있음	가장 공평하게 나누려면 어떻게 해야 할지 이야기해 봐요.

출처 : 문혁준 외(2016). 유아사회교육.

(2) 도덕성발달의 영향요인

영유아의 도덕성은 태어나면서 결정되는 것이 아니다. 자라나면서 특히 영유아기에 어떤 경험을 하느냐가 도덕성발달에 매우 큰 영향을 준다. 다른 발달영역과 마찬가지로 도덕성 역시 영유아기가 도덕성발달의 중요한 기초를 마련한다. 다음의 영향요인을 알아보는 것은 영유아의 도덕성발달을 돕는 데 매우 효과적일 수 있다.

① 부모의 양육

부모의 긍정적인 양육방식과 태도는 영유아의 도덕성발달에 매우 중요한 요소가 된다(박성연, 2006). 영유아의 도덕성발달에 있어서 부모는 정신분석이론에서는 영유아의 동일시 대상으로서, 사회학습이론에서는 역할모델과 칭찬 또는 벌을 주는 강화자이다. 하지만 여기서 유의해야 할 사항이 있다. 부모가 너무 지나치게 강압적인 방식으로 벌을 주거나 금지를 할 경우, 영유아는 오히려 그것을 피하기 위해 자신의 잘못을 숨기려고 하여 내적 통제력을 길러주지 못한다는 것이다(Hower & Edward, 1979 ; 유효순, 2007에서 재인용). 더욱이 영유아의 신체적 공격성이 높아지고 낮은 친사회적 행동률을 보인다고 한 연구는 밝히고 있다(Romano, Tremblay, Boulercie, & Swisher, 2005). 또한 일관성 없는 훈육이나 기대는 영유아에게 혼란과 불안을 유발시켜 적의, 불복종 등을 초래할 수 있다(박찬옥 외, 2016).

따라서 부모는 영유아의 도덕성발달을 위하여 영유아의 어떤 행동이 가져올 행동의 결과가 어떻게 나타날 것이라는 것을 영유아에게 예측하게 함으로써 영유아의 도덕성행동에 대한 긍정적인 동기를 부여하고 내면화를 도울 수 있다.

② 또래

영유아교육기관에서 또래가 영유아에게 미치는 영향은 매우 크다. 영유아들은 연령이 증가할수록 대리강화자로서의 또래의 모습에서 영향을 받을 뿐만 아니라 공동체에서 지켜야 하는 규칙을 또래와 함께 정하고 서로 점검하는 가운데 정직과 공정, 책임감, 협력, 존중, 배려 등의 중요성을 배우게 된다. 또한 상호작용 가운데 서로의 생각의 불일치를 통한 갈등 상황은 도덕적 추론을 경험하는 기회를 갖게 하고 타인의 관점을 고려하여 이해하면서 상호 동의와 협의 시 규칙의 변화도 가능하다는 것을 배운다.

③ 대중매체

영유아들이 TV나 영화를 통해 접하게 되는 다양하고 매력적이며 자극적인 역할들은 그것이 긍정적이든 부정적이든 그 영향력이 매우 강력하다. 그들이 좋아하는 캐릭터의 생각, 말, 행동들을 무비판적으로 모방하여 수용할 수밖에 없는 영유아의 발달시기이므로 이러한 대중매체에 대한 영유아의 접근방식에 대하여 주변 성인, 특히 부모나 교사의 각별한 안내가 필요하다.

3) 도덕성발달을 돕는 교사의 역할

도덕성발달을 위한 교육이 주로 가정에서 이루어졌던 과거와는 달리 현대사회에서 부모들의 맞벌이 등의 이유로 이루어진 영유아의 조기 교육기관에 대한 경험은 도덕성발달을 위한 교육에 있어서의 교사의 역할 또한 매우 중요하며 체계적인 지도가 필요함을 의미한다.

(1) 도덕적 교실 분위기를 통한 습관화 지도

영유아는 유치원 또는 어린이집에 등원을 해서 하원할 때까지 많은 상황을 만나고 많은 사람들을 만난다. 영유아들이 접하는 많은 상황과 사람들은 영유아가 매 순간 특별할 수도 있지만 시간의 흐름에 따라 이루어지는 같은 종류의 반복적인 경험도 있다. 그 경험이 특별하든 일반적인 것이든 영유아의 도덕성발달은 그 경험 가운데 이루어진다. 반의 각 친구들에게 주는 교사의 동일하지만 특별한 칭찬을 통해, 흥미영역에서 친구들과 정한 규칙을 지키며 놀이하는 자유선택활동시간을 통해, 거짓말을 해서 나중에는 동네 사람들의 믿음을 잃게 된 양치기 소년의 동화를 들으면서, 강당에 떨어져 있는 친구의 예쁜 머리핀을 주워 친구에게 갖다 준 자신에게 고마움을 표시하는 친구의 말을 통해, 게임활동을 재미있게 하기 위해 함께 정하는 규칙에 대한 자신의 의견을 정성스럽게 적어주시는 교사의 태도를 통해 영유아들은 어느새 도덕성개념을 습득하게 되고 그것에 대한 자신이 느끼는 좋은 감정은 또 같은 종류의 다른 상황에서 도덕적 행동으로 표출되게 된다. 그런 순기능적 순환의 반복으로 영유아의 도덕적 행동이 습관화될 때 진정한 도덕성발달이 이루어졌다고 할 수 있다.

(2) 도덕적 역할 모델로서의 역할

사랑을 받아본 사람이 사랑을 할 줄 알고, 자신을 존중할 줄 아는 사람이 다른 사람을 존중할 수 있기 때문에 행복한 교사가 영유아의 행복을 책임질 수 있다. 마찬가지로 도덕적인 교사가 영유아의 도덕성발달을 도울 수 있다.

가정에서 부모의 보살핌 아래에 있던 영유아가 하루의 잠시나마 영유아교육기관에서 교사의 보살핌을 받게 되었다는 것 자체만으로도 교사가 영유아에게 미치는 영향이 지대함을 알 수 있다.

교사는 영유아의 중요한 믿음의 대상이 되어야 한다. 만약 영유아가 도덕적으로 신뢰를 주지 못하는 교사라면 영유아는 그 교사가 있는 교육기관에 가고 싶지 않을 것이다. 자신이 좋아하는 친구가 있다 하더라도 친구와의 문제를 공정하게 해결해 주지 않는 교사에게 영유아도 자신을 맡기고 싶지 않다. 불안하기 때문이다. 교사가 영유아교육기관에서 매 순간 제시하는 도덕적 역할 모델로서의 자연스러운 모습은 영유아가 '선생님의 도덕적 행동을 배워야지!'하는 도덕적 판단 이전에 행복감을 줄 것이다. 그것은 도덕성이 건강한 민주사회의 기초를 세우는 데 중요한 요소임을 알려 주는 중요한 증거이다. 그렇다면 반드시 교사는 자신의 도덕성을 표현함으로써 행복한 선생님의 모습을 보여 주어 그러한 선생님이 좋아서 졸졸 따라가는 영유아들의 도덕성발달을 도와야 한다.

(3) 도덕성 관련 주제에 대한 토의

이스라엘의 국민들은 어릴 때부터 가장 많이 듣는 말이 "너의 생각은 무엇이니?"이다. 이것은 인간의 책임감 있는 행동의 근원이 자신의 주체적인 사고와 판단에 있음을 간접적으로 설명하는 것이다. 도덕적 행동은 무엇보다 책임감이 필요하다. 책임감 있는 도덕적 행동을 위해서 책임감 있는 도덕적 사고와 판단을 할 수 있도록 도와야 한다. 토의는 도덕적 사고와 판단을 돕는 매우 효과적인 교육적 활동이다.

추상적 사고가 어려운 영유아에게는 실제 경험 가능한 도덕적 갈등 상황을 제시하고 다음과 같은 발문을 통해 도덕적 가치와 태도, 감정, 행동에 대한 영유아들의 도덕적 사고와 판단능력이 길러지도록 도울 수 있다(박찬옥 외, 2016).

- 어떤 일이 일어났는가?
- 그 상황에 대해 어떻게 느껴지는가?
- 그 상황에 있는 주인공의 마음은 어떨 것이라 생각되는가?
- 주인공이 그 상황의 문제를 해결하는 방법은 무엇일까? 왜 그런가?
- 주인공의 선택은 옳은 것일까? 왜 그런가?
- 만약 내가 그 상황에 있다면 나는 어떻게 문제를 해결할 것인가? 왜 그런가?

2. 교육과정 관련 내용

1) 만 0~2세 제3차 표준보육과정

(1) "공동체의 중요성 1" 관련 사회관계영역의 목표

- 만 0~1세에서는 "안정적인 애착을 형성하고 또래와 교사와 함께 지낸다."는 사회관계영역의 목표를 갖는다.
- 만 2세에서는 "가족을 사랑하고 또래, 교사와 즐겁게 지내며 간단한 규칙 등을 지킨다."는 사회관계영역의 목표를 갖는다.

[표 12-2] "공동체의 중요성 2" 관련 만 0~2세 사회관계영역의 목표

만 0~1세 사회관계영역의 목표	만 2세 사회관계영역의 목표
친숙한 사람과 관계를 형성한다.	나를 인식하고 다른 사람과 더불어 생활하는 경험을 한다.
• 자신과 다른 사람을 구별된 존재로 인식한다. • 기본 정서를 표현하고 다른 사람의 감정에 주의를 기울인다.	• 자기존중감을 형성한다. • 자신의 감정을 알고 다른 사람의 감정에 반응을 보인다.
• 안정적인 애착을 형성하고 또래와 교사와 함께 지낸다.	• 가족을 사랑하고 또래, 교사와 즐겁게 지내며 간단한 규칙 등을 지킨다.

출처 : 중앙보육정보센터(2013). 어린이집 표준보육과정 및 0~2세 영아보육프로그램의 이해.

(2) "공동체의 중요성 1" 관련 사회관계영역의 내용

- 만 0~1세에서는 "더불어 생활하기" 내용 범주 하위 내용인 "사회적 가치를 알기"에서 1수준에서 4수준에 따라 [표 12-3]에 세부내용이 제시되어 있다.

[표 12-3] "공동체의 중요성 1" 관련 만 0~1세 사회관계영역의 세부 내용

<table>
<tr><th>내용 범주</th><th>내용</th><th>1수준</th><th>2수준</th><th>3수준</th><th>4수준</th></tr>
<tr><td rowspan="3">나를 알고 존중하기</td><td>나를 구별하기</td><td colspan="2">거울 속의 나에게 관심을 가진다.</td><td colspan="2">거울 속의 나를 알아본다.</td></tr>
<tr><td rowspan="2">나의 것 인식하기</td><td colspan="4">자기 이름을 부르는 소리에 반응한다.</td></tr>
<tr><td colspan="2">–</td><td colspan="2">친숙한 자기 물건을 안다.</td></tr>
<tr><td rowspan="2">나와 다른 사람의 감정 알기</td><td>나의 감정을 나타내기</td><td colspan="4">나의 욕구와 감정을 나타낸다.</td></tr>
<tr><td>다른 사람에게 주의 기울이기</td><td colspan="2">다른 사람의 말과 표정, 몸짓에 주의를 기울인다.</td><td colspan="2">다른 사람이 나타내는 여러 가지 감정에 주의를 기울인다.</td></tr>
<tr><td rowspan="6">더불어 생활하기</td><td rowspan="2">안정적인 애착 형성하기</td><td>양육자와 시선을 맞춘다.</td><td colspan="3">양육자에게 적극적으로 관심과 욕구를 표현한다.</td></tr>
<tr><td colspan="2">주변의 친숙한 사람의 얼굴과 목소리를 인식한다.</td><td colspan="2">주변의 친숙한 사람에게 애정을 표현한다.</td></tr>
<tr><td>또래에 관심 갖기</td><td colspan="4">다른 영아와 함께 지내는 것을 경험한다.</td></tr>
<tr><td>자신이 속한 집단 알기</td><td colspan="2">담임교사를 구별한다.</td><td colspan="2">자기 반에서 지내며 안정감을 가진다.</td></tr>
<tr><td rowspan="2">사회적 가치를 알기</td><td colspan="2">–</td><td colspan="2">친숙한 물건의 자리를 안다.</td></tr>
<tr><td colspan="4">만나고 헤어지는 인사를 해본다.</td></tr>
</table>

- 만 2세에서는 "더불어 생활하기" 내용 범주 하위 내용인 "사회적 가치를 알기"에서 1수준에서 2수준에 따라 [표 12-4]에 세부 내용이 제시되어 있다.

[표 12-4] "공동체의 중요성 1" 관련 만 2세 사회관계영역의 세부 내용

<table>
<tr><th>내용범주</th><th>내용</th><th>1수준</th><th>2수준</th></tr>
<tr><td rowspan="3">나를 알고 존중하기</td><td>나를 구별하기</td><td colspan="2">나와 다른 사람의 모습을 구별한다.</td></tr>
<tr><td rowspan="2">좋아하는 것 해보기</td><td colspan="2">내가 좋아하는 것을 찾아본다.</td></tr>
<tr><td>좋아하는 놀이나 놀잇감을 선택해 본다.</td><td>스스로 선택한 놀이나 놀잇감을 즐긴다.</td></tr>
<tr><td rowspan="2">나와 다른 사람의 감정 알기</td><td>나의 감정을 나타내기</td><td colspan="2">여러 가지 감정을 말과 행동으로 나타낸다.</td></tr>
<tr><td>다른 사람의 감정에 반응하기</td><td colspan="2">다른 사람이 나타내는 여러 가지 감정에 반응을 보인다.</td></tr>
</table>

더불어 생활하기	내 가족 알기	내 가족에게 애정을 표현한다.	내 가족에게 다른 사람과는 구분된 특별한 감정을 갖는다.
	또래와 관계하기	또래에게 관심을 보인다.	또래의 모습과 행동을 모방한다.
		또래에게 이름을 안다.	또래가 있는 곳에서 놀이를 한다.
	자신이 속한 집단 알기	자신이 속한 반과 교사를 안다.	자신이 속한 반의 활동에 즐겁게 참여한다.
	사회적 가치를 알기	도움 받아 물건을 정리한다.	스스로 물건을 정리한다.
		자기 순서를 안다.	순서를 기다린다.
		바른 태도로 인사한다.	
		간단한 약속을 지킨다.	

(3) 지도지침 및 유의사항

제3차 표준보육과정의 만 0~2세 사회관계영역에서 "공동체의 중요성 1"에 관련하여 교사에 의해 지도되어야 할 내용에 대한 지침 및 유의사항은 [표 12-5]와 같다.

[표 12-5] "공동체의 중요성 1" 관련 사회관계영역의 지도지침 및 유의사항

연령	내용 범주	내용	지도지침 및 유의사항
만 0~1세	더불어 생활하기	자신이 속한 집단 알기	• 교사는 영아의 여러 가지 생리적 욕구를 온정적으로 충족시켜 주고 영아가 나타내는 여러 가지 감정에 민감하게 반응해 준다. 또한 영아에게 친숙한 놀잇감을 이용하여 상호작용해 줌으로써 교실에서 안정감을 갖고 생활하는 것을 도울 수 있다. • 영아가 교실에서 불편함을 느끼지 않고 정서적 안정감을 가질 수 있도록 쾌적하고 안락하게 정비된 환경과 친숙한 놀잇감을 제공한다. • 영아가 여러 가지 생리적 욕구를 보일 때 민감하게 대처할 수 있도록 유심히 관찰하고 온정적으로 반응한다. 다른 영아가 놀잇감을 빼앗거나 해를 끼쳐 불안감이 들지 않도록 잘 살피고, 영아와의 잦은 눈 맞춤, 부드러운 스킨십을 통해 정서적 지원을 해주는 것이 중요하다. 규칙적으로 하루 일과를 전개하여 영아가 자신의 반에서 지내는 생활에 익숙하고 편안한 감정을 가질 수 있도록 한다.

		사회적 가치를 알기	• 교사는 영아가 자주 사용하는 놀잇감이나 물품이 항상 정해진 자리에 있으면 환경에 대한 예측감 속에 안정감을 느끼게 되므로 친숙한 놀잇감 혹은 개인 물품을 사용한 후에 정해진 자리가 있음을 알도록 함께 정리하거나 찾는 상호작용을 통해 알려준다. 이를 위해 놀잇감 자리에 사진이나 그림자 자리표를 만들고 개인 물품장에 영아의 사진을 붙여둔다. • 영아가 1차 양육자와 헤어질 때 온정적으로 안아주며 인사하면서 다시 돌아올 것에 대해 상호작용해 주고 다시 만났을 때 즐겁게 인사하는 경험을 통해 친숙한 사람에 대한 애정을 표현하도록 한다. • 영아가 1차 양육자 혹은 친숙한 사람과 만나고 헤어지는 인사를 할 때 편안한 분위기에서 할 수 있도록 좋아하는 놀잇감이나 1차 양육자를 느낄 수 있는 물건을 미리 준비해 두었다가 함께 사용하여 안정감을 가지도록 한다. • 친숙한 물건의 자리를 교사 강요에 의해 가르치지 않도록 주의하고, 놀잇감을 정리할 때 영아가 즐거운 놀이로 받아들일 수 있도록 상호작용해 주며, 만나고 헤어지는 인사를 할 때 진심으로 반가움과 다시 만날 것에 대한 기대감을 전달할 수 있도록 한다.
만 2세	더불어 생활하기	자신이 속한 집단 알기	• 교사는 영아가 자연스럽게 교사와 우리 반 친구들 사진에 관심을 가질 때, 영아와 함께 사진 속 인물이 누구인지 맞혀보는 놀이를 할 수 있다. 보육실 내에서 친숙하게 불렀던 노래 등을 활용하여 누구인지 알아맞혀보는 놀이를 해봄으로써 영아가 교사와 또래에게 긍정적인 관심을 가질 수 있도록 상호작용한다. • 보육실에서 반 이름, 교사나 반 친구들이 함께한 사진 등을 게시한다. 흥미영역에 따라 영아들 사진을 이용한 자료를 제작하여 제공해 준다. • 보육실의 하루 일과를 규칙적으로 계획하여 영아가 보육실 내에서 안정감을 느낄 수 있도록 한다. 또한 영아가 선호하는 놀잇감을 선택하여 주도적으로 놀이할 수 있는 분위기를 조성해 주도록 한다. 보육실의 하루 일과를 통해 영아발달수준과 개인적 흥미에 맞는 활동을 즐겁게 경험할 수 있도록 돕는다.
		사회적 가치를 알기	• 교사는 영아가 자신이 사용한 물건을 평소 그 물건이 놓여진 자리에 정리해 볼 수 있도록 돕고, 좀 더 큰 영아에게는 보육실 내 규칙적인 하루 일과 속에서 스스로 친숙한 놀잇감을 정리할 수 있도록 상호작용한다.

			• 여러 친구들이 동시에 한 가지 일을 하기 위해서는 필요할 경우 순서를 기다려야 하며, 자기 순서가 되기 위해서는 앞의 사람이 먼저 일을 끝내야 자기 차례가 오게 된다는 것을 인식하도록 상호작용을 통해서 영아가 자신의 순서가 올 때까지 스스로 욕구를 참고 기다릴 수 있도록 지원한다. • 영아가 어린이집에서 교사나 친구를 만나고 헤어질 때, 반갑고 예의 바르게 인사할 수 있도록 모델링을 보이고 상호작용해 준다. • 영아가 식사를 한 후에 양치하기, 친구를 때리지 않기, 친구가 놀고 있는 놀잇감을 빼앗지 않기 등 어린이집에서 지켜야 할 간단한 약속이 있다는 것을 알고 이를 지킬 수 있도록 상호작용해 준다. • 영아가 자신이 사용한 놀잇감이나 물건을 스스로 제자리에 놓을 수 있도록 하기 위해 흥미영역에 놀잇감의 사진을 붙여준다. 영아의 개인 사물함에도 영아의 사진과 이름을 붙여주어 스스로 정리하는 습관을 기르도록 돕는다. • 영아가 지켜야 할 간단한 약속을 함께 만들되 영아의 발달수준과 특성을 충분히 고려하여야 한다. 안 되는 것에 대한 규칙은 안전에 관련된 것과 다른 사람을 해하는 것 등 최소한으로 하도록 한다. 또한 규칙을 이행할 때, 부정적인 상호작용보다 긍정적인 상호작용을 더 많이 하도록 유의한다.

출처 : 김규수 외(2015). 영유아사회교육.

2) 만 3~5세 연령별 누리과정

(1) “공동체의 중요성 1” 관련 사회관계영역의 목표

만 3~5세 연령별 누리과정에서 “공동체의 중요성 1” 관련 사회관계영역의 목표는 “친구, 공동체 구성원들과 서로 돕고, 예의 · 규칙 등 사회적 가치를 알고 지킨다.” 이다.

[표 12-6] "공동체의 중요성 1" 관련 사회관계영역의 목표

자신을 존중하고 다른 사람과 더불어 생활하는 능력과 태도를 기른다
① 자신을 소중히 여기며 자율성을 기른다. ② 자신과 타인의 감정을 알고 자신의 감정을 적절하게 표현하고 조절한다. ③ 가족과 화목하게 지내며 서로 협력한다. ④ 친구, 공동체 구성원들과 서로 돕고, 예의 · 규칙 등 사회적 가치를 알고 지킨다. ⑤ 우리 동네, 우리나라, 다른 나라에 관심을 가진다.

(2) "공동체의 중요성 1" 관련 연령별 사회관계영역의 내용

[표 12-7] "공동체의 중요성 1" 관련 연령별 사회관계영역의 내용

<table>
<tr><th rowspan="2">내용 범주</th><th rowspan="2">내용</th><th colspan="3">연령별 세부 내용</th></tr>
<tr><th>만 3세</th><th>만 4세</th><th>만 5세</th></tr>
<tr><td rowspan="9">다른 사람과 더불어 생활하기</td><td rowspan="2">친구와 사이좋게 지내기</td><td>친구와 함께 놀이한다.</td><td colspan="2">친구와 협동하며 놀이한다.</td></tr>
<tr><td>나와 친구의 의견에 차이가 있음을 안다.</td><td colspan="2">친구와의 갈등을 긍정적인 방법으로 해결한다.</td></tr>
<tr><td rowspan="2">공동체에서 화목하게 지내기</td><td></td><td>도움이 필요할 때 다른 사람과 도움을 주고받는다.</td><td>다른 사람과 도움을 주고받고 서로 협력한다.</td></tr>
<tr><td colspan="3">교사 및 주변 사람과 화목하게 지낸다.</td></tr>
<tr><td rowspan="5">사회적 가치를 알고 지키기</td><td></td><td colspan="2">정직하게 말하고 행동한다.</td></tr>
<tr><td>다른 사람의 소유물을 존중한다.</td><td>다른 사람의 생각, 행동을 존중한다.</td><td>다른 사람을 배려하여 행동한다.</td></tr>
<tr><td></td><td colspan="2">친구와 어른께 예의 바르게 행동한다.</td></tr>
<tr><td>약속과 규칙을 지켜야 함을 안다.</td><td colspan="2">다른 사람과 한 약속이나 공공규칙을 지킨다.</td></tr>
<tr><td></td><td colspan="2">자연과 자원을 아끼는 습관을 기른다.</td></tr>
</table>

(3) 지도지침 및 유의사항

만 3~5세 연령별 누리과정의 사회관계영역에서 "공동체의 중요성 1"에 관련하여 교사에 의해 지도되어야 할 내용에 대한 지침 및 유의사항은 [표 12-8]과 같다.

[표 12-8] "공동체의 중요성 1" 관련 사회관계영역의 지도지침 및 유의사항

내용범주	내용	지도지침 및 유의사항
다른 사람과 더불어 생활하기	친구와 사이좋게 지내기	• 친구와 함께 생각하고 행동하면서 협동의 효과와 즐거움을 느낄 수 있는 다양한 경험의 기회를 갖도록 한다. 물건을 나누어 쓰거나, 순서를 바꿔가며 서로 공유하고 양보하는 등 다양한 협동방법을 적용해 보는 과정을 통해 집단의 한 구성원으로서 자발적으로 협력하는 자세를 배우도록 한다. • 친구들 간에도 서로 의견 차이와 갈등이 있음을 알고, 긍정적인 방법으로 문제를 해결하도록 한다. 다툼과 갈등은 서로 이해가 부족하여 생기는 것임을 알고 상대방의 관점에서 생각해 보게 하며, 갈등이 있을 때는 서로 배려하고 양보하는 노력을 통하여 화해하고 협동하는 관계로 되돌아가는 긍정적인 경험을 할 수 있도록 지도한다. • 갈등 상황에 개입할 때에는 명확한 상황 판단으로 어느 한쪽에게만 일방적인 양보나 배려를 요구하지 않도록 한다.
	공동체에서 화목하게 지내기	• 유치원이나 어린이집 생활 속에서 유아-유아, 교사-유아 간에 자연스럽게 도움을 주고받으며 서로 협력할 수 있도록 지도한다. 또한 다른 사람이 도움을 요청하기 전에 미리 상대방의 어려움을 알아차리고 먼저 다가가 묻고 도움을 줄 수 있는 사회적 기술도 익히도록 한다. • 다른 사람들과 함께 지내면서 어울려 사는 공동체의 기쁨과 친밀감을 느낄 수 있는 긍정적인 경험을 갖도록 한다. 유아기 주변 사람들로부터 보고 배울 수 있도록 원장-교사, 교사-부모, 교사-직원들이 서로 화목하게 지내며, 돕고 배려하는 분위기를 조성한다. • 교사의 모습이 모델링이 될 수 있도록 모범적인 행동을 보이도록 한다.
	사회적 가치를 알고 지키기	• 사회가 건강하고 질서 있게 유지되기 위해서는 약속과 공공규칙을 지키는 노력이 필요함을 알게 하고, 이를 통해 유아 스스로 행동을 선택하고 통제하는 법을 습득하여 사회적 가치 규범의 중요성을 내재화할 수 있도록 도와준다. 유치원이나 어린이집에서 지켜야 할 약속과 규칙을 직접 만들어 보게 하고, 약속과 규칙을 잘 지키는지, 잘 지키지 않는다면 그 이유는 무엇인지, 약속과 규칙이 잘 지켜지면 좋은 점은 무엇인지에 대해서 이야기 나누어 본다. 또한 동화나 그림자료, 동영상을 활용하여 공공장소에서의 적절한 행동과 그렇지 않은 행동에 대해 알아보고, 차례 지키기, 양보하기, 조용히 하기 등의 공공규칙을 지킬 수 있도록 지도한다. • 일상생활 속에서의 지속적이고 반복적인 실천으로 올바른 습관이 형성될 수 있도록 지도한다.

출처 : 김규수 외(2015). 영유아사회교육.

3. 교육과정 현장 적용을 위한 실제

환경을 돕는 친구

지도학생 : 박예진

주제	지구와 환경	대상연령	만 5세
활동 유형	자유선택활동 – 게임(수 · 조작영역)	집단 형태	소집단 · 개별 활동

활동목표	• 친환경 물건들에 관심을 가진다. • 환경보호의 중요성을 느낀다. • 놀이 규칙을 지키며 즐겁게 참여한다.
교육과정 관련 요소	사회관계 : 다른 사람과 더불어 생활하기 〉 사회적 가치를 알고 지키기 자연탐구 : 과학적 탐구하기 〉 생명체와 자연환경 알아보기
활동자료	나무, 나무꽂이, 나무 기둥 모형, 자동차, 말판

단계	활동 내용
도입	**1. 지난 시간 내용인 〈환경을 보호하는 방법〉에 대해 회상한다.** 교사 : 우리 지난 시간에 환경을 보호하는 여러 가지 방법에 대해 이야기했지요. 교사 : 우리가 배운 말중에 '친환경'이라는 말을 배웠는데, 그 말은 어떤 뜻이었나요? 유아 : 환경하고 친구예요. 교사 : 오늘 선생님이 환경과 친구인, 그래서 환경을 돕는 '친환경 자동차'에 대한 게임 놀잇감을 소개하려고 해요.
전개	**2. 친환경 자동차 교구 탐색을 하며 교구활동방법을 알려준다.** 교사 : 우리들이 달리기를 잘 하려면 무엇이 필요할까요? 유아 : 밥을 잘 먹어야 해요. / 힘이 필요해요. 교사 : 그럼 자동차가 잘 달리려면 무엇이 필요할까요? 유아 : 기름이 필요해요. / 에너지가 필요해요. 교사 : 그렇구나. 힘을 다른 말로는 에너지라고도 하지요. 그런데 에너지에도 환경과 친구인 에너지가 있지요? 무엇이 있을까요? 교사 : (친환경 에너지 그림을 보여 주며) 이런 친환경 에너지로 달리는 친환경 자동차는 환경을 아프지 않게 도와줄 수 있어요. 이 에너지 그림을 여기 게임판에 붙여 놓았어요 여기 네모난 곳을 돌리면 이 그림이 나올 거예요. 교사 : 이 친환경 에너지로 달리는 친환경 자동차가 이 게임에서 얼마만큼 움직일지를 어떻게 정하면 좋을까요?

	교사 : 선생님이 준비한 것이 있는데, 이것은 무슨 모양이니? 여기에는 무엇이 있나요? 교사 : 1부터 8까지의 숫자가 있는데, 그럼 자동차는 몇부터 몇까지 움직일 수 있나요? 교사 : 여기에 선생님이 공을 넣어 볼게요. 무슨 숫자가 나왔나요? 유아 : 5요. 교사 : 5칸 앞으로 가서 뒤집으니까 무엇이 나왔나요? 교사 : 나온 친환경 에너지는 나무가 자라는 것을 돕나요? 방해하나요? 교사 : 친환경 에너지는 나무가 자라는 것을 돕기 때문에 나무 1그루를 심을 거예요. 교사 : 만약 여기 3이 나오면 그 자리에는 무엇이 나왔어요? 유아 : 기름연료요. 교사 : 기름연료를 나무나 환경은 좋아할까요? 싫어할까요? 기름연료가 나오면 어떻게 해야 할까요? 유아 : 나무를 1개 빼어요. 교사 : 나무가 많아지면 환경은 좋아질까요? 나빠질까요? 교사 : 그러면 이 자동차가 환경을 돕는 친구가 되려면 어떻게 해야 할까요? 교사 : 환경을 돕는 친구인 친환경 자동차가 잘 달리도록 하여 나무를 많이 심은 친구가 이 게임에서 이기는 거예요. **〈게임방법〉** 1. 말을 정하고 구슬을 주사위에 넣는다. 2. 나온 숫자만큼 말을 이동시키고, 말판을 뒤집는다. 3. 친환경 에너지가 나오면 나무를 한 그루 심고 기름 연료가 나오면 나무를 한 그루 뺀다. 4. 도착지점에 도착하면 게임이 끝나고, 나무의 개수가 많은 영유아가 이긴다. **3. 규칙을 정한다.** 교사 : 보다 재미있는 게임을 하려면 어떻게 해야 할까요? 교사 : 우리가 정한 규칙이니까 잘 지킬 수 있겠지요?
마무리	**4. 활동을 마무리한다.** 교사 : 환경에게 친구가 된다는 것은 어떻게 하는 것일까요? 교사 : 우리도 환경을 돕는 친구가 될 수 있을까요? 교사 : 이 놀잇감은 어느 영역에 두면 더 재미있게 놀이할 수 있을까요? 교사 : 다음 시간에는 우리 반 화단에 친구들이 함께 힘을 합쳐서 작은 나무를 심어볼 거예요.

활동자료

1. 게임판

2. 구슬 주사위

3. 나무

4. 자동차 말

5. 보관 가방

본 활동의 특징 및 교사의 역할

"환경을 돕는 친구" 활동의 특징

① 본 활동은 놀이를 통하여 규칙의 중요성을 알아가는 게임이다.
② 다른 게임교구와는 다른 독특한 구슬 주사위를 활용함으로써 영유아의 창의적 사고를 도울 수 있다.
③ 규칙을 지키고 환경을 돕는 에너지를 골라내어 친환경 자동차를 선호하게 하는 과정 가운데 좋은 친구가 된다는 것은 좋은 친구로서 친구를 돕는 것으로 사회적 규칙을 지키는 것임을 간접적으로 배울 수 있다.

교사의 역할

도덕성은 영유아가 알아가기에 매우 어려운 영역이다. 성인도 '해야 한다'는 의무감과 책임감은 부담스러운 삶의 짐이 되기 때문이다. 하물며 영유아에게 도덕성을 이유도 없이 '해야 한다'고 한다면 영유아에게 앞으로 살아가야 할 세상은 아주 행복하지 않은 곳이 될 것이다. 도덕성의 형성과 발현이 저절로 이루어지도록 돕기 위해서는 무엇보다 교사가 도덕적 삶에 즐거워해야 한다. 게임활동은 규칙을 지키는 가운데 이기는 즐거움을 갖게 하는 중요한 도덕성발달을 돕는 교육이나 그것을 소개하는 교사가 먼저 규칙 지키기에 즐거워야 한다.

물고기를 구하라!

지도학생 : 천사라

주제	환경 보호	대상연령	만 5세
활동 유형	게임	집단 형태	대 · 소집단활동

활동목표	• 바다환경의 중요성을 느낀다. • 소근육발달을 도울 수 있다. • 차례와 규칙을 지키며 게임에 즐겁게 참여할 수 있다.
교육과정 관련 요소	사회관계 : 다른 사람과 더불어 생활하기 〉 사회적 가치를 알고 지키기 신체운동 · 건강 : 신체조절과 기본 운동하기 〉 신체 조절하기 자연탐구 : 과학적 탐구하기 〉 생명체와 자연환경 알아보기
활동자료	1. 물고기 모형 2. 쓰레기 모형 3. 낚싯대 2개(빨간 낚싯대, 파란 낚싯대) 4. 점수판 5. 팀 나누기 도구 6. 게임방법 판 7. 바닷속 모형 8. 쓰레기통 2개

단계	활동 내용
도입	**1. 지난 시간 배운 〈고기잡이〉 노래를 부르면서 주의집중을 한다.** 교사 : 우리가 배운 동요에 나오는 물고기들은 어디에 살까요? 교사 : 오늘은 이 물고기들이 사는 곳에 가보도록 할 거예요.
전개	**2. 교구 탐색을 하며 게임활동방법을 알려준다.** 교사 : (바닷속을 보여 주면서 물고기를 붙인다) 물고기가 사는 바다속을 보니까 어떤 것들이 있나요? 유아 : 물고기요. / 쓰레기요. 교사 : 물고기가 사는 바닷속에 있으면 안 되는 것이 있어요. 무엇일까요? 교사 : 왜 안 될까요? 교사 : 물고기들이 바닷속에서 숨도 잘 쉬고 행복하게 살 수 있도록 도와 주려면 어떻게 해야 할까요? 유아 : 쓰레기를 빼 주어야 해요. 교사 : 그러면 너희들이 이 바닷속에서 쓰레기를 빼줄 수 있을까요? 오늘은 선생님과 같이 쓰레기를 빼서 물고기를 도와주는 게임을 해볼 거예요.

교사 : 이 쓰레기가 있는 바다는 저기 놓아둘 거예요.

교사 : 그런데 저기 바다까지 가는 길에 무엇이 있나요?

교사 : 바다까지 가려면 모래사장에 발자국이 생기겠구나.
내 발자국이 몇 개인가 세어가면서 가도 재미있겠구나.

교사 : 바다까지 가서 쓰레기를 어떻게 꺼내면 좋을까요?

교사 : 선생님이 한 가지 방법을 가져왔는데 이것을 본 적이 있나요?

교사 : 이 낚싯대 밑에 무엇이 있나요?

교사 : 이 자석으로 쓰레기가 달라 붙을 수 있도록 바닷속 쓰레기에 또 다른 자석을 붙여 놓았어요. 여러분도 이렇게 할 수 있겠지요? (교사의 시범)

교사 : 쓰레기를 건져 올리면 어떻게 해야 점수를 얻을 수 있을까요?

교사 : 이제 게임방법을 읽어봅시다.

〈게임방법〉

1. 출발선에 선다.
2. 숫자 발판을 밟고 바다 모형까지 간다.
3. 낚싯대를 잡고 쓰레기를 집어 올린다.
4. 쓰레기를 떨어뜨리지 않고 출발선까지 가져온다.
5. 출발선에 도착해서 자기 팀 쓰레기통에 쓰레기를 넣는다.

3. 규칙을 정한다.

교사 : 보다 재미있는 게임을 하려면 어떻게 해야 할까요?

교사 : 만약 낚싯대에서 쓰레기가 떨어지면 어떻게 해야 할까요?

교사 : 우리가 정한 규칙이니까 잘 지킬 수 있겠지요?

4. 팀을 나누고 시범을 보인다.

교사 : 빨간 팀은 왼쪽, 파란 팀은 오른쪽에 앉아보자.

교사 : 각 팀이 수가 같은지 세어보자.

교사 : 누가 선생님과 함께 시범을 보일까요?

5. 게임을 진행한다.

교사 : 첫 번째 친구부터 나와보자.

마무리

6. 활동을 마무리한다.

교사 : 어느 팀이 이겼나요?

교사 : (바닷속을 보며) 우리 친구들이 모두 애써주어서 바닷속이 깨끗하게 되었어요.

교사 : 다음 시간에는 우리가 모든 이 쓰레기를 분리수거하는 방법에 대해 이야기 나누어 볼거예요.

활동자료

1. 물고기

2. 숫자 발자국

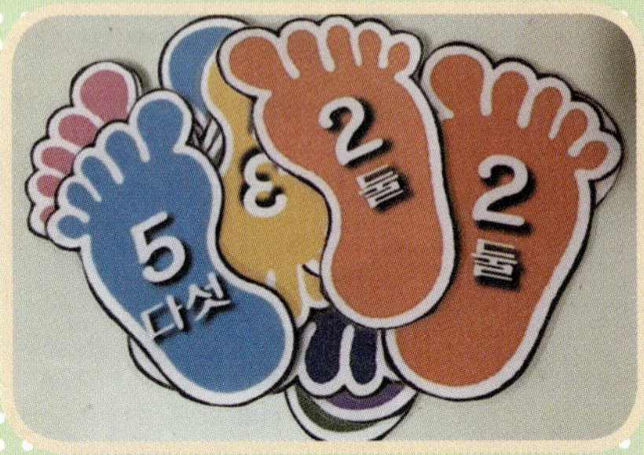

3. 낚싯대

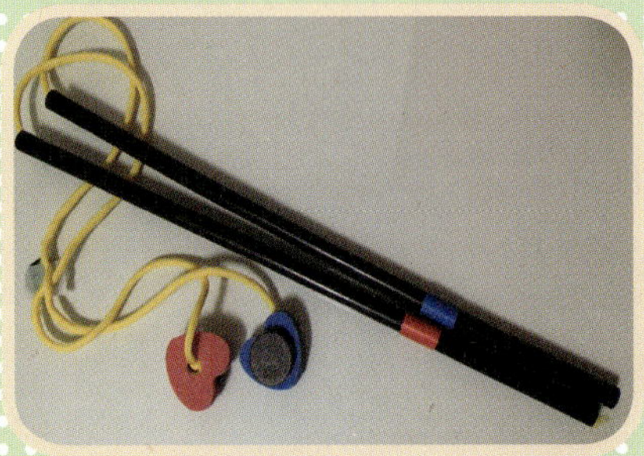

4. 쓰레기통

5. 게임방법판

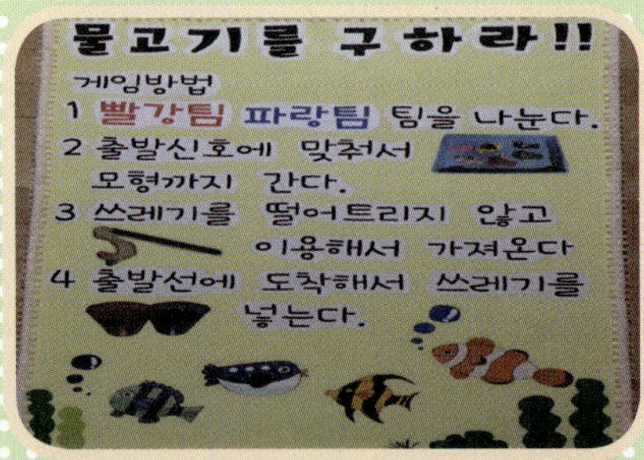

6. 점수판

7. 쓰레기 자료 1

8. 쓰레기 자료 2

9. 팀 나누기 도구

10. 팀 팔찌

본 활동의 특징 및 교사의 역할

"물고기를 구하라!" 활동의 특징

① 본 활동은 놀이를 통하여 사회적 가치의 중요성을 알아가는 게임이다.

② 낚싯대를 활용하여 영유아들의 눈과 손의 협응력을 길러줄 수 있다.

③ 영유아들이 직접 관찰하기 힘든 쓰레기가 있는 바다환경을 모형으로 준비해주고 쓰레기와 함께 있을 물고기의 입장을 생각해 보게 함으로써 사회인지능력발달을 도울 수 있다.

교사의 역할

본 활동에서 교사의 중요한 작업은 쓰레기로 가득한 바닷속 모습을 보여 주는 도입부분과 쓰레기를 건지는 게임활동 후 쓰레기가 없어진 깨끗해진 바닷속 모습을 보여 주는 마무리부분을 비교하여 영유아들에게 '바닷속에 쓰레기가 없어야 한다'는 것을 그리고 그것을 자신들이 해주니 힘들었지만 기분이 참 좋다는 사회적 약속에 대하여 긍정적인 자세로의 준수를 도와야 한다. 진정한 도덕성은 절대로 주입식으로는 발달할 수 없다. 따라서 영유아의 도덕적 행동을 이끌어 내기 위하여 영유아의 도덕적 인지와 도덕적 정서가 함께 이루어져야 하는 것은 매우 중요하다.

13 CHAPTER

공동체의 중요성 II

'인간은 사회적 동물이다'라고 했던 아리스토텔레스의 말은 인간이 혼자서는 살 수 없는 존재로서 다른 사람과 사회적 상호작용을 할 수 있는 관계 가운데 행복한 삶을 영위할 수 있다는 인간 삶의 하나의 지표를 마련해 주었다. 연령, 지위를 막론하고 그 행복한 삶을 구현하기 위하여 그 시대와 장소에 따라서 그 사회구성원들이 함께 공유해야 할 내용들이 있다. 그것을 크게 세 가지로 분류해 본다면 사회적 가치와 태도, 기술 그리고 사회과학적 지식이라고 할 수 있다. 본 장에서는 영유아들이 습득해야 할 사회적 가치와 태도, 사회적 기술 및 사회과학적 지식에 대하여 논하고 그에 관한 교육과정 현장 적용을 위한 활동을 소개하도록 하겠다.

1. 사회적 가치와 태도 및 기술, 지식

1) 사회적 가치와 태도

인간은 근본적으로 가치추구의 존재이다. 보다 쉽게 말하면 좋은 것을 선택하고 좇아간다. 그런데 '좋은 것' 에 대한 판단기준이 한 개인이 소속된 사회에 의해서도 결정이 되고 개인적 특성에 의해서도 결정이 된다. 앞의 것을 보편적 가치라고 한다면 뒤의 것을 개별적 가치라고 말할 수 있다. 두 가지 모두 한 개인이 사회구성원으로서 정체감을 형성하는 데 매우 중요한 요소이다. 사회에서 인정하는 보편적 가치에 대한 긍정적 개념이 없는 사람은 그 사회구성원으로서 건강한 생활을 하기 어렵다. 또한 개인적으로 선택할 수 있는 가치가 없는 사람은 자신의 존재 의미에 대한 존중감을 갖기 힘들다.

이렇게 영유아가 사회구성원이라면 필수적으로 함께 공유해야 할 사회적 가치와 태도는 영유아의 주변 사람들과의 사회적 상호작용을 통하여 발달된다(박찬옥 외, 2016). 영유아가 사회에서 갖게 되는 관계들과의 사회생활을 통하여 습득되는 사회적 가치와 태도를 보편적 가치와 태도 그리고 개별적 가치와 태도의 두 가지 측면에서 살펴보면 다음과 같다.

(1) 보편적 가치와 태도

① 자신의 가치에 대한 긍정적인 태도

자신을 가치롭게 여긴다는 것은 무조건 자신이 잘하고, 일등이고, 해낼 수 있다고 생각하는 것과는 다르다. 만 5세 이전의 영유아들의 자아존중감을 측정해보면 대체로 그 수치가 상당히 높은 것을 알 수 있다. 이것은 참 현실과 상반되는 것이다. 왜냐하면 영유아만큼 불완전한 조건을 갖춘 발달상태가 인간발달의 전 영역 중에서 없기 때문이다. 개인이 자신의 특성과 유능감에 대해 지니고 있는 생각, 판단, 태도, 감정, 행복 및 기대 등을 포함하는 개념인 자아존중감(Mussen, Conger, & Kagan, 1984)은,

즉 자신만이 무조건 '일등' 또는 '최고'라고 자부하는 것이 아니라 영유아가 자신의 현실적인 능력을 인정하면서 현재에 대해 긍정적으로 평가하는 것을 의미한다. 예를 들면, "나는 그림은 잘 그리지는 못하지만 달리기를 잘해요.", "나는 키가 크지는 않지만 생각을 잘 해서 어려운 문제를 잘 풀어요.", "난 노래를 참 잘 해요. 하지만 책을 잘 못 읽어요. 그래서 엄마와 매일 동화책 읽기를 해요. 더 연습하면 아주 잘 읽을 수 있을 거예요."라고 자신을 생각하여 표현하는 영유아는 타인과 관계없이 자신의 실제적인 모습을 수용하고 존중하고 있다. 이것은 사회적 상호작용에서 매우 중요한데, 자신의 실제적인 모습을 긍정적으로 가치 있게 수용하는 사람은 타인에 대해서도 동일한 태도를 가질 수 있기 때문이다.

타인과의 상호작용을 통하여 자신에 대한 이해를 하여 자신의 이미지에 대한 일반적인 평가를 기초로 영유아 스스로 자신에 대하여 이루어지는 평가인 자아존중감(이은화, 김영옥, 2008)은 신체적 자아존중감과 심리적 자아존중감으로 나누어 볼 수 있다(오채선 외, 2008).

신체적 자아존중감과 심리적 자아존중감

영유아가 신체적 자아(physical self)를 인식한다는 것은 영유아가 자신이 엄마와 분리된 존재라고 지각하게 되면서부터 시작한다. 그것은 점차 영유아가 자신을 둘러싼 주변 환경에서의 자신의 모습을 발견하게 되면서 더욱 성장한다. 신체적 자아에 대해서 영유아기에 인식되어야 할 긍정적인 가치와 태도는 자신이 선천적으로 가지게 된 신체가 할 수 있는 능력을 발견하고 표현하면서 자신의 신체적 능력을 수용하고 보다 발전할 수 있도록 노력하고자 하는 자신 스스로의 동기부여를 갖는 것과 선천적으로 부여받은 자신의 성(性)에 대하여 성정체성, 성역할, 그리고 성지향성을 이해하는 것이다.

영유아의 심리적 자아존중감은 자아에 대한 지식(self-knowledge), 자아 인식(self-perception), 자신의 감정 다루기와 태도 등이 포함된다(오채선 외, 2008). 영유아가 자신이 누구인지, 자신이 느끼는 감정이 어떤 의미가 있는지, 자신이 느끼는 감정을 공동체에 있는 다른 사회구성원에게 수용되도록 표현하는 방법은 무엇인지를 알 수 있도록 교사의 지도가 필요하다.

② 지식, 학습의 가치에 대한 긍정적인 태도

영유아는 자신이 속한 사회에서 행복한 삶을 영위하려면 사회구성원으로서 적절한 역할을 수행함으로써 얻는 결과에 만족감이나 성취감을 얻는 방법을 배워야 한다. 역할이 주어지지 않는 사회구성원이 없기 때문에 그 역할에 대한 바람직하고 성공적인 수행을 위한 준비가 필요하다. 영유아가 성인으로서 실제적인 역할을 하기 이전에 영유아가 속한 사회에 대한 기본적인 이해는 영유아가 자신에게 주어진 생활경험에 보다 긍정적인 태도를 갖게 하고 그것은 영유아가 유능한 사회인으로서 준비되도록 적극적인 자세를 갖추도록 하는 기초적인 작업이라고 할 것이다.

자연스럽게 영유아의 본능과 욕구로 몰입하게 되는 놀이와는 달리 인지적으로 집중을 필요로 하는 사회적 지식에 대한 필요와 그 지식을 습득하기 위한 학습에 대한 중요성을 자칫 영유아에게 잘못 강조하게 되면 학습에 대한 부정적인 가치와 태도를 형성할 수 있다(박찬옥 외, 2016). 따라서 영유아 스스로 능동적 학습자로서의 자세로서 사회적 지식에 대한 가치를 알고 학습에 대한 중요성에 대한 태도를 갖추도록 교사는 소집단활동과제 또는 개별적인 학습 기회를 보장해 주는 것이 필요하다. 예를 들면, 자유선택활동시간에 영유아가 원하는 놀이를 선택하도록 하거나 생활주제나 활동을 영유아가 계획할 수 있는 기회를 제공한다.

③ 민주적 가치와 태도

영유아에게 필요한 민주적 가치와 태도에 대한 교육은 교실 상황에서 영유아에 대한 자유와 권리를 인정하고 적용하는 활동을 통하여 이루어질 수 있다. 하지만 또한 그 권리에는 의무와 책임이 있고 권리와 책임의 조화로운 수행이 영유아가 속한 사회에서 민주시민이 이루어야 할 가치와 태도임을 배워야 한다(서동미 외, 2008). 자신의 권리와 책임, 타인의 권리, 공정, 자유와 평등, 민주적 의사결정 등의 교육 내용을 통하여 영유아들의 민주적 가치와 태도가 함양되도록 하는 교사의 역할은 무엇보다도 중요하다. 단지 단위활동을 통하여 지식을 전하는 것뿐만 아니라 교사 스스로의 바람직한 민주적 가치관 형성에 대한 지속적인 반성적 사고와 함께 민주적인 교실 분위기를 마련하여 영유아에게 실제 교실생활을 통하여 제공하는 민주시민으로서 기틀을 다지는 기회는 영유아의 민주적 가치와 태도 형성에 있어서 무엇보다 필요하다.

(2) 개별적 가치

사람은 자신이 가진 선천적 특성도 있지만 시대와 장소에 따라 자신이 속한 사회의 특성이 다르기 때문에 후천적으로 갖게 되는 사회적 경험과 영향으로 각 개인이 선택하고 선호하는 경향인 개별적 가치를 가지게 된다. 즉, 개별적 가치란 개인적인 취향이나 선호에 의해서 결정되는 것으로서 특정 경향의 음악, 옷, 종교적 믿음, 정치적 신념 등 나와 타인을 구별 짓는 독특한 성향이다(박찬옥 외, 2016). 이로 인하여 사람들은 같은 상황이라도 다른 정도의 가치 판단을 하고 그것에 따른 행동도 다르게 나타난다.

이런 개별적 가치를 형성하는 선호 경향성은 영유아기에 생겨서 연령이 증가함에 따라 분명해지는데, 그러한 가치가 영유아가 속한 사회에 수용되는 것도 있지만 어떤 것은 다른 유아들과의 갈등을 일으키는 원인이 되기도 한다. 이때 교사는 편견 없이 중립적인 태도로 영유아를 대하며 영유아의 개별적 가치체계 형성에 손상되지 않으면서 영유아가 집단에서 존중되고 수용될 수 있는 보편적 가치를 내면화할 수 있도록 도와야 한다(서동미 외, 2008).

가치습득을 돕는 전략

- **가치명료화(value clarification)**

영유아가 주어진 상황에서 자신의 느낌을 인식하고 최선의 가치를 선택할 수 있도록 다음과 같이 도울 수 있다(Seefeldt, 2001)

- 영유아가 자유롭게 주도적인 행동을 할 수 있도록 기회 제공
- 영유아가 선택 상황에서 심사숙고 할 수 있도록 배려
- 영유아가 자신이 선택한 가치를 소중히 여기고 만족함에 대한 자기 평가 격려
- 영유아가 자신이 가진 신념에 따라 행동하도록 지원

● **가치분석(value analysis)**

영유아의 논리적이고 이성적인 사고발달을 목적으로 가치 판단이 요구되는 상황에서 영유아가 지닌 도덕적 가치관에 따라 판단하는 것이다(Seefeldt, 2001).

① 문제 상황 인식
- 영유아들에게 갈등 상황의 이야기를 들려주고 주인공들이 겪는 문제에 대해 질문한다.

② 유사점과 차이점 비교
- 주인공들이 동일한 상황에서 가지고 있는 유사한 가치와 다른 가치를 비교해 볼 수 있도록 질문한다.

③ 갈등 상황에 대한 영유아의 느낌 표현
- 갈등 상황에 대하여 영유아들이 서로 자신의 감정을 이야기함으로써 서로가 가지고 있는 다른 가치에 대한 결정을 생각한다.

④ 가치 판단 분석
- 영유아들은 자신의 가치판단에 대하여 지지 또는 반대의 결과를 예측할 수 있는 증거를 찾는다.

⑤ 대안 탐색 및 공유
- 가치가 대립하는 갈등 상황의 원인을 파악하고 그것을 해결할 수 있는 가능한 대안을 모색하여 그 대안의 결과를 평가한다.

출처 : 박찬옥 외(2016). 유아사회교육.

2) 기술

영유아들이 연령이 증가하면서 만나게 되는 많은 관계와 상황들은 영유아들의 발달을 도모할 수도 지양할 수도 있다. 여기에 영유아교육기관에서 영유아들을 만나는 교사가 그들을 도와야 하는 이유가 있다. 영유아가 영유아교육기관에서의 관계와 상황을 통하여 얻게 되는 자신감 또는 성취감은 후일 영유아가 유능한 사회인으로서 준비되는 기초가 된다. 영유아가 자신감과 성취감의 경험을 얻도록 교사는 영유아에게 관계와 상황에서 발생하는 문제들을 다루는 기술을 습득하도록 도와야 한다. 같은 연령이라도 발달의 개인차가 있는 영유아에게 있어서 기술 발휘능력의 습득도 교사의 면밀한 관찰과 함께 안내되어야 한다.

(1) 사회적 기술

사회적 기술은 영유아가 일상 사회생활을 할 때 필요한 기술로서 자기조절력, 친구 사귀기, 공유하기, 협력하기, 의사소통기술, 갈등해결기술이 포함된다.

① 자기조절력

영유아들이 자기조절력을 갖는 것은 자신에 대한 긍정적인 인식을 형성하는 데 매우 중요한 요인이 된다. 자기 조절력(self-regulation)은 영유아가 목표를 달성하기 위해 순간의 충동이나 욕구와 행동을 억제할 수 있는 능력이다(정옥분, 2002). 자기조절력, 즉 자기통제력이 있는 영유아는 자신에 대하여 자유롭게 표현할 수 있으면서도 상황과 관계를 고려하여 자신의 행동으로 야기될 결과를 고려하여 자신의 욕구를 조절한다(양옥승 외, 1999).

② 의사소통기술

의사소통기술은 영유아가 다른 사람들과 다양한 관계를 맺고 다양한 정보를 습득하는 과정에서 요구되는 매우 중요한 수단으로서, 다른 사람의 의견이나 입장을 귀 기울여 듣고 그 마음에 공감하여 자신의 마음을 효과적으로 표현하는 능력이다(박찬옥 외, 2016). 의사소통을 통하여 영유아는 자신의 내면을 타인에게 개방하고 타인의 감정과 느낌, 생각 등을 이해할 수 있는 공감대를 형성한다(류송미, 2001).

③ 공유하기

자기중심성이 강한 영유아에게 공유하기란 매우 어려운 과제이다. 하지만 공유하기 능력이 부족한 영유아는 친밀한 사회적 관계를 맺기 어렵고 그것은 후일 영유아가 유능한 민주시민으로서의 자질을 갖추기에 부정적 영향을 미칠 수 있다. 영유아는 영유아교육기관에서 다른 영유아들과 놀잇감에서부터 놀이영역, 놀이순서, 말하는 순서, 시간 그리고 다른 사람의 생각과 감정도 공유해야 한다. 이러한 공유하기에 대하여 교사의 일방적인 강요가 아닌 긍정적인 경험은 영유아의 성공적인 사회관계 형성에 매우 중요한 영향을 미친다. 교사는 먼저 영유아의 개인적 소유권을 존중하면서 다른 유아의 입장을 고려하고 이해할 수 있도록 지도하여 어떤 형태의 공유 경험이든지 그것을 통해 기쁨과 만족감을 느낄 수 있도록 도와야 한다.

④ 협력하기

협력은 영유아의 자기조절력과 자기통제력이 자신의 목표가 아닌 공동의 목표를 위해 발휘되어야 하는 수준 높은 사회적 기술이다. 영유아가 속한 공동체의 구성원들과 이루어야 할 목표 달성을 위해 다른 구성원의 입장을 고려하여 자신의 욕구나 상황을 조절해야 하는 것이다. 자기중심성이 강한 영유아에게 의도적인 협력학습은 영유아가 사회적 유능인으로서 필수적으로 갖추어야 할 사회적 조망능력을 증진시킬 수 있다.

⑤ 친구 사귀기

친구 사귀기를 잘하는 영유아들은 그렇지 않은 다른 영유아들에 비해 교육기관에 잘 적응한다(Ladd, 1990). 그 이유는 교육기관에서 재미있게 놀이할 수 있는 친구가 있기 때문이다. 친구 사귀는 기술을 교육기관에 오기 전에 습득한 영유아들도 있지만 대부분은 교육기관에서 친구 사귀는 방법을 배운다고 해도 과언이 아니다. 친구는 영유아가 자신의 정체성을 확립해 가는 데 매우 중요한 사회적 관계이므로 면밀한 관찰을 통하여 친구 사귀기에 어려움이 있는 영유아에게 적절한 도움을 줄 수 있어야 한다. 영유아의 친구 사귀기는 청소년기에 정서적 문제와 적응 여부에 대한 중요한 예측자료이므로 영유아가 반드시 성취해야 할 사회적 기술이다(Parker & Asher, 1987).

(2) 사회학습기술

사회학습기술은 영유아가 받아들인 정보를 조직하거나 표현하는 것 등이 포함된다.

✲ 감각적 정보

감각을 통해 들어온 정보를 표현하는 것

✻ 일반적인 학습기술

영유아가 수집하고 분류한 자료를 분석하여 분류, 비교, 요약, 그래프 등으로 표현하는 것

3) 사회과학적 지식

사회과학적 지식은 사회현상과 제도에 관련된 지식으로서 영유아가 자신이 속한 사회에 대한 이해와 유능한 사회구성원으로서 준비되도록 돕는다.

(1) 역사

역사란 과거라는 시간 속에서 이루어진 인간의 총체적인 삶에 대한 지식이다(김규수 외, 2015). 인류가 성취해 온 모든 것을 반영한 최상의 통합적 지식이고(Melendes et al., 2000) 과거에 사람들이 무엇을 성취했는가에 대한 연구로서 사회교육을 위한 가장 성숙한 학문이다(Hoge, 1996). 영유아들은 교육기관에서 이루어지는 역사에 대한 교육활동을 통해 과거 사람들이 무엇을 했고, 어떻게 살았는지를 알게 됨으로써 현재 우리들의 생활 모습과 행동의 이유를 이해할 수 있게 된다(교육인적자원부, 2005).

① 시간

역사는 시간을 중심으로 이루어진다. 영유아들은 과거와 현재의 시간의 흐름에 대한 직관적이고 주관적인 감각을 가지고 있기 때문에 매일의 일과에서 규칙적인 활동에의 참여를 통하여 시간에 대한 이해를 할 수 있다(박찬옥 외 2016). 시간에 대한 이해를 위하여 영유아에게 제공되어야 할 교육 내용은 규칙적이고 일상적인 경험으로 발달되는 시간개념, 임의의 측정단위를 통한 시간측정, 그리고 과거, 현재, 미래의 연계과정의 이해를 통한 시간경과이다.

[표 13-1] 연령에 따른 시간개념의 발달

연령	발달 특징
2~3세	• 일상생활 속에서 반복적으로 일어나는 일들을 관찰한다(낮과 밤의 변화) • 현재에 대해서만 관심을 갖는다.
3~7세	• 개인적이고 주관적인 시간개념이 형성된다. • 경험적이고 자의적인 단위로 시간을 측정한다. • 과거, 현재, 미래를 구분하는 단어를 사용하기 시작한다. • 어제, 오늘, 내일을 인식할 수 있다. • 과거를 회상할 수 있으며, 미래를 계획할 수 있다.
7세 이후	• 시계를 사용하여 시간을 말할 수 있다. • 지나간 사건을 시대 순으로 배열한다. • 날짜, 요일, 월, 계절을 순서대로 파악한다.

출처 : 김규수 외(2015). 영유아사회교육.

② 변화

역사는 인간 삶의 변화를 다루는 학문이다. 영유아들이 가지는 인지적 능력의 한계 때문에 변화하지 않는 것과 변화하는 것을 이해하기는 어렵지만, 영유아는 주변에서 변화를 경험할 수 있는 기회들이 지속적으로 주어진다(박찬옥 외, 2016). 영유아의 가장 많은 관심을 가질 수 있는 영유아교육기관의 변화에서부터 이웃의 변화, 자연의 변화 그리고 유아 자신의 변화를 통하여 영유아는 변화에 대한 지식을 자연스럽게 수용하게 된다.

③ 삶의 연속성

계속적인 삶의 변화가 이루어지는 역사 속에는 특별한 인간의 경험들이 연속적으로 일어난다. 기념일과 세대 간의 접촉을 통해 영유아들은 연속성을 이해하게 된다(김규수 외, 2015). 특히, 현대사회는 가족구조의 변화로 세대 간의 격리가 일어나서 가족 간의 상호작용을 통하여 영유아에게 자연스럽게 이루어져야 할 삶의 연속성에 대한 역사교육이 이루어지지 않는 실정이다. 이러한 특수한 상황을 감안하여 가족 기념일을 활용한 교육활동이나 노인들과의 접촉을 유도하는 프로그램 개발이 필요하다.

④ 과거

영유아들은 근접한 과거와 먼 과거에 대한 사건에 모두 흥미를 가지나, 영유아들에게 가장 흥미 있는 과거는 영유아 자신과 관련된 생활이다. 즉, 영유아들은 자기 가족의 역사에 대한 자료로서 부모의 결혼사진, 자신의 키와 몸무게, 자신이 만든 작품 등을 통하여 자신에 대한 과거를 탐색한다. 그 밖에 부모, 조부모, 유치원 직원, 이웃 등의 사람이나 사건들과 옛 시대의 사물들을 통하여 과거를 안다.

[표 13-2] 역사탐구방법

단계	내용
① 문제 확인 단계	영유아들은 일상에서 그들 자신의 문제를 찾아 제기한다.
② 정보 수집 단계	영유아들은 문제를 해결하기 위해 정보를 수집한다.
③ 정보 관찰 단계	영유아들은 수집한 정보를 감각과 인지능력을 활용하여 주의 깊게 관찰한다.
④ 정보 분석 단계	영유아들이 관찰한 정보를 분석하여 역사에 관련된 지식을 추론한다.
⑤ 결론 도출 단계	영유아들은 여러 가지 정보에 근거하여 결론을 이끌어 낸다.

(2) 경제

경제란 우리의 삶이 유지되는 데 필요한 재화와 서비스를 생산, 분배, 소비하는 모든 활동이다(박찬옥 외, 2016). 또한 이를 통해 발생되는 모든 사회적 관계로서 현실에서 이루어지는 모든 경제활동은 실제로 모든 사회구성원을 만족시키지 못하고 있다. 이러한 이유로 효과적인 경제활동을 하는 것은 유능한 사회인의 한 지표가 될 수 있다. 따라서 일상생활 속에서 경제활동에 대한 관심과 흥미를 갖고 기본적인 경제 개념과 지식을 토대로 합리적인 경제적 가치와 태도 형성이 영유아 경제교육의 중요한 목표가 될 수 있다(이숙재 외, 2006).

[표 13-3] 경제개념의 발달

경제개념	만 3세	만 4세	만 5세
선택 (회소성+기회비용)	• 회소성과 기회비용을 이해하는 데 어려움 • 인지적 발달이 부족하여 합리적인 선택 불가능		• 희소성과 기회비용의 개념을 이해하고 발달함 • 논리적 사고를 통해 합리적인 선택을 하나 어려움을 가지고 있음
소비	• 물건을 살 때 돈이 필요함을 인식함	• 직접 가게에 가서 물건을 살 수 있음	• 물건을 사고 거스름돈을 받을 수 있음
자원과 생산		• 판매지가 생산지가 아님을 알 수 있음	• 자원과 생산에 대한 개념을 이해하고 발달함
재화와 용역		• 재화와 용역을 제공하는 직업을 구분함	• 돈 계산을 정확히 함 • 화폐의 교환가치 이해
화폐		• 동전과 지폐의 수량을 구분할 수 있음	• 돈 계산을 정확히 함 • 화폐의 교환가치 이해
저축과 금전관리			• 저축과 금전관리에 대한 개념을 이해하고 발달함 • 용돈 기입장을 사용함

출처 : 김규수 외(2015). 영유아사회교육.

① 자원

자원은 인간의 경제생활에 필요한 모든 각종 재화와 용역을 의미한다. 기초자원, 천연자원, 에너지 자원 등의 유형자원에서부터 아이디어, 지식, 시간, 신용 등의 무형자원에 이르기까지 광범위한 차원에서의 자원을 포함한다(김규수 외, 2015). 효과적인 경제생활은 한 개인에게 주어진 이러한 자원의 사용을 어떤 합리적인 방식으로 하느냐에 따라 달려 있다. 한정된 자원에 대한 소중함과 절약에 대한 태도 등을 영유아들이 교육기관에서 다양한 교육활동 중에 경험하도록 도와야 한다. 효율적인 자원의 소비와 관리방법에 대하여 아는 것이 필요하다.

② 생산과 소비

영유아가 교육기관에서 즐겨하는 놀이 중 하나가 시장놀이 혹은 가게놀이이다. 엄마와 과자를 사러 가면서 돈을 주고받는 장면을 보고 유치원이나 어린이집에 와서는 판매원도 되어보고 소비자도 되어 본다. 사고파는 물건이 필요함을 알게 되어 물건을 판매원에게 공급하는 생산자의 역할도 따라해 본다. 영유아의 경제개념의 중요한 교육의 장이라고 할 수 있는 시장놀이활동을 통하여 교사는 영유아의 효율적인 경제적 사고방식 형성을 도울 수 있는 다양한 경제 개념을 지도할 수 있다. 하지만 무엇보다도 영유아에게 실제 '돈'이라는 재화가 어떻게 이동되는지에 대한 교육뿐 만 아니라 돈의 기치로운 활용 범위에 대한 교사의 가치관 형성이 선행되어야 할 것이다.

③ 직업

영유아들은 영유아 주변 사람들에 대한 관찰을 하게 되면서 각기 다른 일을 하는 것을 알게 된다. 그것은 영유아 자신이 정체성발달과 함께 미래에 자신이 하고 싶은 일을 생각해 보고 선택하여 자신의 꿈으로 설계하는 데 도움을 준다. 교사는 영유아가 사는 시대에 장소에 따른 다양한 직업이 있고 각 직업이 갖는 중요성을 강조하며 각 직업인들이 각자의 역할을 책임감 있게 수행했을 때 건강한 사회가 이루어질 수 있음을 말해 주어야 한다.

(3) 지리

영아가 자신의 신체적 탐색으로 시작되는 지리(Sunal, 1990)는 주로 우리가 살고 있는 세상의 일반적인 특성에서부터 개인적 장소에 이르기까지 전체적으로 분포되어 있는 공간에 대한 연구이다. 또한 지리는 우리 주변 세계에 살고 있는 사람, 장소, 환경과 그것들 간의 관계, 그리고 자연 자원들과 상호작용을 어떻게 이루어나가는지를 조사하는 분야이다(Melendez, Beck & Fletcher, 2000).

[표 13-4] 지리개념의 발달

연령	지리개념	내용
출생~1세	개인적 공간개념 발달	자신의 몸을 이용함으로써 주변의 물리적 특성을 탐색
1~3세	지역적 공간개념 발달	신체운동능력의 발달로 자신과 주변환경, 또래, 이웃, 놀이터와 같은 가까운 곳에서 먼 곳으로의 신체 이동을 통하여 물리적 특성 탐색
4~5세	국가적 공간개념 발달	신체의 자유로운 이동을 통하여 자신이 속한 주변의 지리적 환경과 방향을 탐색하는 물리적 지리의 탐색과 자신의 주변 사람들에 대한 관심을 갖는 문화적 지리의 탐색
6세~초등학교	세계적 공간개념 발달	보다 정교화된 개인적 경험과 지역적 경험을 확장하여 국가적 및 세계적 공간개념을 확장

① 방향과 위치

지리에 대한 이해를 위한 가장 기초적인 개념이다. 방향과 위치는 세상에 인간과 사물의 존재를 시각적 · 물리적 표현으로 나타내는 수단이다. 지구상에서 사용하는 절대적 위치는 위도와 경도로 표시되고 이에 대한 좌, 우, 앞, 뒤, 위, 아래의 방향으로 그 개념이 활용되지만, 영유아에게 절대적 위치에 대한 개념은 매우 추상적이고 어려운 개념이다. 자기중심성이 강한 영유아기에는 영유아를 중심으로 한 상대적 위치 개념으로 접근하는 것이 보다 효과적인 지리교육을 수행하기에 적절하다. 이러한 영유아 중심의 상대적 위치로부터 방향의 탐색은 실생활의 다양한 반복 경험으로부터 이루어진다.

② 공간

지리학적 개념은 영유아가 환경을 탐색할 때 발달하는 공간개념에 기초를 두고 있다(Sunal, 1993). 따라서 인간과 자연의 활동이 일어나는 공간, 즉 장소라는 개념을 이해하는 것이 지리연구의 핵심이다. 영유아들은 이 장소가 저 장소와 다르다는 것을 구별하기 위하여 그 장소가 가지고 있는 물리적 특성과 인위적 특성을 발견한다. 물리적 특성은 땅의 형태와 토양, 그곳에 사는 동 · 식물, 기후 등의 자연적 특성에 의해 결정된다. 인위적 특성은 그곳에 사는 사람들의 언어, 의상, 건축양식, 정책방향 등에 의해 결정된다(Handwick & Haltgrieve, 1996). 따라서 영유아에게 장소에 대한 개념 형성을 위한 교사의 가장 중요한 교육적 접근은 그러한 장소의 특성을 영유아 스스로 발견할 수 있도록 돕는 '관찰'이다.

또한 공간개념을 통하여 지리적으로 먼 곳에 있는 사람들과 할 수 있는 다양한 상호작용에 대한 지식으로 운송수단, 통신수단, 교통수단에 대한 교육 내용을 다룬다.

③ 지역

지역은 많은 장소에 대한 위치, 인간과 환경의 상호작용 등을 포함하는 지역사회의 특징을 이해하도록 돕는 장소를 말한다. 지리학자들이 지역을 범주화하는 방식은 두 가지인데, 하나는 기후, 지형, 식물 분포에 따라 분류하는 물리적 지역과 문화적 · 역사적 연속성을 가지고 있는 문화적 지역이다. 영유아들에게 지역에 대한 개념을 지도하기 위한 방법은 같은 지역과 다른 지역의 물리적 · 문화적 특성에 대한 유사점과 차이점을 비교하는 것이다.

④ 지구환경

지구에 대한 탐색은 영유아에게 있어서는 보다 광범위한 장소개념에 대한 이해로서 지구환경이 가지는 땅, 바다, 동 · 식물, 기후 등과 같은 물리적 특성과 사람과의 관계에 대한 중요성을 강조해야 한다. 지구환경이 가지는 물리적 특성이 사람에게 미치는 영향 및 사람이 지구환경에 미치는 영향의 상보적 관계를 이해하고 서로 공존하고 상생하는 방법을 모색할 수 있도록 접근해야 한다.

[표 13-5] 지리탐구기술

지리탐구기술	유아행동
① 지리적 질문하기	• 집, 교실, 학교에 있는 사물이나 지역의 위치에 대해 질문하기 • 또래, 친척, 자신들의 집에 대해 질문하기 • 이야기 안에 묘사된 장소들에 대해 질문하기 • 동물들이 사는 장소에 대해 질문하기 • 미디어에서 이야기하는 장소에 대해 질문하기 • 지형 등에 대해 흥미 보이기 • 이야기나 뉴스 속 장소들의 지리적인 특징 알기 • 먼 곳과 교통수단에 대해 질문하기 • 사람들이 사용하는 길에 대해 질문하기 • 공동체 안에서 사용하는 말에 대해 질문하기

② 지리적 정보 획득하기	• 공간(집, 교실, 놀이공간)에 대한 특성들을 발견하기 위해 탐색하기 • 한 영역 내에 있는 사물들을 조직하여 정보 모으기 • 장소(미술관, 동물원, 농장 등)를 방문하여 정보 모으기 • 특별한 지역에 관한 정보를 모으기 위해 사진이나 그림 관찰하기 • 책을 통해 정보 모으기 • 시간의 변화를 관찰하고 정보 기록하기(날씨 등) • 방문한 장소의 사진 찍기 • 그림을 그리거나 녹음하여 정보 기록하기
③ 지리적 정보 조직하기	• 블록이나 사물들을 사용하여 직접 경험을 통해 얻은 정보를 나타내기 • 그림을 그려 관찰했던 것 표현하기 • 장소와 관련된 정보를 묘사하기 위하여 절차나 다른 자료에서 사진 오리기 • 날씨의 변화, 도로나 건물 공사 시 경치 변화, 날씨에 따른 사람들의 의상 변화를 매일 기록하기 • 간단한 지도 준비하기 • 그림 도표를 사용하여 정보 나타내기
④ 지리적 정보 분석하기	• 장소를 방문하고, 그곳의 특징에 대한 느낌 나누기 • 책에서 예시들을 찾아 헤매기 • 사진이나 그림들을 관찰하고 그것들의 특성이나 관계에 대해 해석하기 • 교실과 다른 장소 사이의 거리를 알아보기 위해 학교 배치도 사용하기 • 유아 자신이나 친구들이 살고 있는 곳을 지도에서 찾아보기 • 그림 도표를 보고 그것의 의미 해석하기 • 거리, 나라들의 크기 등을 비교하기 위해 지구본이나 지도 관찰하기
⑤ 지리적 질문에 대답하기	• 유아들이 살고 있는 장소를 묘사하기 위해 참고자료 사용하기 • 뉴스나 미디어에서 본 장소에 대한 정보 공유하기 • 사진이나 그림의 유사한 장소를 인지하기 • 사물이나 사람의 위치를 자세하게 묘사하기 • 한 공간 안의 장소나 사물들을 묘사하기 위해 블록이나 다른 사물들을 사용하여 모델 구성하기 • 장소에 대한 느낌을 공유하기 위해 그림 그리기 • 길을 찾기 위해 간단한 지도 사용하기

출처 : Melendez, W. R., Beck, V., & Fietcher, M.(2000). Teaching social studies in early education.

(4) 다문화

문화란 개인과 집단의 삶을 형성하고 유지하는 매우 중요한 힘이다. 따라서 한 사회를 이해하기 위하여 문화에 대한 이해는 필수적이다. 지구촌 사회라는 거시적 안

목이 아니더라도 이제 한 단위국가사회에도 다문화가 형성되었다. 다문화란 사람들이 갖는 외모, 능력, 인종, 성, 민족, 사회계층, 장애 등에 있어서 문화적 다양성이 형성되었다는 의미로, 다문화교육이란 영유아들이 직면하게 되는 이러한 문화적 다양성을 이해하고 수용하며, 비판적으로 사고할 수 있도록 가르칠 뿐만 아니라 민주적 의사결정과 사회적 행동, 힘을 길러주는 기술을 가르치는 교육이다(교육인적자원부, 2007). 영유아기는 이질적인 문화에 대한 편견, 고정관념이 생겨 두려움이 내면화되므로(이현숙, 2000) 현대사회의 특성을 반영할 때 영유아기의 다문화교육은 필수적이라 할 것이다. 다문화교육 내용으로 공존의 중요성에 입각한 관계 형성을 위하여 상호의존, 문화적 유사점과 차이점에 대한 이해를 통한 존중과 수용, 다문화에 대한 공평성 및 자신에 대한 정체성 형성을 들 수 있다.

[표 13-6] 문화적 다양성 유발요소

문화적 다양성 유발요소	정의
능력	신체적 · 정신적 · 정서적 능력과 그 능력의 범위, 유아들에게 가장 공통적으로 인식되는 능력은 신체적 능력
연령	늙거나 젊게 보이는 것으로 실제로 나이가 많고 적은 것
외모	키(크다/작다), 몸매(살찌다/마르다), 손상된 상태
종교	어떤 것에 대한 믿거나 믿지 않는 것을 망라함. 다양한 종교, 무신론, 무속신앙과 같은 자연의 힘에 대한 믿음
사회계층	개인의 생활양식을 반영하는 사회경제적 지위 · 계층 결정적 요인 : 직업, 주거, 복장, 교통수단, 교육배경 등
문화	같은 집단구성원들과 공유하는 생활방식, 사고, 신념, 언어, 공휴일, 기념일, 관습 등
가족구성	다양한 가족 형태, 가족구성원 및 그들의 역할
성	남자 또는 여자로서의 명명, 성에 의한 구별을 남녀 차별이라고 부름
인종, 민족	피부색, 머리카락, 얼굴 및 신체 모습 등과 같은 유전적으로 결정된 일련의 특징 및 공통의 뿌리에 의해 연결된 집단
성애	성적 지향 또는 선호

출처 : 김규수 외(2015). 영유아사회교육.

2. 교육과정 관련 내용

1) 만 0~2세 제3차 표준보육과정

(1) "공동체의 중요성 2" 관련 사회관계영역의 목표

- 만 0~1세에서는 "안정적인 애착을 형성하고 또래와 교사와 함께 지낸다"는 사회관계영역의 목표를 갖는다.
- 만 2세에서는 "가족을 사랑하고 또래, 교사와 즐겁게 지내며 간단한 규칙 등을 지킨다"는 사회관계영역의 목표를 갖는다.

[표 13-7] "공동체의 중요성 2" 관련 만 0~2세 사회관계영역의 목표

만 0~1세 사회관계영역의 목표	만 2세 사회관계영역의 목표
친숙한 사람과 관계를 형성한다.	나를 인식하고 다른 사람과 더불어 생활하는 경험을 한다.
• 자신과 다른 사람을 구별된 존재로 인식한다. • 기본 정서를 표현하고 다른 사람의 감정에 주의를 기울인다.	• 자기존중감을 형성한다. • 자신의 감정을 알고 다른 사람의 감정에 반응을 보인다.
• 안정적인 애착을 형성하고 또래와 교사와 함께 지낸다.	• 가족을 사랑하고 또래, 교사와 즐겁게 지내며 간단한 규칙 등을 지킨다.

출처 : 중앙보육정보센터(2013). 어린이집 표준보육과정 및 0~2세 영아보육프로그램의 이해.

(2) "공동체의 중요성 2" 관련 사회관계영역의 내용

- 만 0~1세에서는 "더불어 생활하기" 내용 범주 하위 내용인 "사회적 가치를 알기"에서 1수준에서 4수준에 따라 [표 13-8]에 세부 내용이 제시되어 있다.

[표 13-8] "공동체의 중요성 2" 관련 만 0~1세 사회관계영역의 세부 내용

내용범주	내용	1수준	2수준	3수준	4수준
나를 알고 존중하기	나를 구별하기	거울 속의 나에게 관심을 가진다.		거울 속의 나를 알아본다.	
	나의 것 인식하기	자기 이름을 부르는 소리에 반응한다.			
		–		친숙한 자기 물건을 안다.	
나와 다른 사람의 감정 알기	나의 감정을 나타내기	나의 욕구와 감정을 나타낸다.			
	다른 사람에게 주의 기울이기	다른 사람의 말과 표정, 몸짓에 주의를 기울인다.		다른 사람이 나타내는 여러 가지 감정에 주의를 기울인다.	
더불어 생활하기	안정적인 애착 형성하기	양육자와 시선을 맞춘다.	양육자에게 적극적으로 관심과 욕구를 표현한다.		
		주변의 친숙한 사람의 얼굴과 목소리를 인식한다.		주변의 친숙한 사람에게 애정을 표현한다.	
	또래에 관심 갖기	다른 영아와 함께 지내는 것을 경험한다.			
	자신이 속한 집단 알기	담임교사를 구별한다.		자기 반에서 지내며 안정감을 가진다.	
	사회적 가치를 알기	–		친숙한 물건의 자리를 안다.	
		만나고 헤어지는 인사를 해 본다.			

- 만 2세에서는 "더불어 생활하기" 내용 범주 하위 내용인 "사회적 가치를 알기"에서 1수준에서 2수준에 따라 [표 13-9]에 세부 내용이 제시되어 있다.

[표 13-9] "공동체의 중요성 2" 관련 만 2세 사회관계영역의 세부 내용

내용 범주	내용	1수준	2수준
나를 알고 존중하기	나를 구별하기	나와 다른 사람의 모습을 구별한다.	
	좋아하는 것 해보기	내가 좋아하는 것을 찾아본다.	
		좋아하는 놀이나 놀잇감을 선택해 본다.	스스로 선택한 놀이나 놀잇감을 즐긴다.
나와 다른 사람의 감정 알기	나의 감정을 나타내기	여러 가지 감정을 말과 행동으로 나타낸다.	
	다른 사람의 감정에 반응하기	다른 사람이 나타내는 여러 가지 감정에 반응을 보인다.	

더불어 생활하기	내 가족 알기	내 가족에게 애정을 표현한다.	내 가족에게 다른 사람과는 구분된 특별한 감정을 갖는다.
	또래와 관계하기	또래에게 관심을 보인다.	또래의 모습과 행동을 모방한다.
		또래의 이름을 안다.	또래가 있는 곳에서 놀이를 한다.
	자신이 속한 집단 알기	자신이 속한 반과 교사를 안다.	자신이 속한 반의 활동에 즐겁게 참여한다.
	사회적 가치를 알기	도움 받아 물건을 정리한다.	스스로 물건을 정리한다.
		자기 순서를 안다.	순서를 기다린다.
		바른 태도로 인사한다.	
		간단한 약속을 지킨다.	

(3) 지도지침 및 유의사항

제3차 표준보육과정의 만 0~2세 사회관계영역에서 "공동체의 중요성 2"에 관련하여 교사에 의해 지도되어야 할 내용에 대한 지침 및 유의사항은 [표 13-10]과 같다.

[표 13-10] "공동체의 중요성 2" 관련 사회관계영역의 지도지침 및 유의사항

연령	내용 범주	내용	지도지침 및 유의사항
만 0~1세	더불어 생활하기	사회적 가치를 알기	• 교사는 영아가 자주 사용하는 놀잇감이나 물품이 항상 정해진 자리에 있으면 환경에 대한 예측감 속에 안정감을 느끼게 되므로 친숙한 놀잇감 혹은 개인 물품을 사용한 후에 정해진 자리가 있음을 알도록 함께 정리하거나 찾는 상호작용을 통해 알려준다. 이를 위해 놀잇감 자리에 사진이나 그림자 자리표를 만들고 개인 물품장에 영아의 사진을 붙여둔다. • 영아가 1차 양육자와 헤어질 때 온정적으로 안아주며 인사하면서 다시 돌아올 것에 대해 상호작용해 주고 다시 만났을 때 즐겁게 인사하는 경험을 통해 친숙한 사람에 대한 애정을 표현하도록 한다.

			• 영아가 1차 양육자 혹은 친숙한 사람과 만나고 헤어지는 인사를 할 때 편안한 분위기에서 할 수 있도록 좋아하는 놀잇감이나 1차 양육자를 느낄 수 있는 물건을 미리 준비해 두었다가 함께 사용하여 안정감을 가지도록 한다. • 친숙한 물건의 자리를 교사 강요에 의해 가르치지 않도록 주의하고, 놀잇감을 정리할 때 영아가 즐거운 놀이로 받아들일 수 있도록 상호작용해 주며, 만나고 헤어지는 인사를 할 때 진심으로 반가움과 다시 만날 것에 대한 기대감을 전달할 수 있도록 한다.
만 2세	더불어 생활하기	사회적 가치를 알기	• 교사는 영아가 자신이 사용한 물건을 평소 그 물건이 놓여진 자리에 정리해 볼 수 있도록 돕고, 좀 더 큰 영아에게는 보육실 내 규칙적인 하루 일과 속에서 스스로 친숙한 놀잇감을 정리할 수 있도록 상호작용한다. • 여러 친구들이 동시에 한 가지 일을 하기 위해서는 필요할 경우 순서를 기다려야 하며, 자기 순서가 되기 위해서는 앞의 사람이 먼저 일을 끝내야 자기 차례가 오게 된다는 것을 인식하도록 상호작용을 통해서 영아가 자신의 순서가 올 때까지 스스로 욕구를 참고 기다릴 수 있도록 지원한다. • 영아가 어린이집에서 교사나 친구를 만나고 헤어질 때, 반갑고 예의 바르게 인사할 수 있도록 모델링을 보이고 상호작용해 준다. • 영아가 식사를 한 후에 양치하기, 친구를 때리지 않기, 친구가 놀고 있는 놀잇감을 빼앗지 않기 등 어린이집에서 지켜야 할 간단한 약속이 있다는 것을 알고 이를 지킬 수 있도록 상호작용해 준다. • 영아가 자신이 사용한 놀잇감이나 물건을 스스로 제자리에 놓을 수 있도록 하기 위해 흥미영역에 놀잇감의 사진을 붙여준다. 영아의 개인 사물함에도 영아의 사진과 이름을 붙여주어 스스로 정리하는 습관을 기르도록 돕는다. • 영아가 지켜야 할 간단한 약속을 함께 만들되 영아의 발달수준과 특성을 충분히 고려하여야 한다. 안 되는 것에 대한 규칙은 안전에 관련된 것과 다른 사람을 해하는 것 등 최소한으로 하도록 한다. 또한 규칙을 이행할 때, 부정적인 상호작용보다 긍정적인 상호작용을 더 많이 하도록 유의한다.

출처 : 김규수 외(2015). 영유아사회교육.

2) 만 3~5세 연령별 누리과정

(1) "공동체의 중요성 2" 관련 사회관계영역의 목표

만 3~5세 연령별 누리과정에서 "공동체의 중요성 2" 관련 사회관계영역의 목표는 "친구, 공동체 구성원들과 서로 돕고, 예의 · 규칙 등 사회적 가치를 알고 지킨다." " 우리 동네, 우리나라, 다른 나라에 관심을 가진다." 이다.

[표 13-11] "공동체의 중요성 2" 관련 사회관계영역의 목표

자신을 존중하고 다른 사람과 더불어 생활하는 능력과 태도를 기른다
① 자신을 소중히 여기며 자율성을 기른다. ② 자신과 타인의 감정을 알고 자신의 감정을 적절하게 표현하고 조절한다. ③ 가족과 화목하게 지내며 서로 협력한다. ④ 친구, 공동체 구성원들과 서로 돕고, 예의 · 규칙 등 사회적 가치를 알고 지킨다. ⑤ 우리 동네, 우리나라, 다른 나라에 관심을 가진다.

(2) "공동체의 중요성 2" 관련 연령별 사회관계영역의 내용

[표 13-12] "공동체의 중요성 2" 관련 연령별 사회관계영역의 내용

<table>
<tr><th rowspan="2">내용 범주</th><th rowspan="2">내용</th><th colspan="3">연령별 세부 내용</th></tr>
<tr><th>만 3세</th><th>만 4세</th><th>만 5세</th></tr>
<tr><td rowspan="4">다른 사람과 더불어 생활하기</td><td rowspan="2">친구와 사이좋게 지내기</td><td>친구와 함께 놀이 한다.</td><td colspan="2">친구와 협동하며 놀이한다.</td></tr>
<tr><td>나와 친구의 의견에 차이가 있음을 안다.</td><td colspan="2">친구와의 갈등을 긍정적인 방법으로 해결 한다.</td></tr>
<tr><td rowspan="2">공동체에서 화목하게 지내기</td><td></td><td>도움이 필요할 때 다른 사람과 도움을 주고받는다.</td><td>다른 사람과 도움을 주고받고 서로 협력 한다.</td></tr>
<tr><td colspan="3">교사 및 주변 사람과 화목하게 지낸다.</td></tr>
</table>

	사회적 가치를 알고 지키기		정직하게 말하고 행동한다.	
		다른 사람의 소유물을 존중한다.	다른 사람의 생각, 행동을 존중한다.	다른 사람을 배려하여 행동한다.
			친구와 어른께 예의 바르게 행동한다.	
		약속과 규칙을 지켜야 함을 안다.	다른 사람과 한 약속이나 공공규칙을 지킨다.	
			자연과 자원을 아끼는 습관을 기른다.	
사회에 관심 갖기	지역사회에 관심 갖고 이해하기	우리 동네의 이름을 안다.	우리 동네에 대해 알아본다.	
		우리 동네 사람들에 관심을 갖는다.	우리 동네 사람들이 하는 일에 관심을 갖는다.	다양한 직업에 관심을 갖는다.
			물건을 살 때 돈이 필요함을 안다.	일상생활에서 돈의 쓰임에 대해 안다.
	우리나라에 관심 갖고 이해하기	우리나라를 상징하는 것에 관심을 가진다.	우리나라를 상징하는 것을 안다.	우리나라를 상징하는 것을 알고 예절을 지킨다.
		우리나라의 전통놀이와 풍습에 관심을 갖는다.		우리나라의 전통, 역사, 문화에 관심을 갖는다.
			우리나라에 대해 자부심을 갖는다.	
	세계와 여러 문화에 관심 가지기		세계 여러 나라에 대해 관심을 갖는다.	세계 여러 나라에 대해 관심을 갖고, 서로 협력해야 함을 안다.
			다양한 인종과 문화에 관심을 갖는다.	다양한 인종과 문화를 알아보고 존중한다.

(3) 지도지침 및 유의사항

만 3~5세 누리과정의 사회관계영역에서 "공동체의 중요성 2"에 관련하여 교사에 의해 지도되어야 할 내용에 대한 지침 및 유의사항은 [표 13-13]과 같다.

[표 13-13] "공동체의 중요성 2" 관련 사회관계영역의 지도지침 및 유의사항

내용 범주	내용	지도지침 및 유의사항
다른 사람과 더불어 생활하기	사회적 가치를 알고 지키기	• 사회가 건강하고 질서 있게 유지되기 위해서는 약속과 공공규칙을 지키는 노력이 필요함을 알게 하고, 이를 통해 유아 스스로 행동을 선택하고 통제하는 법을 습득하여 사회적 가치 규범의 중요성을 내재화할 수 있도록 도와준다. 유치원이나 어린이집에서 지켜야 할 약속과 규칙을 직접 만들어 보게 하고, 약속과 규칙을 잘 지키는지, 잘 지키지 않는다면 그 이유는 무엇인지, 약속과 규칙이 잘 지켜지면 좋은 점은 무엇인지에 대해서 이야기 나누어 본다. 또한 동화나 그림자료, 동영상을 활용하여 공공장소에서의 적절한 행동과 그렇지 않은 행동에 대해 알아보고, 차례 지키기, 양보하기, 조용히 하기 등의 공공규칙을 지킬 수 있도록 지도한다. • 자연과 자원이 우리의 생활에 주는 도움과 그 가치에 대하여 알아보고, 자연과 자원을 보호하는 습관을 기르도록 지도한다. 자연과 우리의 생활에 관련된 책이나 동영상을 통해 생명체의 소중함과 생명체가 살아가기에 좋은 환경은 어떤 환경인지에 대해 알아보고, 우리가 제대로 보호하지 않으면 우리의 생활이 어떻게 될 것인지에 대해서도 생각해 보도록 한다. 또한 자연환경을 훼손하지 않고 그대로 보존하려면 어떻게 해야 하는지에 대해 알아보고, 자연보호 체험활동을 통하여 자연을 사랑하는 마음을 길러주며, 물 아껴 쓰기, 쓰레기 분리수거, 에너지 절약 등에 대한 체험활동을 일상생활 속에서 지속적으로 실시하여 자원을 아끼는 습관을 길러주도록 한다. • 다양한 경험을 통하여 익힐 수 있도록 현장체험이나 직접경험의 기회를 많이 제공한다. • 일상생활 속에서의 지속적이고 반복적인 실천으로 올바른 습관이 형성될 수 있도록 지도한다.
사회에 관심 갖기	지역사회에 관심 갖고 이해하기	• 유아가 우리 동네 이름을 알고 우리 동네에 있는 다양한 장소를 살펴보면서 우리 동네에 관심을 가지도록 한다. • 우리 동네의 특징에 대해 알아볼 수 있는 기회를 다양하게 제공한다. 구체적이고 직접적인 정보수집활동을 통해 자신이 이해하고 개념화한 지식을 표현할 수 있는 기회를 갖는 데 중점을 둔다. • 동네 사람들의 다양한 모습과 공공기관이나 생활 관련 공간에서 경험한 서비스들을 기억하여 놀이로 표현하고 이를 반복해 놀이할 수 있도록 적절한 자료와 환경을 구성한다. • 사회의 일원으로서 지켜야 할 규칙이나 예의범절 등을 놀이를 통해 자연스럽게 접해 볼 수 있는 경험을 제공한다. 무엇보다 대상과 상황에 따라 어울리는 말과 행동을 하는 데 중점을 둔다.

		• 성 역할 고정관념이 형성되지 않도록 직업과 관련된 책들을 다양하게 비치해 주고 역할놀이를 통해 다양한 직업의 세계를 체험하도록 하여 일의 소중함, 직업 세계의 다양함, 사회적 역할의 중요성에 대해 생각하고 이야기하는 기회를 제공한다. • 물건을 사고파는 경험 및 일상생활에서 돈을 사용하는 놀이 등을 계획하여, 유아가 돈의 쓰임새 및 기초적인 경제개념을 이해하도록 한다. • 다양한 직업을 경험하게 해주는 것도 중요하나 성 역할 고정관념이 형성되지 않도록 여러 종류의 자료를 풍부하게 준비하고 언어적 상호작용에 있어서도 편견적인 표현이 나타나지 않도록 유의한다.
	우리나라에 관심 갖고 이해하기	• 우리나라를 상징하는 것에 대해 관심을 갖고 살펴보며 이와 같은 상징물이 우리 주변에 다양하게 사용되고 있음을 알아본다. • 우리나라를 나타내는 상징물을 대하는 태도와 바른 예절을 알아보고 지키도록 한다. 이로서 나와 가족, 우리 동네, 지역사회를 포괄하는 국가의 존재에 대해 알고, 국가 상징물에 대한 예절 및 마음가짐에 대해 배움으로써 유아가 우리나라 국민으로서의 정체성을 건강하게 형성하도록 한다. • 유아에게 과거 상황에 대해 가장 흥미롭게 접할 수 있는 방법은 우리 고유 풍습을 생활 중에 자연스럽게 접하고 친숙함을 가질 수 있게 하는 것이므로 이러한 경험을 풍부하게 제공할 수 있도록 한다. • 유아는 현재와 과거를 접하면서 시간의 흐름에 대해 이해를 도모하게 되므로 유아의 역사적 사건과 흐름에 대한 이해를 돕고 남북통일과 같은 우리나라가 가지고 있는 과제에 대한 관심을 가지며 생각해 볼 수 있는 기회를 제공한다. • 시간의 흐름은 가시화되기 쉽지 않으므로 이를 구체화하여 보여 줄 수 있도록 환경을 구성한다. • 자랑스러운 우리나라의 역사와 문화에 대한 활동을 계획하여 유아가 우리나라에 대해 자부심을 갖게 하는 데 중점을 둔다. 우리나라의 문화재에 대해 조사해 보는 활동을 통해 우리 문화유산의 우수성을 안다. • 우리나라 역사와 문화에 관한 활동은 모든 주제 속에서 조금씩 접근해 볼 수 있는 것으로 명절이나 특정 주제에서만 다루어지지 않도로 유의한다.
	세계와 여러 문화에 관심 가지기	• 유아가 일상생활에서 각종 매체를 통해서나 직접 여행 등을 통해 경험한 세계 여러 나라의 정보에 대한 이야기를 나누어 보거나 수집한 자료를 함께 살펴보는 것과 같은 직접적인 기회를 제공한다. • 세계 여러 나라의 다양한 인종과 문화에 대한 정보를 접할 수 있도록 여행지에서 찍은 사진 및 기념품, 특산품, 공예품과 같은 실물자료의 제시와 더불어 현재의 달라진 생활모습이 담긴 사진 등을 제시하여 교실에서 자연스럽게 다양한 정보를 얻을 수 있도록 환경을 구성한다.

		• 신문, 잡지, TV, 인터넷 등을 통해 다양한 소식을 접하게 함으로써 국가의 경계를 뛰어넘어 서로 교류를 하며 지구촌 문제를 공동으로 대응하기 위해 서로 협력하여 살아가야 한다는 것을 알아가게 한다. • 유아가 세계 여러 나라의 다양한 생김새, 의식주 생활, 풍습에 대해 관심을 갖고 그들의 문화에 대해 알아보면서 차이를 인정할 뿐 아니라 존중하는 마음을 갖는 데 중점을 둔다. 다른 인종과 문화를 존중하는 태도를 갖도록 생활주제별로 자연스럽게 연계하여 직접 경험의 기회를 지속적으로 제공한다. • 세계 여러 나라의 다양한 사람들, 문화, 전통 등을 접하다 보면 문화유산의 의미와 가치보다는 관광객처럼 여러 나라의 유명한 것에 대한 탐색활동이 반복되기 쉬우므로 특정 생활주제에 국한되어 지도되지 않도록 유의한다.

출처 : 김규수 외(2015). 영유아사회교육.

3. 교육과정 현장 적용을 위한 실제

낮과 밤의 소중한 분들

지도학생 : 전승희

주제	우리 동네	대상연령	만 3세
활동 유형	이야기 나누기	집단 형태	대 · 소집단활동

활동목표	• 우리 동네를 위해 일하시는 분들에 대해 이야기할 수 있다. • 낮과 밤의 차이를 안다. • 우리 동네를 위해 일하시는 분들에 대해 감사하는 마음을 갖는다.
교육과정 관련 요소	의사소통 : 말하기 〉 느낌, 생각, 경험 말하기 사회관계 : 사회에 관심 갖기 〉 지역사회에 관심 갖고 이해하기 자연탐구 : 과학적 탐구하기 자연현상 알아보기
활동자료	우리 동네 낮과 밤 교구, 도입자료, 손전등과 돋보기

단계	활동 내용
도입	1. 지난 시간 내용인 직업의 종류에 대해 회상한다. 교사 : 우리 지난 시간에 여러 가지 직업들에 대해 이야기했지요. 교사 : 이 직업들은 낮에 일하는 것도 있고 밤에 일하는 것도 있다고 해요. 교사 : 오늘 선생님이 재미있는 비밀책을 가지고 왔는데, 여기에는 이런 직업을 가진 사람들이 숨어 있대요. 우리 함께 찾아보기로 해요.
전개	2. 교구탐색을 한다. 교사 : 얘들아, 이것이 무엇인 것 같아요? 유아 : 책 같아요. 유아 : 우리 동네 낮과 밤이라고 쓰여 있어요. 교사 : 그렇구나. 선생님이 이 책에 너희들이 아까 말한 낮과 밤에 일하시는 분들이 숨어 있어요. 어디 한 번 볼까요? (책을 열어보인다) 유아 : 깜깜해요. 아무것도 안 보여요. 교사 : 그렇구나. 그럼 무엇이 있으면 잘 볼 수 있을까요? 유아 : 안경이요, 손전등이요. 교사 : 그래, 무엇인가 잘 보려면 잘 보이게 하거나 밝혀주는 도구가 필요하겠어요. 그래서 선생님이 손전등과 돋보기를 준비했어요.

<table>
<tr><td></td><td>3. 우리 동네에서 일하시는 분들에 대해 이야기 나눈다.
교사 : 우리 동네에서 일하시는 분들은 어떤 분이 계실까요?
유아 : 우체부 아저씨요. 청소하는 사람이요.
교사 : 그럼 누가 이 비밀책에서 우체부 아저씨를 찾아볼까요?
(한 유아가 나와서 돋보기를 가지고 비밀책 안에서 우체부 아저씨를 찾는다)
정말 잘 찾았어요.
우체부 아저씨는 어떤 일을 하고 계시나요?
유아 : 편지를 갖다 주세요.
교사 : 그럼 이번에는 누가 소방관 아저씨를 이 비밀책에서 찾아줄 수 있을까요?
(다른 유아가 나와서 손전등으로 비밀책 안에서 소방관 아저씨를 찾는다)
정말 잘 찾았어요.
소방관 아저씨는 어떤 일을 하고 계시나요?
유아 : 불이 나면 불을 꺼 주세요.</td></tr>
<tr><td>마무리</td><td>4. 활동을 마무리한다.
교사 : 우리 동네를 위해 일하시는 분들을 찾아보았는데, 이런 분들이 없다면 어떻게 될까요?
교사 : 우리는 이 분들에게 어떤 마음을 가질 수 있을까요?
교사 : 그럼 우리 다음 시간에는 이 분들에게 고마운 마음을 전하는 편지를 쓰도록 하자.</td></tr>
</table>

활동자료

1. 도입자료

2. 우리 동네 낮과 밤 교구

3. 낮의 모습

4. 밤의 모습

5. 손전등으로 비춘 모습 1(낮)

6. 손전등으로 비춘 모습 2(밤)

7. 손전등과 돋보기

본 활동의 특징 및 교사의 역할

"낮과 밤의 소중한 분들" 활동의 특징

① 본 활동은 직업의 다양성과 가치를 '비밀 책'이라는 특별한 교구의 활용을 통하여 알 수 있다.

② 영유아가 돋보기를 들고 어두운 화면에 숨겨져 있는 직업인들을 찾아내어 '조명'함으로써 사회 구석구석에서 일하고 있는 분들의 역할에 대한 소중함을 느낄 수 있습니다.

③ 과학적이고 매력적인 교수자료를 통하여 영유아는 영유아 주변 환경에 있는 다양한 직업에 대한 관심의 영역을 넓힐 수 있다.

교사의 역할

본 활동은 영유아가 습득해야 할 사회과학적 지식 중 경제부분의 '직업'에 해당하기도 하지만 그 직업의 다양성을 아는 것뿐만 아니라 그 직업의 중요성과 영유아 자신과의 관련성을 알게 함으로써 사회구조에 대한 체계적인 관계성과 더불어 영유아에게 미치는 영향으로 고마운 마음을 느끼고 표현할 수 있도록 돕는 교사의 지도가 필요하다.

나도 길을 만들 수 있어요!

지도학생 : 강혜진

주제	교통수단	대상연령	만 4, 5세
활동 유형	자유선택활동(수 · 조작영역)	집단 형태	개별 활동

활동목표	• 다양한 블록을 이용하여 길을 창의적으로 구성할 수 있다. • 표지판과 신호등의 쓰임새를 안다. • 일상생활에서 길의 중요성을 느낀다.
교육과정 관련 요소	사회관계 : 다른 사람과 더불어 생활하기 〉 사회적 가치를 알고 지키기 신체운동 · 건강 : 안전하게 생활하기 〉 교통안전 규칙 지키기 자연탐구 : 수학적 탐구하기 〉 공간과 도형의 기초개념 알아보기
활동자료	활동판, 길 블록, 보관가방, 블록가방, 표지판, 미니자동차

단계	활동 내용
도입	**1. 일상생활에서 길이 생긴 유래를 알아본다.** 교사 : – 자동차가 다니려면 무엇이 필요할까요? – 그럼, 이 길은 원래 있던 길일까요? 누가 만든 길일까요? – 그럼, 너희도 길을 만들 수 있을까요?
전개	**2. 교구 탐색을 하며 교구사용방법을 알려준다.** 교사 : – 선생님이 너희들이 길만들기 놀이를 할 수 있도록 준비한 것이 있어요. – 선생님이 먼저 길을 만들어 보았어요. – 길이 어떻게 생긴 것 같아요? – 그럼 이번에는 다르게 만들어 보자. – 아까와 어떻게 다른 것 같아요? – 이번에 누가 나와서 해볼까요? – 그런데, OO가 만든 길에는 필요한 것이 있네요. (표지판을 꺼내 보여 준다) – 이 표지판에는 무엇이 있나요? – 어디에 놓아야 할까요? – 이제 길이 완성되었으니 무엇이 다닐 수 있을까요? – 그러면 이 길에 자동차를 놓아보자.
마무리	**4. 활동을 마무리하며 영역배치를 한다.** 교사 : – 이렇게 길을 만들어 놓으니 자동차가 다닐 수 있군요. – 우리가 다니는 길이 어떻게 만들어지는지 알겠지요? – 이 교구는 어느 영역에 둘까요?

활동자료

1. 도로 구성 예시

2. 교구 가방

3. 도로조각들

4. 도로조각 모음가방

5. 활동판

6. 표지판

7. 미니자동차

본 활동의 특징 및 교사의 역할

"나도 길을 만들 수 있어요!" 활동의 특징

① 본 활동은 도로 블록을 가지고 자동차길을 만드는 활동으로서 놀이를 하는 중에 영유아의 공간지각력을 증진시킬 수 있다.

② 영유아 자신이 자동차 길을 만들어 봄으로써 자동차가 원활하게 다니고 사람에게 안전사고가 일어나지 않기 위해서는 어떤 규칙을 지켜야 하는 지에 대해서도 자연스럽게 학습하게 된다.

③ 도로 블록이라는 교수자료를 통하여 다양한 도로의 모양을 구성해 냄으로써 창의적 사고와 문제해결력 향상에 도움을 줄 수 있다.

교사의 역할

본 활동은 영유아가 습득해야 할 사회과학적 지식 중 '역사'와 '지리'영역에서 다루어질 수 있다. 본 활동계획안에서 교사가 영유아에게 던지는 발문들이 모두 중요하나 가장 핵심적인 발문은 "길은 어떻게 생긴 걸까요?"와 "너희들도 길을 만들 수 있을까요?"이다. 평소에 생각해 보지 않았던 영유아 주변에 있는 길의 의미와 유래 등에 대하여 이야기 해 봄으로써 영유아는 사회 전체구조에서 길이 가지는 중요성과 함께 자신의 개인적 필요를 연결지어 보게 될 것이다. 그래서 사회의 모든 것이 '관계'가운데 있다는 것을 알 수 있다.

내가 쓰고 싶은 세계 모자

지도학생 : 문도래

주제	세계 여러 나라	대상연령	만 5세
활동 유형	자유선택활동 - 게임(언어영역)	집단 형태	개별 활동

활동목표	• 세계 여러 나라의 다양한 전통모자에 관심을 갖는다. • 각 전통의상에 맞는 모자를 씌워줄 수 있다. • 게임 규칙을 지키며 즐거움을 느낀다.
교육과정 관련 요소	사회관계 : 사회에 관심 갖기 〉 세계와 여러 문화에 관심 가지기 사회관계 : 다른 사람과 더불어 생활하기 〉 사회적 가치를 알고 지키기
활동자료	팝업북, 모자 게임판과 게임판 뚜껑, 우드락 인형, 작은 모자들, 게임방법판

단계	활동 내용
도입	**1. 팝업북을 보면서 세계 모자에 대한 이야기를 나눈다.** 교사 : – 우리 지난 시간에 세계 모자에 대해 이야기를 했지요. – 이것은 어느 나라 모자일까요? – 그래. 이것은 베트남에서 쓰는 '논'이라는 모자예요. 대나무로 만들어지고 더위를 피하기 위해 쓰는 거예요. – 네덜란드 모자는 '훌'이라는 모자이지요. 이것은 하얀레이스로 만들어지고 종교 때문에 쓰는 거예요. – 멕시코 모자는 '솔브레로'라는 모자이지요. 이것은 밀짚으로 만들어져서 더위를 식혀주어요.
전개	**2. 교구 탐색을 하며 교구사용방법을 알려준다.** 교사 : – 오늘은 모자에 관한 게임을 하려고 해요. – 이 게임판은 어떤 모양인가요? – 게임판 안에는 돌림판이 있는데, 이 안에는 무엇이 그려져 있나요? – 이 나라 국기는 어느 나라 국기지요? – 이 사람인형에게 어떤 모자를 씌워 줄지 어떻게 정하면 좋을까요? – 돌림판을 돌려서 나온 국기에 맞는 나라의 사람에게 맞는 모자를 씌어주면 되겠어요. – 그런데 이 게임은 몇 명이 하는 것일까요? – 어떻게 순서를 정하면 좋을까요?

<table>
<tr><td></td><td>〈게임방법〉
1. 우드락 인형(세계 여러 나라 사람들)을 게임판에 붙여 놓는다.
2. 작은 모자들은 모자 게임판 뚜껑에 놓는다.
3. 가위바위보를 해서 이긴 사람이 돌림판을 돌린다.
4. 돌림판에서 나온 나라의 모자를 찾아서 각 나라의 사람 머리에 씌워준다.
5. 먼저 모자를 다 붙인 사람이 이긴다.

3. 시범활동을 한다.
교사 : 누가 선생님과 시범을 보여 줄까요?

4. 게임에 대한 규칙을 정한다.
교사 : 책을 찢거나 놀잇감을 던지거나 낙서하지 않아요.</td></tr>
<tr><td>마무리</td><td>4. 활동을 마무리하며 영역배치를 한다.
교사 : – 세계 여러 나라의 모자를 알아보았는데, 나에게 어울릴 멋진 모자는 어떤 것일까요?
– 다음 시간에는 베트남 모자 만들기를 해볼 거예요.
– 이 교구는 어느 영역에 둘까요?</td></tr>
</table>

활동자료

1. 팝업북

2. 팝업북(베트남 모자 – 논)

3. 팝업북(네덜란드 – 훌)

4. 팝업북 (멕시코 – 솔브레로)

5. 연두 모자 게임판

6. 파란 모자 게임판

7. 세계 여러 나라 사람들 인형

8. 세계 여러 나라 모자

본 활동의 특징 및 교사의 역할

"내가 쓰고 싶은 세계 모자" 활동의 특징

① 본 활동은 게임을 함으로써 영유아가 '모자'라는 문화적 아이템에 대한 관심의 영역을 확장할 수 있다.

② 돌림판이라는 선택매체를 통해 게임판에서 늘 해야 하는 선택에 대한 두려움을 제거하고 자연스럽게 선택역량을 향상시킬 수 있다.

③ 놀이를 통하여 즐거움을 함께 각 나라의 의복 문화에 대한 학습도 아울러 이루어질 수 있다.

교사의 역할

본 활동은 영유아가 습득해야 할 사회과학적 지식 중 '다문화' 영역에서 다루어질 수 있다. 다문화에 대한 이해는 영유아가 지구촌에 있는 다양한 문화적 요소를 알고 존중하는 가운데 보다 정확하게 자신의 정체성을 확립하면서 다문화에 대해 수용하는 것이다. 교사는 세계 여러 나라의 다양한 문화적 산물의 하나인 모자를 통하여 문화적 다양성을 소개하고 영유아 개인적인 문화 형성에 도움을 줄 수 있어야 한다.

내가 좋아하는 전통음식

지도학생 : 정현아

주제	우리나라	대상연령	만 5세
활동 유형	자유선택활동 - 게임(언어영역)	집단 형태	개별 활동

활동목표	• 우리나라 전통음식을 안다. • 친구와 즐겁게 게임을 할 수 있다.
교육과정 관련 요소	사회관계 : 다른 사람과 더불어 생활하기 〉 사회적 가치를 알고 지키기 사회관계 : 사회에 관심 갖기 〉 우리나라에 관심 갖고 이해하기
활동자료	전통음식 돌림판, 카드판, 개인카드판, 책자

단계	활동 내용
도입	**1. 우리나라 전통음식에 대한 이야기를 나눈다.** – 우리 지난 시간에 이야기했던 전통음식 기억하나요? – 어떤 음식들이 있었나요?
전개	**2. 교구 탐색을 하며 교구사용방법을 알려준다.** 교사 : 선생님 손에 무엇이 보이나요? 유아 : 동그란 돌림판이요. / 화살표도 있어요. / 음식 사진이요. 교사 : (그림판을 보여 주며) 이것은 무엇일까요? 유아 : 뒤집는 거 같아요. 교사 : 정말 뒤집으니 음식사진이 있네요. 교사 : 오늘은 이 돌림판에 나온 전통음식을 가지고 게임을 하려고 해요. **〈게임방법〉** 1. 순서를 정한 후, 돌림판을 돌린다. 2. 그림판의 색 볼을 하나 뒤집어서 돌림판의 그림과 같은 그림을 찾는다. 3. 같은 그림을 찾으면 음식 사진을 자신의 게임판 위에 붙인다. 4. 먼저 게임판을 완성한 사람이 이긴다. 교사 : 게임판이 몇 개인가요? 교사 : 몇 명이 게임을 하면 좋을까요? 교사 : 두 명의 친구가 순서를 어떻게 정하면 좋을까요? **3. 시범활동을 한다.** 교사 : 누가 선생님과 시범을 보여 줄까요?

	4. 게임에 대한 규칙을 정한다.
마무리	4. 활동을 마무리하며 영역배치를 한다. 교사 : – 여러 가지 우리나라 전통음식을 알아보았는데, 내가 제일 좋아하는 전통음식은 무엇인가요? – 다음 시간에는 전통음식 중 비빔밥을 만들어볼 거예요. – 이 교구는 어느 영역에 둘까요?

활동자료

1. 돌림판

2. 게임방법판

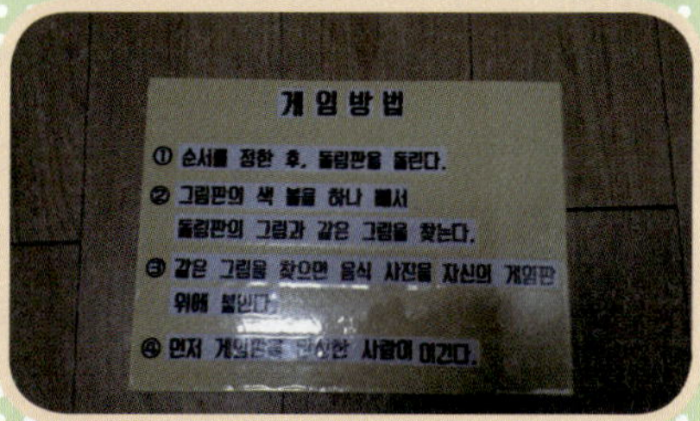

3. 카드판

4. 열려진 카드판 모습

5. 개인판

6. 전통음식들

본 활동의 특징 및 교사의 역할

"내가 좋아하는 전통 음식" 활동의 특징

① 본 활동은 교구게임을 통하여 요즘 영유아들이 평상시에 접하지 못했던 전통음식의 종류를 알 수 있다.

② 전통음식을 재미있는 놀이를 통하여 알게 되면서 전통문화에 대한 자긍심도 심어줄 수 있다.

③ 본 놀이활동은 인지능력 중 기억력에 따라 승패가 결정될 수 있으므로 영유아의 기억력 발달에 도움을 줄 수 있는 게임이다.

교사의 역할

본 활동은 영유아가 습득해야 할 사회과학적 지식 중 '전통문화' 영역에서 다루어질 수 있다. 현대사회는 다문화 시대가 도래하여 지구촌에 문화적 경계선이 없어지고 있다. 문화란 한 개인의 정신적 힘으로도 작용할 수 있는 큰 영향력이 있다. 다문화에 대한 존중과 수용도 중요하나 영유아가 속한 사회가 전통적으로 가지고 있는 문화에 대한 자긍심과 자부심이 선행될 때 보다 영유아의 바람직한 정체성 확립에 도움이 될 것이다. 교사의 문화에 대한 가치관은 자신도 모르게 영유아에게 영향을 미치므로 영유아 교사의 문화에 대한 올바른 가치관 형성이 선행되어야 할 것이다.

우리 동네는

지도학생 : 박지수

주제	우리 동네	대상연령	만 5세
활동 유형	음률	집단 형태	대 · 소집단 활동

활동목표	• 우리 동네에 여러 가지 기관이 있다는 것을 안다. • '우리 동네' 노래에 맞추어 악기 연주를 할 수 있다.
교육과정 관련 요소	사회관계 : 사회에 관심 갖기 〉 지역사회에 관심 갖고 이해하기 예술경험 : 예술적 표현하기 〉 음악으로 표현하기
활동자료	노래판, 리듬악기 연주판

단계	활동 내용
도입	**1. '우리 동네' 노래를 불러본다.** – 지난 시간에 배운 '우리 동네' 노래를 한 번 불러볼까요?
전개	**2. '우리 동네' 악보판을 탐색한다.** 교사 : 악보판을 보면서 노래를 들어보자. 교사 : 악보판에는 무슨 악기가 있나요? 교사 : 그래. 악보판의 악기들을 가지고 노래에 맞추어 악기 연주를 할 수 있겠구나. 교사 : 이 그림은 무슨 그림일까요? 교사 : 선생님이 노래를 들려주면 악보판에 있는 손뼉 그림에 맞추어 한 번 연주를 해 보도록 하자. (손뼉치기 한 후) 교사 : 이번에는 캐스터네츠를 가지고 연주할 수 있겠어요? (캐스터네츠 연주 후) 교사 : 이번에는 트라이앵글을 가지고 연주할 수 있겠어요? (트리이앵글 연주 후) 교사 : 이번에는 탬버린을 가지고 연주할 수 있겠어요? (탬버린 연주) **3. '우리 동네' 악보판을 보며 악기를 이용해 합주를 해 본다.** 교사 : 이번에는 우리 친구들이 하고 싶은 악기를 가지고 연주를 해보자. OO이는 어떤 악기를 가지고 하고 싶나요? 교사 : 자, 이제는 모두 각자 가지고 있는 악기를 가지고 함께 연주를 하는 거예요. **4. 노래에 맞추어 합주를 한다.**

마무리	**5. 활동을 마무리하며 영역배치를 한다.** 교사 : – 오늘은 너희들이 각자 가지고 싶은 악기를 가지고 함께 연주를 해보았는데, 소리가 어땠나요? – 우리 반 친구들이 함께 하는 소리가 정말 아름다웠지요. 이렇게 모두 협력하면 아름다운 소리를 만들어 낼 수 있답니다. – 이 교구는 어느 영역에 두면 너희들이 재미있게 또 해볼 수 있을까요?

활동자료

1. 노래판

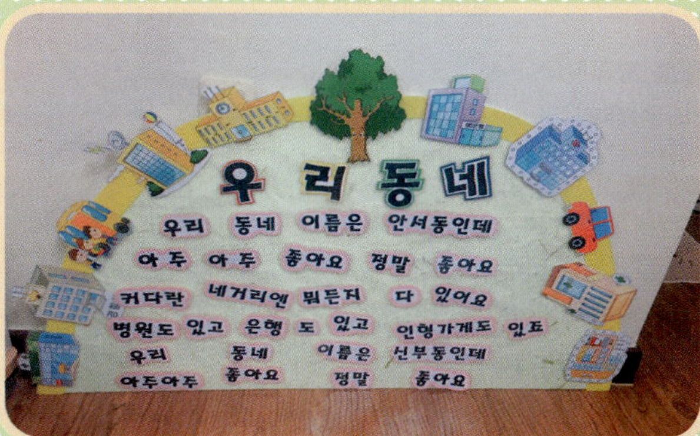

2. 악보판

본 활동의 특징 및 교사의 역할

"우리 동네는" 활동의 특징

① 본 활동은 노래를 충분히 익히고 그 노래의 멜로디에 맞추어 악기연주를 해보는 음률활동이다.

② 악기 연주 시 반드시 필요한 과정은 합주에 사용되는 모든 악기를 모든 유아들이 한 번씩 경험해 보고 합주할 때는 자신이 연주하고 싶은 악기를 선택하도록 하는 것이다.

③ 악기 연주 수업은 수행하기 전 교사가 연주할 노래의 리듬에 대한 면밀한 분석이 필요하다. 연령에 맞게 리듬을 쉽게도 또는 보다 다채롭게 하여 연주의 난이도에 따른 재미를 더 할 수 있다.

교사의 역할

본 활동은 영유아가 습득해야 할 사회과학적 지식 중 '지리' 영역에서 다루어 질 수 있다. 자기중심성이 강한 영유아가 자신이 사는 동네에 대한 관심에서부터 지리적 탐색이 이루어진다. 영유아가 노래를 하고 악기연주를 하면서 더불어 느끼도록 도와야 할 것은 '우리 동네'에 있는 모든 기관들이 모여서 우리 동네를 멋지게 만들어 주듯이, 영유아들이 각자 다른 소리를 가지고 있는 악기로 소리를 내지만 '악보판'의 리듬이라는 규칙에 따라 소리를 함께 낼 때 훨씬 아름다운 소리를 만들어 낼 수 있다는 경험을 갖게 해주는 것이다.

채소와 과일이 달라요!

지도학생 : 김혜린

주제	채소와 과일	대상연령	만 5세
활동 유형	게임	집단 형태	대 · 소집단활동

활동목표	• 채소와 과일을 구분할 수 있다. • 1~10까지의 수를 셀 수 있다. • 규칙을 지키며 게임에 즐겁게 참여한다.
교육과정 관련 요소	사회관계 : 다른 사람과 더불어 생활하기 〉 사회적 가치를 알고 지키기 사회관계 : 사회에 관심 갖기 〉 지역사회에 관심 갖고 이해하기 자연탐구 : 수학적 탐구하기 〉 수와 연산의 기초개념 알아보기 자연탐구 : 수학적 탐구하기 〉 기초적인 자료수집과 결과 나타내기
활동자료	1. 게임 점수판, 게임방법판, 점수 스티커 2. 팀 나누기 도구, 팀 구별 팔찌 3. 신호도구 4. 채소가게, 과일가계 판 5. 바구니 판 6. 채소, 과일(펠트) 7. 소쿠리 8. 주문서, 주문서 함 9. 출발선, 진로 화살표 10. 농부모자(밀짚모자) 11. 과일 채소판, 실물 사진자료

단계	활동 내용
도입	**1. 지난 시간 내용을 상기시킨다.** 교사 : 손유희('사과 같은 내 얼굴')를 하며 주의를 집중시킨다. 교사 : 지난 시간에 과일과 채소에 대해 이야기했었지요? 교사 : 과일에는 어떤 것이 있었나요? 교사 : 채소에는 어떤 것이 있었나요? 교사 : (과일 채소 바구니를 보여 주면서) 이것이 무엇일까요? 교사 : 이것은 농부 아저씨와 아주머니가 모아두신 과일과 채소예요. 오늘은 이 바구니에 있는 과일과 채소들 중에서 과일은 과일가게에, 채소는 채소가게에 갖다 주는 농부아저씨와 아주머니가 되어 볼 거예요.

전개

2. 게임자료 및 게임방법을 설명한다.

교사 : 오늘 너희들이 농부아저씨와 아주머니가 되기 위해서 필요한 것이 있는데 '그것이 무엇인지' 수수께끼를 내볼게요. 알아 맞춰 보세요.

> 이것은 그늘을 만들어 주어요.
> 이것은 동그라미예요.
> 이것은 머리에 쓰는 거예요.
> 나는 무엇일까요?

교사 : 선생님이 이 모자를 준비했어요. 언제 이 모자를 쓰면 좋을까요?

교사 : 농부아저씨와 아주머니는 과일밭과 채소밭에 이 모자를 쓰고 과일과 채소를 찾으러 가야 해요. 과일밭과 채소밭은 어디에 있을까요?

유아 : (중간 지점을 가리키며) 바구니가 있는 곳이요.

교사 : 이 바구니에는 어떤 과일과 채소가 담겨져 있나요?

교사 : 사과(딸기, 복숭아, 포도, 귤)는 과일일까요, 채소일까요?

교사 : 토마토(가지, 무, 당근, 고추)는 과일일까요, 채소일까요?

교사 : 농부 아저씨와 아주머니는 과일과 채소를 어디에 갖다 줄까요?

유아 : 가게요.

교사 : 그런데 얘들아, 농부아저씨와 아주머니가 아무 과일이나 채소를 가게에 갖다 주어도 될까요?

교사 : 농부아저씨와 아주머니는 가게주인으로부터 특별한 편지를 받는데, 그 편지는 어려운 말로 "주문서" 라고 하는 거예요.

교사 : 농부아저씨와 아주머니는 여기에서 (주문서함을 보여 주며) 주문서를 뽑는데, 여기 무엇이라 적혀 있나요?

유아 : 주문서함이요.

교사 : 여기서 뽑은 주문서대로 과일과 채소를 가게에 갖다 주는 거예요. 뽑은 주문서는 주문서함에 붙이도록 하자.

교사 : 여기 주문서에 사과 3개, 당근 2개가 나왔어요. 어떻게 해야 할까요?

유아 : 바구니에서 사과 3개, 당근 2개를 꺼내요.

교사 : 그런데 꺼낸 사과 3개와 당근 2개를 두 손으로 들고서 가게까지 갈 수 있을까요?

유아 : 큰 가방이 있으면 좋겠어요.

교사 : (소쿠리를 보여 주며) 옛날에는 농부 아저씨와 아주머니가 이런 소쿠리에 과일과 채소를 담아서 옮기셨대요. 이 소쿠리로 너희도 옮기면 어떨까요? 이 소쿠리를 어떻게 가지고 가면 좋을까요?

교사 : (그림을 보여주며) 소쿠리를 머리에 이고 가는 아주머니처럼 과일을 소쿠리에 담아 이고 가려고 해요. 소쿠리에 이고 간 과일과 채소를 가게에 주고서 다시 출발점으로 먼저 들어온 것을 어떻게 알 수 있을까요?

유아 : 종을 쳐요.

교사 : (종을 치면서) 정확하게 종을 친 사람에게 점수를 줄 거예요. 그리고 (호루라기를 불면서) 선생님이 이 호루라기를 불면 출발하는 거예요. 그럼 게임 방법을 같이 읽어볼까요?

〈게임방법〉

1. 농부 모자를 쓰고 출발선에 선다.
2. 출발신호를 듣고 주문서함에서 주문서를 뽑는다.
3. 뽑은 주문서는 주문서 함에 붙인다.
4. 소쿠리를 머리에 이고 걸어간다.
5. 주문서에 적혀 있는 과일과 채소의 숫자만큼 집는다.
6. 소쿠리에 과일과 채소를 넣는다.
7. 소쿠리를 머리에 이고 가게로 걸어간다.
8. 가게에 알맞게 붙이고 돌아온다.
9. 출발점으로 돌아와 종을 친다.

3. 규칙을 정한다.

교사 : 게임을 더 재미있고 안전하게 하려면 어떤 규칙이 필요할까요?

교사 : 선생님이 먼저 들어온 친구에게도 점수를 주고 규칙을 잘 지킨 친구에도 점수를 줄 거예요.

4. 팀을 나눈다.

교사 : 이 속에는 다른 두 가지색 막대들이 있어요.
막대를 뽑고 뒷면에 있는 숫자대로 앉아보세요.

교사 : 뽑은 막대는 게임할 때 불편하니까 같은 색의 팔찌로 바꾸어 줄게요.

교사 : OO색은 오른쪽, @@색은 왼쪽에 앉으세요.
그리고 앞줄에서부터 수를 세어보자.
각 팀원 수가 같으니 이제 게임을 할 수 있어요.

5. 시범을 보인다.

교사 : 시범을 보여줄 친구 있나요?

교사 : 시범을 보여 준 친구에게 고맙다고 박수 쳐 주어요.

6. 게임을 진행한다.

마무리	**7. 정리정돈을 한다.** 교사 : 누가 정리를 도와줄까요? **8. 게임결과에 대하여 이야기 나눈다.** 교사 : (점수판을 보며) 어느 팀이 더 많은지 수를 세어보자. 교사 : 수가 더 많은 팀에게 박수쳐주자. 교사 : 끝까지 게임에 열심히 참여해 준 친구에게도 박수쳐주자. **9. 활동을 평가한다.** 교사 : – 오늘 게임에서 좋았던 점과 아쉬웠던 점은 있었나요? – 이제 과일과 채소를 구분할 수 있게 되었구나. **10. 다음 활동을 소개한다.** 교사 : 다음 시간에는 과일과 채소를 가지고 멋진 협동화를 그릴 거예요.

활동자료

1. 분홍팀 과일 바구니

2. 하늘팀 과일 바구니

3. 모자 수수께끼판

4. 과일가게와 채소가게판

5. 게임방법판

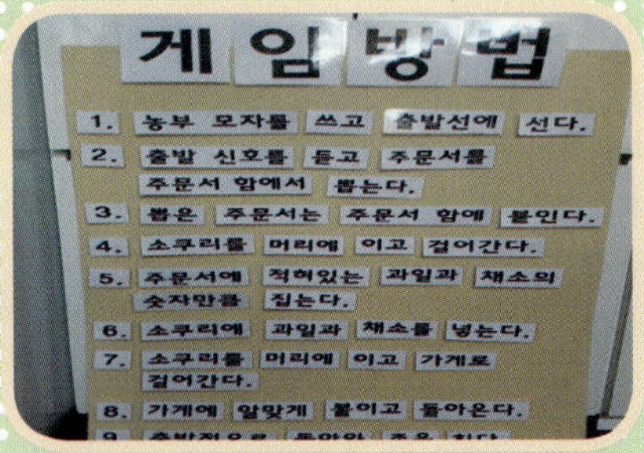

6. 농부 모자

7. 점수판

8. 소쿠리

9. 주문서 함(분홍팀)

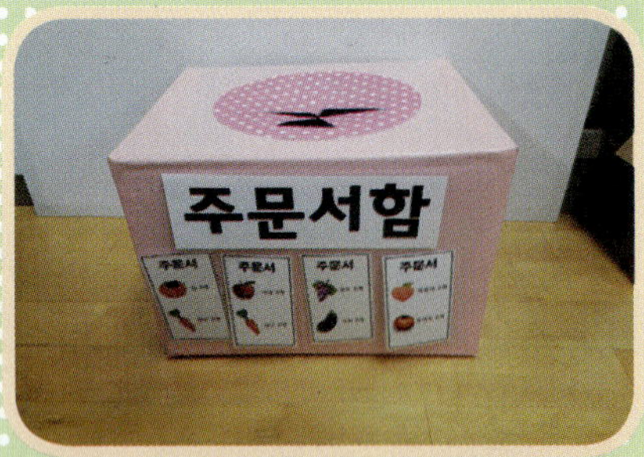

10. 주문서 함(하늘팀)

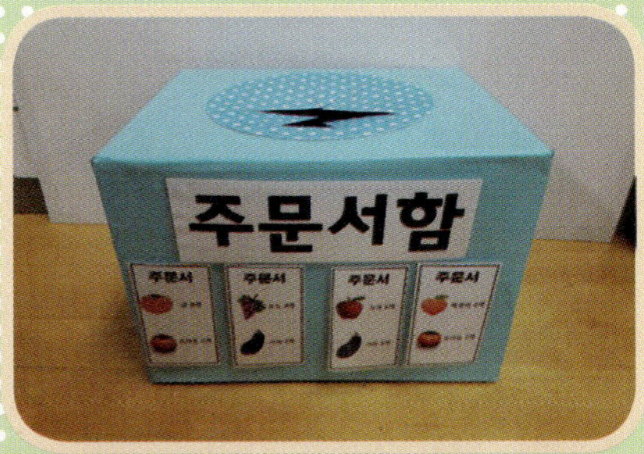

11. 팀 나누기 도구

12. 팀 팔찌

13. 진행 화살표

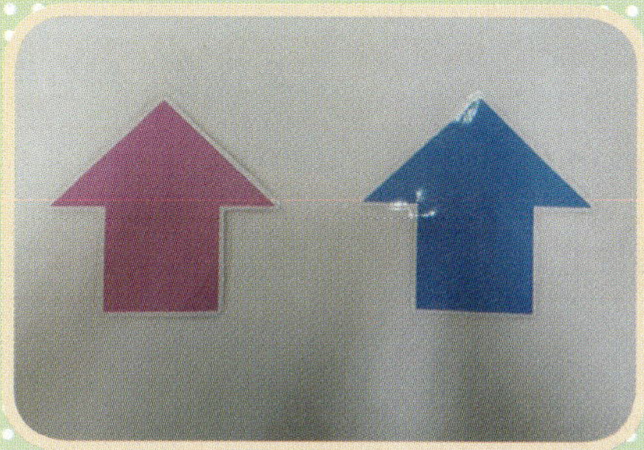

14. 종

본 활동의 특징 및 교사의 역할

"채소와 과일이 달라요!" 활동의 특징

① 본 활동은 영유아가 인지적으로 구분하기 어려운 채소와 과일을 게임 활동을 통하여 구분하여 분류해 보는 활동이다.

② 영유아들이 즐겨하는 시장놀이 혹은 가게놀이를 게임으로 변형하여 물건의 유통과정 내용에 대한 경제구조의 한 측면을 경험할 수 있다.

③ '주문서' 확인이라는 중간 단계를 통하여 보통 게임활동에서 활용되는 주사위나 돌림판의 역할을 대체하였고, 주문서 내용으로 게임에 참여함으로써 영유아에게 1~10까지의 수 개념 학습을 도울 수 있다.

교사의 역할

본 활동은 영유아가 습득해야 할 사회과학적 지식 중 '경제' 영역에서 다루어질 수 있다. 생산과 소비를 하는 실제적인 경제구조에서 생산부분을 강조하여 영유아들이 경험할 수 있도록 진행되는 본 활동에서 교사는 보통 영유아들이 교육기관에서 즐겨하는 소비 중심의 시장에서 생산자의 소중함을 느낄 수 있도록 발문과 교수자료의 세심한 준비를 하여야 한다. 특히, 본 게임에서 활용된 '주문서'는 영유아가 도움이 필요할 때 적극적으로 도움을 요청하는 것의 중요성도 함께 일깨울 수 있다.

자원을 아껴요!

지도학생 : 최진주

주제	생활도구	대상연령	만 5세
활동 유형	이야기 나누기	집단 형태	대 · 소집단활동

활동목표	• 자원을 아끼려는 마음을 갖는다. • 자원을 아끼는 방법과 행동에 대해 안다.
교육과정 관련 요소	사회관계 : 다른 사람과 더불어 생활하기 〉 사회적 가치를 알고 지키기
활동자료	막대인형, 실물자료, 그림자료

단계	활동 내용
도입	**1. 막대인형 '소미'에 대한 이야기를 듣는다.** 소미는 어떤 것이든 막 쓰는 아이였어요. 수도꼭지도 늘 틀어놓고 다니고 냉장고도 계속 열어두고 밖에 나갈 때도 불을 켜고 다녔어요. 그러던 어느 날 콘센트와 수도꼭지, 스위치가 모여 이야기를 나누었어요. 소미가 너무 낭비해서 더 이상은 참을 수가 없었어요. **2. 자원을 낭비하는 소미가 어떻게 되었을지 이야기 나눈다.** 교사 : 소미는 어떤 아이였나요? 교사 : 무엇을 막 썼다고 했나요? 교사 : 수도꼭지와 콘센트와 스위치가 모여서 어떤 이야기를 했을까요?
전개	**3. 자원을 아껴쓰는 방법에 대해 이야기 나눈다.** **(1) 물을 아껴쓰는 방법** 교사 : (수도꼭지 그림자료를 보여 주며) 이것은 어떤 그림인가요? 유아 : 물을 틀어놓고 있어요. 교사 : 이렇게 계속 물을 틀어놓고 있으면 어떤 일이 벌어질까요? (실물자료를 보여 주며) 선생님이 실제 수도꼭지를 가져왔어요. 수도꼭지는 어떻게 사용해야 할까요? 유아 : 물을 나오지 않게 꼭 잠가요. 교사 : 물을 쓸 때에만 틀어 놓고 쓰지 않을 때에는 꼭 잠가 두어야겠지요. 우리는 언제 이렇게 할 수 있을까요? 유아 : 손을 씻고 나서요.

	(2) 전기를 아껴쓰는 방법 ① 교사 : (스위치 그림자료를 보여 주며) 이것은 무엇인가요? 유아 : 스위치요. 교사 : (실물자료를 보여 주며) 선생님이 실제 스위치를 가져왔어요. 스위치는 어떻게 사용해야 할까요? 유아 : 밖에 나갈 때는 스위치를 꺼야 해요. 교사 : 밖에 나갈 때는 이렇게 스위치를 아래로 꺼서 전구에 불이 들어오지 않도록 해야겠지요. **(3) 전기를 아껴쓰는 방법 ②** 교사 : (콘센트 그림자료를 보여 주며) 이것은 무엇인가요? 유아 : 콘센트요. 교사 : (실물자료를 보여 주며) 선생님이 실제 콘센트를 가져왔어요. 콘센트는 어떻게 사용해야 할까요? 유아 : 모르겠어요. 교사 : 전기를 사용하지 않을 때는 콘센트에 꽂아 있는 코드를 빼 놓아야 해요. 그렇지 않으면 쓰지 않는 전기가 계속 흘러나와서 아까운 전기 에너지를 버리게 된답니다.
마무리	**4. 활동을 회상한다.** 교사 : 오늘 무엇에 대해 이야기를 하였었나요? 교사 : 오늘 새롭게 안 사실은 무엇인가요? 교사 : 오늘 알게 된 자원을 아끼는 방법을 실천할 수 있을까요?

활동자료

1. 막대인형

2. 낭비그림 1

3. 낭비그림 2

4. 낭비그림 3

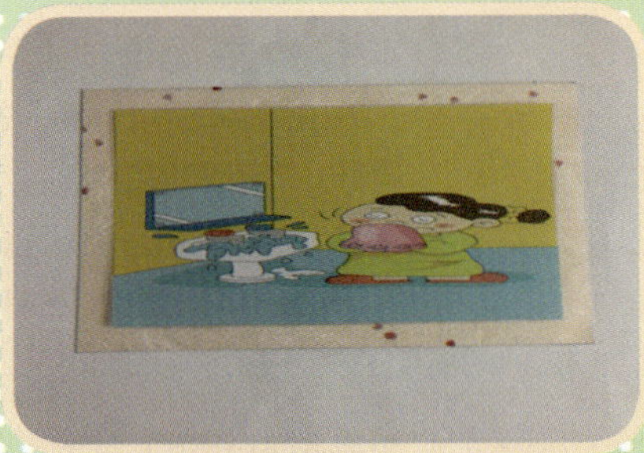

5. 수도꼭지 그림

6. 수도꼭지(실물자료)

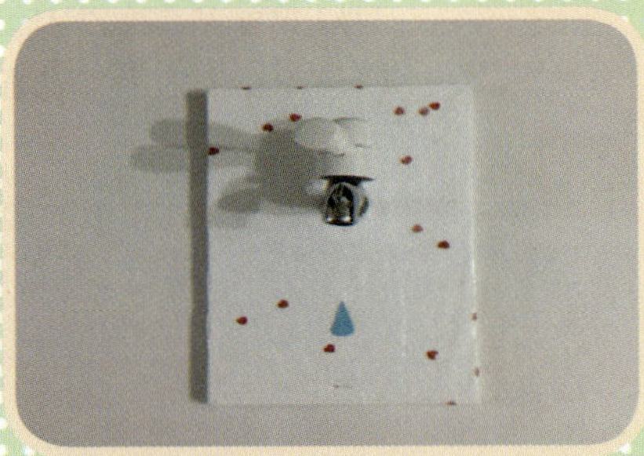

7. 스위치 그림

8. 스위치와 전구(실물자료)

9. 콘센트 그림

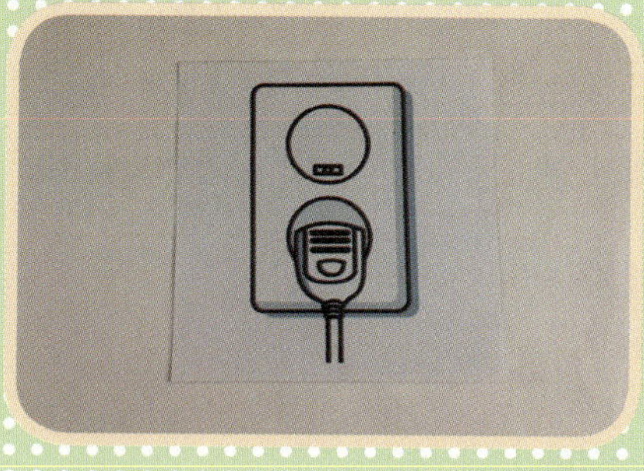

10. 콘센트(실물자료)

본 활동의 특징 및 교사의 역할

"자원을 아껴요!" 활동의 특징

① 본 활동은 '소미'라는 아이를 등장시킴으로써 영유아가 평소에 자원을 낭비했던 자신의 모습을 객관적인 시각으로 바라보며 관심을 갖고 활동에 집중할 수 있도록 하였다.

② 자칫 교사의 설명으로 이어져 자원절약에 대한 중요한 메시지가 흥미를 잃고 수용되지 못할 수도 있는데, 실물자료의 준비로 영유아가 직접 수업시간에 활동 시연을 할 수 있어서 실생활에 교육 내용을 보다 효과적으로 적용하도록 도울 것이다.

교사의 역할

본 활동은 영유아가 습득해야 할 사회과학적 지식 중 '경제' 영역에서 다루어질 수 있다. 제한된 자원에 대한 소중함을 깨닫고 영유아기부터 실생활에 옮길 수 있도록 하는 것은 매우 중요하다. 머리만 아는 것이 아니라 몸으로 실천할 수 있도록 이야기 나누기 시간뿐만 아니라 교사가 보여 주는 역할 모델도 동시에 수반되어야 할 것이다.

심부름을 해요!

지도학생 : 오예본

주제	소중한 나와 가족	대상연령	만 4, 5세
활동 유형	게임	집단 형태	대 · 소집단활동

활동목표	• 우리 가족을 위해 내가 할 수 있는 일을 찾아 도울 수 있다. • 자신이 맡은 일에 책임감 있게 행동한다. • 돈의 쓰임새를 안다. • 규칙을 지키며 게임에 적극적으로 참여한다.
교육과정 관련 요소	사회관계 : 가족을 소중히 여기기 〉 가족과 협력하기 사회관계 : 다른 사람과 더불어 생활하기 〉 사회적 가치를 알고 지키기 사회관계 : 사회에 관심 갖기 〉 지역사회에 관심 갖고 이해하기
활동자료	1. 빈 우유: 큰 우유(1,000mL), 작은 우유(180mL) 2. 팀 나누기 도구, 시트지 3. 신호도구 4. 훌라후프 2개 5. 주사위 2개 6. 게임방법 판 7. 점수판 8. 우유 넣을 바구니 2개, 돈을 넣을 바구니 2개

단계	활동 내용
도입	**1. 지난 시간 내용을 상기시킨다.** 교사 : 손유희('아빠 별이 올라갑니다')를 하며 주의를 집중시킨다. 교사 : 지난 시간에 "우리 가족이 하는 일"에 대해 이야기했었지요? 교사 : 우리 친구들이 가족을 위해 할 수 있는 일은 무엇이 있었지요? 교사 : 오늘은 그중에서 심부름에 대한 게임을 하려고 해요.
전개	**2. 게임자료 및 게임방법을 소개한다.** 교사 : 우리 친구들은 어떤 심부름을 해보았나요? 교사 : 우유 심부름을 한 친구는 얼마를 주고 우유를 샀는지 기억이 나나요? 유아 : 아니요. 모르겠어요 교사 : 오늘은 우유 심부름 게임을 하려고 해요. 교사 : 그런데 심부름을 할 때 무엇이 필요할까요? 유아 : 돈이 필요해요.

교사 : 선생님이 오늘 돈이 있는 주사위를 준비했어요.
교사 : 주사위에 어떤 돈이 있나요?
유아 : 1,000원이요. / 500원이요.
교사 : 이제 돈이 있으니 이 돈으로 무엇을 사야 할까요?
유아 : 우유가 필요해요.
교사 : 여기 1,000원짜리 큰 우유와 500원짜리 작은 우유를 준비했어요.
이 우유는 어디서 사와야 할까요?
유아 : 마트요. / 슈퍼요.
교사 : 선생님이 저쪽에 우유를 파는 마트를 준비해 놓았어요.
장을 보려면 또 무엇이 필요할까요?
유아 : 장바구니요.
교사 : 우리 친구들은 마트로 심부름 갈 때 어떻게 가나요?
유아 : 걸어가요. / 자전거 타요.
교사 : 저기 뒤에 보면 무엇이 보이나요?
유아 : 자전거 바퀴모양이 있어요.
교사 : 우유 사러 저 마트에 갈 때 저 자전거 바퀴를 따라 오른쪽으로 걸어가는 거예요.
교사 : 그럼 게임방법을 같이 읽어볼까요?

〈게임방법〉

1. 출발선에 선 후 호루라기 소리가 들리면 주사위를 던진다.
2. 주사위에서 모형 돈을 떼어서 걸어간다.
3. 중간 지점에 놓인 훌라후프의 바깥 방향으로 반만 돌아서 반환점(마트)으로 간다.
4. 반환점(마트)에서 "우유 주세요"라고 외친 후 돈을 우유와 바구니에 넣고 가격에 맞는 우유를 가지고 출발선으로 돌아온다.
5. 출발선에 도착해 "우유 사왔어요"라고 말하며 선생님께 우유를 먼저 주는 친구가 이긴다.

교사 : 먼저 들어오는 친구에게 점수 스티커를 줄 거예요. 스티커가 더 많은 팀이 이기는 거예요.

3. 규칙을 정한다.

교사 : 게임을 더 재미있고 안전하게 하려면 어떤 규칙이 필요할까요?
교사 : 선생님이 먼저 들어온 친구에게도 점수를 주고 규칙을 잘 지킨 친구에도 점수를 줄 거예요.

<table>
<tr><td></td><td>4. 팀을 나눈다.
교사 : 이 속에는 다른 두 가지색 막대들이 있어요. 하나씩 뽑아보세요.
교사 : 뽑은 막대는 게임할 때 불편하니까 같은 색의 스티커를 줄 거예요. 배에 붙여보세요.
교사 : OO색은 오른쪽, @@색은 왼쪽에 앉으세요. 그리고 앞줄에서부터 수를 세어보자. 각 팀원 수가 같으니 이제 게임을 할 수 있어요.

5. 시범을 보인다.
교사 : 시범을 보여줄 친구 있나요?
교사 : 시범을 보여준 친구에게 고맙다고 박수 쳐 주어요.

6. 게임을 진행한다.</td></tr>
<tr><td>마무리</td><td>7. 정리정돈을 한다.
교사 : 누가 정리를 도와줄까요?

8. 게임결과에 대하여 이야기 나눈다.
교사 : (점수판을 보며) 어느 팀이 더 많은지 수를 세어보자.
교사 : 수가 더 많은 팀에게 박수쳐주자.
교사 : 끝까지 게임에 열심히 참여해 준 친구에게도 박수쳐주자.

9. 활동을 평가한다.
교사 : 오늘 게임에서 좋았던 점과 아쉬웠던 점은 있었나요?
교사 : 이제 심부름을 더 잘할 수 있을 거 같나요?

10. 다음 활동을 소개한다.
교사 : 다음 시간에는 가족을 도와주는 활동으로 설거지하기에 대해 알아보고 (설거지 하는 모습을 보여 주며) 설거지를 직접 해보도록 할 거예요.</td></tr>
</table>

활동자료

1. 돈 주사위

2. 우유 곽

3. 게임방법판

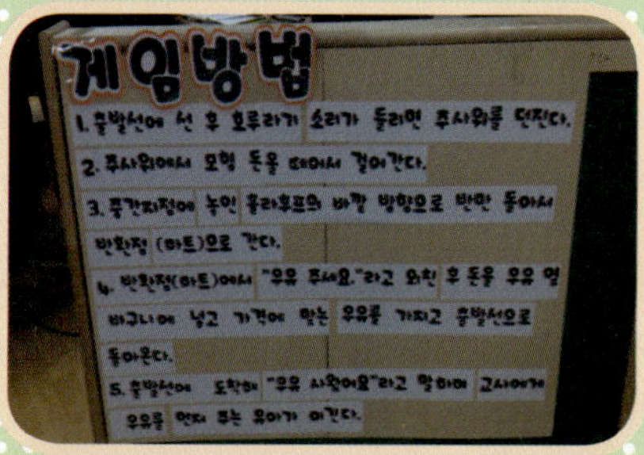

4. 점수판

5. 훌라후프 자전거 바퀴

6. 장바구니

7. 자전거 바퀴 1

8. 자전거 바퀴 2

본 활동의 특징 및 교사의 역할

"심부름을 해요!" 활동의 특징

① 본 활동은 영유아가 가족을 위한 심부름을 통해 돈의 쓰임새를 알아보는 게임이다.

② 주사위에 돈이 부착되어 있는데, 이 활동이 현장에서 활용될 때에는 매회 주사위에 새로운 돈을 부착할 수 있도록 활동에 참여하는 영유아의 수를 감안하여 돈의 수량을 준비해야 한다.

③ 자전거 바퀴를 따라 걸어보는 활동으로 영유아의 신체조절능력과 방향감각도 증진될 수 있다.

교사의 역할

본 활동은 영유아가 습득해야 할 사회과학적 지식 중 '경제' 영역에서 다루어질 수 있다. 생산과 소비개념에서 소비자의 입장으로 돈의 쓰임새를 알아보는 본 활동에서 교사가 유의해야 할 사항은 우유의 실제가격과 게임에 활용하기 위하여 돈의 단위를 단순화한 것을 감안하여 영유아에게 게임교구, 돈 주사위를 소개할 때 "오늘 선생님이 게임을 위해서 우유 가격을 정했어요. 그런데 진짜 마트에서는 이런 돈의 숫자와 다르니까 엄마와 마트에 갔을 때 꼭 우유값이 얼마인지 어떻게 다른지 보고와야 해요!" 라고 언급해 주는 것이 필요하다.

택배 왔어요!

지도학생 : 홍유리

주제	우리 동네	대상연령	만 5세
활동 유형	자유선택활동 – 게임(언어영역)	집단 형태	개별 활동

활동목표	• 도로명 주소에 대해 안다. • 주소의 중요성을 느낀다. • 규칙을 지키며 게임을 즐긴다.
교육과정 관련 요소	사회관계 : 사회에 관심 갖기 〉 지역 사회에 관심 갖고 이해하기 사회관계 : 다른 사람과 더불어 생활하기 〉 사회적 가치를 알고 지키기
활동자료	게임판, 자동차 모형, 택배상자 모형, 게임 칩, 게임방법판

단계	활동 내용
도입	**1. 택배와 주소에 대해 이야기 나눈다.** 교사 : 택배가 무엇인지 아나요? 교사 : 물건을 배달해 주기 위해서 택배를 배달하는 사람은 무엇을 잘 알아야 하나요? 유아 : 집주소요. 교사 : 그런데 요즘 새로 바뀐 집주소를 무엇이라고 하나요? 유아 : 몰라요. 교사 : 새 집주소를 '도로명 주소'라고 해요. 교사 : 집주소에는 무엇이 있나요? 유아 : 이름이요. / 숫자요. 교사 : 오늘은 이 주소를 가지고 게임을 할 수 있는 놀잇감을 소개해 주려고 해요.
전개	**2. 교구탐색을 하며 교구사용방법을 알려준다.** 교사 : 이 게임은 몇 명의 친구가 할 수 있을까요? 유아 : 두 명이요. 교사 : (게임판과 준비물을 배치하면서) 택배를 배달하는 이 게임을 하려면 우리는 누가 되어야 할까요? 유아 : 택배 배달원이요. / 택배 아저씨요. 교사 : 택배는 어디에 싣고 올까요? 유아 : 자동차요.

<table>
<tr><td></td><td>
교사 : (자동차를 보여 주며) 이 자동차 안에 택배를 실어야 겠지요. 그럼 또 필요한 것이 무엇이지요?
유아 : 택배요.
교사 : 택배를 집에 배달하려면 어떻게 해야 하지요?
유아 : 자동차 안에서 꺼내야 해요.
교사 : 그런데 이 택배 상자 위에 무엇이 있나요?
유아 : 주소요!
교사 : 이 주소대로 택배를 배달하면 되나요?
교사 : (게임 칩이 들어간 게임판을 보면서) 이번에는 무엇이 보이나요?
유아 : 집이요!
교사 : 이곳이 택배를 배달할 곳이예요.
그런데 어떻게 택배를 배달할 수 있지요?
유아 : 택배에 있는 주소대로 여기서(게임 판) 주소를 찾아요.
교사 : 그런데 택배를 배달하고 배달을 잘 했는지 확인하기 위해서 이 게임 칩을 가져와야 해요.
게임 칩을 꺼내면 무엇이 보이나요?
유아 : 주소요!
교사 : 주소가 택배상자의 주소와 같으면 게임 칩을 가져오는 거예요.

〈게임방법〉
1. 게임판에 게임 칩을 모두 놓은 후 두 명의 유아가 순서를 정한다.
2. 트럭에서 택배 상자를 하나 꺼낸 뒤 쓰인 주소를 찾는다.
3. 칩을 꺼내 본 뒤 택배 주소와 집 주소에 맞게 배달이 되었는지 확인한다.
4. 주소에 맞게 배달이 되었으면 칩을 꺼낸 자리에 택배 상자를 칩에 놓아둔 뒤 게임 칩을 가져간다.
5. 택배 상자를 다 배달했을 때 칩을 많이 모은 사람이 이긴다.

3. 시범을 보인다.
교사 : 누가 나와서 시범을 보일까요?
교사 : 시범을 보여 준 친구에게 고맙다고 박수를 쳐주자.
</td></tr>
<tr><td>마무리</td><td>
4. 활동을 마무리하며 영역배치를 한다.
교사 : 이제 주소가 얼마나 중요한지 알았나요?
교사 : 만약 친구들이 길을 잃었을 때 무엇을 알고 있으면 될까요?
교사 : 이 교구는 어디에 놓아두면 너희들이 더 재미있게 놀이할 수 있을까요?
</td></tr>
</table>

활동자료

1. 게임판(원판)

2. 게임판(게임 칩을 제거)

3. 게임판과 게임 칩

4. 게임 칩

5. 택배 물건

6. 트럭(측면)

7. 트럭(앞면)

8. 트럭(뒷면)

본 활동의 특징 및 교사의 역할

"택배 왔어요!" 활동의 특징

① 본 활동은 영유아가 택배 배달원이라는 요즘의 반가운 손님이 하는 역할을 해봄으로써 주소의 중요성을 자연스럽게 깨달을 수 있다.

② 택배 배달을 잘 했는지 확인하는 방법으로 칩을 가져가야 한다는 교사의 상호작용은 직업인으로서 맡은 역할을 책임감 있게 수행하는 태도를 배울 수 있다.

교사의 역할

본 활동은 영유아가 습득해야 할 사회과학적 지식 중 '역사'와 '지리', 그리고 '경제' 영역에서 다루어질 수 있다. 역사영역에서는 "변화" 에 대한 내용으로 주소명의 변화와 지리영역에서는 "장소"를 도식화한 동네의 지도와 같은 모양의 게임판 사용과 운송수단, 그리고 경제영역에서는 "직업"의 내용에서 살펴볼 수 있다. 교사는 본 활동을 통해서 영유아에게 주소에 대한 중요성을 간접적으로 알려줄 수 있고 주소에 대하여 기억할 수 있도록 격려할 수 있다.

시장에 갔어요!

지도학생 : 권순영

주제	우리 동네	대상연령	만 3세
활동 유형	자유선택활동 – 역할놀이영역	집단 형태	소집단 · 개별 활동

활동목표	• 시장은 물건을 사고파는 곳임을 안다. • 시장에서 살 수 있는 물건의 종류에 대해서 안다. • 물건을 사기 위해서는 돈이 필요함을 안다. • 물건을 사고파는 즐거움을 표현할 수 있다.
교육과정 관련 요소	의사소통 : 말하기 〉 느낌, 생각, 경험 말하기 사회관계 : 사회에 관심 갖기 〉 지역사회에 관심 갖고 이해하기 자연탐구 : 수학적 탐구하기 〉기초적인 자료수집과 결과 나타내기
활동자료	시장사진, 시장놀이판, 가격표, 판매대, 지갑, 지폐, 시장 바구니

단계	활동 내용
도입	**1. 시장에 대한 경험 이야기를 나눈다.** 교사 : 시장에 가본 적이 있나요? – 시장에는 어떤 가게들이 있었나요? – 가게에서는 어떤 물건을 팔까요? – 선생님이 시장에 관한 새로운 놀잇감을 준비해 왔어요.
전개	**2. 시장놀이 교구자료 및 활동방법을 소개한다.** 교사 : (시장놀이판을 보여 주며) 이게 무엇일까요? 무엇이 보이나요? – 여기 자리가 비어 있는 것들에는 무엇을 붙여주면 좋을까요? – 이 교구로 무엇을 해볼 수 있을까요? – 시장놀이를 하려면 어떤 역할이 필요할까요? 유아 : 물건을 사는 사람과 파는 사람이 있으면 좋겠어요. 교사 : 시장에 가서 물건을 그냥 가져오면 어떻게 될까요? – 물건을 사려면 무엇이 필요할까요? – 그래서 선생님이 놀이에만 사용하는 돈을 가져왔어요. – 이 지폐는 얼마라고 부를까요? – (지갑을 보여 주며) 이것은 무엇일까요? – 돈은 지갑에 넣어서 사용하면 돼요. – (가격표를 보여 주며) 이것은 무엇일까요? – 선생님과 물건들의 가격을 알아보자.

<table>
<tr><td></td><td>교사 : 이 물건은 얼마라고 쓰여 있나요?
교사 : 선생님이 이 가격표를 판매대 위에 올려놓을 거예요.
교사 : 판매대에는 어떤 역할을 하는 사람이 앉는 것이 좋을까요?
교사 : 물건을 담기 위해서는 무엇이 필요할까요?
교사 : 바구니는 어떤 역할을 하는 사람이 사용하는 것이 좋을까요?
교사 : 선생님이 역할놀이방법을 알려줄게요.
교사 : 물건을 사는 사람은 자신이 원하는 물건을 바구니에 넣어서 판매대로 가서 물건을 사면 된단다. 여기서 물건을 사는 친구는 판매대에 앉아 있는 친구에게 뭐라고 물어보면 좋을까요?
교사 : 그럼 물건을 파는 친구는 가격표를 보고 가격을 말해 준 뒤 물건을 계산해 주면 된단다.

3. 시범을 보인다.
교사 : 활동을 하기 전에 선생님이 시범을 보여 줄게요.
교사 : 앞에 나와서 선생님과 함께 시범을 보여 줄 수 있는 친구 있나요?</td></tr>
<tr><td>마무리</td><td>4. 활동을 마무리한다.
교사 : 시장에서 물건을 사고파는 즐거움을 느꼈나요?
교사 : 이 교구는 어느 영역에 두어야 재미있게 놀이할 수 있을까요?</td></tr>
</table>

활동자료

1. 시장놀이판

2. 시장에 관한 사진자료

3. 가격표

4. 판매대

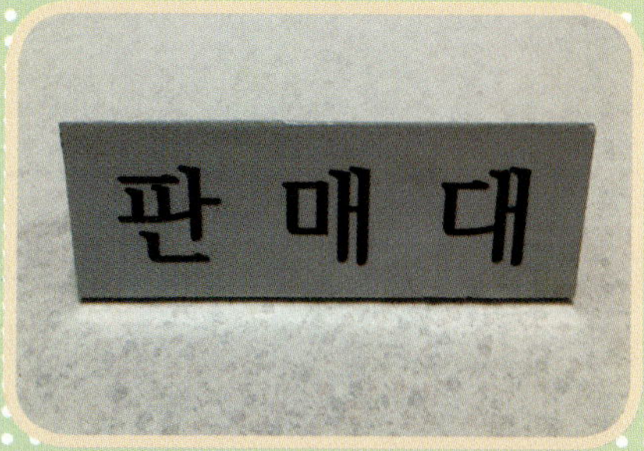

5. 지갑과 가짜 돈

6. 지갑

7. 가방

본 활동의 특징 및 교사의 역할

"시장에 갔어요!" 활동의 특징

① 본 활동은 영유아교육기관 전체적으로 "시장놀이" 행사를 하게 될 경우, 그 전주에 교실에서 수행되면 좋을 역할놀이이다.

② 설정한 상품의 가격표대로 영유아가 놀이하는 가운데 인지하고 기억할 수 있도록 하여 영유아의 기억력 향상을 돕는다.

③ 가상적이지만 실제 상황에서 하는 것처럼 판매자와 소비자의 역할을 할 수 있는 교수자료의 준비가 필요하다.

교사의 역할

본 활동은 영유아가 습득해야 할 사회과학적 지식 중 경제부분의 "생산과 소비"에 대한 내용에서 시장, 표면적으로 영유아들이 접근이 용이한 판매자와 소비자의 관계를 놀이로 구성한 것이므로 교사는 판매자와 소비자가 시장에서의 어떤 중요성이 있는지 서로가 물건을 사고팔 때 어떤 태도가 바람직한지에 대한 지도가 필요하다.

참고문헌

고윤희(2012). 어머니 정서표현성 및 영유아 탄력성이 영유아의 사회정서 발달에 미치는 영향 : 성과 연령을 중심으로. 배재대학교 대학원 박사학위논문.

교육인적자원부(2005). **유아를 위한 환경보전 교육활동자료**. 서울 : 교육인적자원부.

__________(2007). 제7차 유치원 교육과정 교육인적자원부.

곽금주, 김수정(2010). 영아기 어머니의 신체접촉에 대한 고찰 : 국내 · 외 연구를 중심으로. **한국심리학회지**, 29(2), 289–313.

구광현, 이희경(2002). **유아사회교육**. 서울 : 동문사

국립특수교육원(2009). **특수교육학 용어사전**.

권민균, 문혁준, 권희경, 성미영, 신유림, 안선희, 안효진, 이경옥, 천희영, 한유미, 한유진, 황해진(2012). **아동발달**. 서울 : 창지사.

기은옥(2013). 영유아의 교사애착안정성에 영향을 미치는 관련 변인 연구. 전남대학교 교육대학원 박사학위논문.

김강희(2014). 가치 명료화 교수모형을 적용한 유아 환경교육 프로그램 개발 및 효과. 전남대학교 대학원 박사학위논문.

김규수, 안연경, 이종향(2015). **영유아사회교육**. 경기도 : 공동체.

김난실(2004). 만 2세반 유아의 또래 상호작용에 영향을 미치는 관련 변인 연구. 이화여자대학교 대학원박사학위논문.

김미숙(2006). 영아학급에서의 일상적 우정의 형성과정. **열린유아교육연구**, 11(6), 153–175.

김영희(1998). 유아의 자아개념과 적응과의 관계. **미래유아교육학회지**. 5(1). 215–234.

김유미(2007). 유아의 정서발달에 대한 뇌 과학적 고찰. **열린유아교육연구**, 12(1), 167–184.

김이선(1991). 가정에서의 어머니와 아동의 상호작용이 언어 · 사고능력에 미치는 영향. 이화여자대학교 교육대학원 석사학위논문.

김정은(2002). 부모 자녀 관계가 유아의 조망수용능력과 친사회적 행동에 미치는 영향. 강남대학교 교육대학원 석사학위논문.

김현주(2015). 활동맥락에 따른 어머니–걸음마기 자녀 간 갈등의 특성과 영아의 기질 및 애착과의 관계. 이화여자대학교 대학원 박사학위논문.

김혜금, 송영주, 임양미, 김현자, 김진숙, 박진옥(2014). **유아사회교육**. 서울 : 학지사.

김혜순, 강기숙, 권정윤(2005). 어머니들의 자기보고에 나타난 유아의 일상적 문제행동에 대한 훈육행동분석. **유아교육학논집**, 9(2), 213–230.

노민자(2014). 누리과정에 그림책을 연계한 유아 사회 · 정서교육 프로그램 개발 및 효과. 목포대학교 대학원 박사학위논문.

노서연(2003). 어머니의 부모역할 만족도 및 아동의 정서조절능력과 사회적 유능성의 관계. 연세대학교 대학원 석사학위 청구논문.

명승화(2008). 유아의 배려 지향적 도덕성과 성역할 정체감에 관한 연구. 건국대학교 대학원 박사학위 청구논문.

문미옥(2012). **교육과 보육을 위한 영유아 교육과정**. 서울 : 창지사.

문병환, 김세루(2011). 아버지의 언어적 상호작용과 유아의 셀프리더십 및 유치원 적응력과의 관계. **한국보육지원학회지**, 7(2), 97-113.

문은정, 심희옥(2001). 아동의 친한 친구와의 관계와 자아지각 및 학교적응과의 관계. **아동학회지**. 22(4). 99-113.

문혁준, 이희경, 권희경, 김정희, 김혜연, 이성복, 강인숙(2016). **유아사회교육**. 서울 : 창지사.

민성혜(2000). 어머니-자녀 상호작용과 유아의 인지-언어발달 간의 관계. 이화여자대학교 대학원 석사학위논문.

박성연(2006). **아동발달**. 서울 : 교문사.

박수연(2013). 영아와 부모의 특성 및 육아 유형과 영아발달 간의 관계 : 월령단계별 및 종단적 분석. 이화여자대학교 대학원 박사학위논문.

박애자(2008). 유아의 마음이론 발달에 기초한 음악극과 역할극의 효과. 전남대학교 대학원 박사학위논문.

박찬옥, 서동미, 엄은나(2016). **유아사회교육**. 경기도 : 정민사.

박혜근(2015). 어머니의 반영기능, 어머니-영아 상호작용 및 영아 애착 안정성의 관계. 이화여자대학교 대학원 박사학위논문.

박혜란(2008). 5세 유아의 우정 형성과 유지과정 탐구. 부산대학교 교육대학원 석사학위 청구논문.

방인옥, 박찬옥, 이기현, 김은희(2011). **유아교육과정**. 경기도 : 정민사.

변상아(2009). 영유아기 애착과 교사-유아관계가 유아의 사회 · 정서적 적응에 미치는 영향. 경희대학교 교육대학원 석사학위논문.

보건복지부(2013). 제3차 어린이집 표준보육과정 해설서.

서동미, 엄은나, 이혜경, 박성희(2008). **통합적 교과운영의 실제**. 서울 : 파란마음.

서수정(2001). 정서적 학대예방을 위한 부모교육 프로그램 개발 및 효과검증 : 안정 애착 형성을 중심으로. 이화여자대학교 박사학위논문.

서유현(2002). 유치원에서 교사-유아 상호작용 분석. 이화여자대학교 대학원 석사학위논문.

성영란(2016). 유아 경제교육 프로그램 개발 및 적용 효과 연구. 중부대학교 일반대학원 박사학위논문.

손복영(2011). 자기주도 학습방법에 의한 사회교육 프로그램이 유아의 자기조절능력에 미치는 효과. 덕성여자대학교 대학원 박사학위논문.

송명자(1995). **발달심리학**. 서울 : 학지사.

송영주(2009). 이야기 만들기에서 나타나는 유아의 마음관련 표현과 마음이론간 관계. **열린유아교육**

연구, 14(3), 425-446.
송 정, 엄정애(2008). 만 4세 유아의 사회극놀이에서의 정신상태 용어와 마음이론과의 관계. **유아교육연구, 28**(2), 69-94.
신유림(2004). 유아의 친구관계 특성에 대한 연구. **유아교육연구, 24**(6), 27-42.
안라리(2005). 만 5세 유아의 사회적 능력과 정서조절전략. **열린유아교육연구, 10**(2), 61-81.
안영진(2015). **새 누리과정에 의한 유아사회교육**. 경기도 : 교육과학사.
양옥승, 김영옥, 김현희, 신화식, 위영희, 이옥, 이정란, 이차숙, 정미라, 지성애, 홍혜경(1999). **영유아 보육개론**. 서울 : 학지사.
양옥승, 최경애, 이혜원(2011). **영유아교육과정**. 서울 : 학지사.
오경희(2010). 유아-교사의 갈등적 관계에 영향을 미치는 유아 및 교사변인. 가톨릭대학교대학원 박사학위논문.
오채선, 이석순, 박은미, 이명순, 장혜자, 김영신, 김미애(2008). **영유아사회교육**. 서울 : 파란마음.
옥정(2012). 아버지 애착표상, 아버지 탐색민감성, 유아 애착안정성 및 유아발달간의 관계. 이화여자대학교 대학원 박사학위논문.
옥태순(2016). 유아의 자아존중감, 정서지능, 창의적 인성이 유아의 리더십에 미치는 영향. 가톨릭관동대학교 대학원 박사학위논문.
유광찬(1999). **교육과정의 이해**. 서울 : 교육과학사.
유은정(2005) 유아의 우정 개념과 마음의 이론과의 관계에 관한 실험 연구. 성신여자대학교 대학원 박사학위청구논문.
유효순(2007). **아동발달**. 서울 : 창지사.
윤기영(2002). 부모자녀관계 관련연구의 최근 동향 분석 21호.
이광자(1990). 어머니의 언어유형과 유아의 의사소통능력과의 관계. 중앙대학교 대학원 석사학위논문.
이경례(2016). 영아교사의 성인애착, 정서조절능력, 교사효능감, 교사행동의 질 간의 관계. 가톨릭대학교 대학원 박사학위논문.
이경화, 고진영(2003). 유아기에서 성인초기의 자아개념 특성에 관한 탐색 연구. **교육심리 연구. 17**(1), 257-279.
이기숙, 김정원, 이현숙, 전선옥(2015). **영유아교육과정**. 경기도 : 공동체.
이미애(2007). 부모-자녀 간 의사소통과 유아 또래 상호작용. 단국대학교 대학원 석사학위논문.
이미희(2015). 동화를 활용한 유아 평화교육활동이 유아의 갈등인식 및 해결에 미치는 효과. 인하대학교 교육대학원 석사학위논문.
이선애(2013). 통합적 접근에 의한 유아 다문화 이해교육 프로그램 개발 및 효과. 성균관대학교 일반대학원 박사학위논문.
이숙재, 이봉선, 김종선, 이방실(2006). **연극놀이를 통한 유아 경제 교육**. 서울 : 창지사.
이순형, 김진경, 서주현, 김정민, 이정현, 순진이, 정현심, 최은정, 정하나, 김태연(2016). **유아사회교**

육. 서울 : 학지사.

이시자(2003). 그림동화책에 나타난 마음이론. **미래유아교육학회지, 10**(4), 1-24.

이영란(2011). 양성평등교육 유아교사 연수프로그램 개발 연구. 부산대학교 대학원 박사학위논문.

이영자, 유효순, 이정욱(2001). **주제중심 통합적 접근방법에 의한 유아사회교육**. 서울 : 교문사.

이영자, 유효순, 이정욱(2007). 주제중심의 통합적 접근방법에 의한 유아사회교육. 서울 : 교문사.

이영환(1993). 낯선 상황에서의 영아의 아버지에 대한 애착 유형. 경희대학교 일반대학원 박사학위청구논문.

이옥주(2006). 유아 사회교육의 교수 내용 지식에 관한 연구. 덕성여자대학교 대학원 박사학위논문.

이은화, 김영옥(2008). **유아사회교육**. 경기도 : 양서원.

이주화(2015). 유아의 행복감에 부모 양육태도, 교사-유아 관계 및 또래 상호작용이 미치는 영향. 전남대학교 대학원 석사학위논문.

이하원(2014). 교사-유아 관계 및 또래유능성과 유치원 적응 간의 관계. 이화여자대학교 대학원 석사학위논문.

이현진(2003). 마음이론과 언어에 대한 아동의 이해와 고찰. **한국심리학회지 : 발달, 16**(1), 47-68.

이희승(1982). 국어대사전. 서울 : 민중서림.

임명희(2003). 집단 미술치료가 어머니의 자기 개방과 모자 상호작용에 미치는 효과. 영남대학교 환경대학원 석사학위논문.

임미혜, 장미아, 신혜영, 김영애, 심은희(2014). **쉽게 풀어 쓴 영유아교육과정**. 경기도 : 양서원.

임우경(2013). 부모-자녀 관계 문제 유아와 일발 유아의 어머니 상호작용 특성 분석. 한신대학교 일반대학교원 석사학위논문.

장미자(1998). 애착의 세대 간 전이. 경희대학교 대학원 박사학위논문.

장혜순(2006). **유아사회교육의 이론과 실제**. 서울 : 창지사.

전경화, 나정숙, 김영주, 엄정례, 한은숙, 우혜진(2014). **누리과정에 기초한 유아교 육과정**. 경기도 : 교육과학사.

전예화, 최미현, 천희영, 서현아, 황해익(2006). **유아사회교육**. 경기도 : 양서원.

전찬경(2015). 한국 영유아 보육과정 구성체계 분석. 서울기독대학교 대학원 석사학위논문.

정대현(2006). 유아의 또래상호작용, 유아-교사 관계, 다중지능과 초등학교 적응 간의 관계. 전남대학교 대학원 박사학위논문.

정명숙(2007). 유아가 지각한 부모와 교사의 기대에 따른 유아의 자아개념의 차이. **유아교육학논집, 11**(2), 47-64.

정인수(2005). 우화를 활용한 교육활동이 유아의 우정개념에 미치는 영향. 한국교원대학교 교육대학원 석사학위 청구논문.

정정옥, 이경희, 임은숙(2007). 아동의 성장과 발달 이해. 서울 : 교육아카데미.

정향미(2015). 상호작용 증진을 위한 부모-유아 합동미술치료 프로그램 개발 및 적용효과. 동덕여자대학교 대학원 박사학위논문.

조성연, 이정희, 천희영, 심미경, 황혜정, 나종혜(2005). **아동발달의 이해**. 서울 : 신정.

조순옥, 이경화, 배인자, 이정숙, 김정원, 민혜영(2016). **유아사회교육**. 서울 : 창지사.

조순옥, 이경화, 배인자, 이정숙, 김정원, 민혜영(2007). **유아사회교육**. 서울 : 창지사.

조해연(2014). 어린이집 2세 학급의 물리적 환경, 보육과정, 교사 상호작용의 질이 영아의 놀이 행동과 사회정서 행동에 미치는 영향. 이화여자대학교 대학원 박사학위논문.

중앙보육정보센터(2013). 어린이집 표준보육과정 및 0~2세 영아보육프로그램의 이해.

최기영, 우수경, 양진희, 이학선, 이인원(2008). **유아사회교육**. 경기도 : 교문사.

최영민(2010). **대상관계 이론을 중심으로 쉽게 쓴 정신분석이론**. 서울 : 학지사.

최인혜(2012). 부모의 원 가족 경험과 부모-자녀 간 상호작용과의 관계. 인천대학교 교육대학원 석사학위논문.

최태훈(1997). 영아의 애착 유형과 성인의 애착 표상 유형에 대한 연구. 이화여자대학교 대학원 석사학위논문.

최혜순(1992). **유아 사회교육의 이론과 실제**. 서울 : 학문사.

하수연, 신현경, 이해정, 정재은, 김보경, 서영민(2015). **3-5세 연령별 누리과정에 의거한 유아사회교육**. 경기도 : 공동체.

한석실, 임명희(2003). 유치원 교사의 교사효능감 확인 연구. **미래유아교육학회지**, 10(1), 207-240.

한영미(2009). 유아의 도덕적 자아와 정서조망수용 및 정서조절 능력의 관계. 이화여자대학교 대학원 석사학위 청구논문.

황희숙, 이희영, 이경화, 이정화, 신경숙(2008). **아동발달과 교육**. 서울 : 학지사

Ainthworth, M. D., Blehar, M, Warters, E., & Wall, S.(1978). *Patterns of attachment*. Hillsdale, New Jersey: Erlbaum.

Bandura, A.(1997). *Self-efficacy: The exercise of control*. New York: W. H. Freeman.

Bandura, A., Capara, G. V., Barbaranelli, C., Gerbino, M., & Pastorelli, C.(2003). Role of affective self-regulatory efficacy in diverse spherers of psychological functioning. *Child Development, 74*, 769-782.

Banks, J. A.(2008). *An introduction to multicutural education* (4th ed.). Allyn & Bacon.

Berk(2012). *Child Development* (9th). NY: Pearson.

Belsky, J.(1984). The determinants of parenting: A process model. *Child Development. 55*, 83-96.

Berk, L. E., & Winsler, A.(1995). **어린이들의 학습에 비계설정-비고츠키와 유아교육**. 홍용희(역). 서울 : 창지사.

Bigner(1994). Parent-child relations : an introduction to parenting. New York: Macmillan College Pub. Parent-child relations : an introduction to parenting.

Bowlby, J.(1969). *Attachment and Loss*: Vol. I. Attachment. London: Hogarth Press & h Institute of Psychoanalysis.

Darrow, D. C.(1964). *A guide to learning fluid therapy*. Springfield, III : C. C. Thomas.

Damon, W.(1977). *The social world of the child*. San Francisco : Jossey-Bass Publishers.

Dekovic, M., Gerris, J. R., & Janssens, J. M.(1991). Parental cognitions, parental, behavior, and the child's understanding of the parent-child relationship. *Merrill-Palmer Quertarly, 37*(4).

Doherty, M. J.(2013). *Theory of Mind : How Children Understand Other's Thoughts and Feelings*. Psychology Press. 이현진 역(2014). **마음이론**. 서울 : 학지사.

Dundee University(1999). *Promoting social competence: Curriculum-based project ot enhance personal, social, emotional and behavioral competence*, Dundee, U. K. : Department of Psychology, Dundee University.

Dunn, J., Cuttin, A., & Fisher, N.(2002). Old friends, new friends : Predictors of children's perspective on their friends at school. *Child Development*, 73(2), 621-635.

Egeland, B., & Faber, E. A.(1984). Infant-mother attachment: Factors related to it's development and changes over time. *Child Development, 55*, 753-771.

Eisenberg, N., & Fabes, R. A.(1992). Emotion, regulation, and the development of social competence. in M. S. Clark(ed.). *Review of personality and social psychology: Emotion and social behavior*(Vol. 14, 119-150). Nebury Park, CA : Sage.

Fonagy, P., Gergely, G., Jurist, E., & Target. M.(2002). Affect regulation, mentalisation, and the development of the self. New York: Other Press LLC.

Gergely, G., & Watson, J.(1999). Early social-emotional development : Contingency perception and the social biofeedback model. In P. Rochat(Ed.). *Early social cognition: Understanding others in the first months of life* (pp. 101-1370. Hilsdale, NJ: Erlbaum.

Gibson, S., & Dembo M. H.(1984). Teacher efficacy: A construct validation. *Journal of Educational Research, 76*, 569-582.

Gnepp, J., & Chilamkrti, C.(1988). Children's use of personality attributions to predict other people's emotional and behavioral reactions. *Child Development*, 59, 743-754.

Goldsmith, H. H., & Alansky, J. A.(1987). Maternal and infant temperamental predections of attachment: A meta-analytic review. *Journal of Consulting and Clinical Psychology, 55*, 805-816.

Harlow, H. F. & Zimmeman, R.(1959). Affectional reponses in the infant monkey. *Science, 130*, 421-432.

Hetherington & Clingermpeel(1992). Coping with marital transitions : A family systems perspective. *Psycscan Developmental psychology, 14*.

Hoge, J. D.(1996). *Effective elementary social studies*. Belmont, CA : Wadsworth.

Holloway, S., & Reichhart-Erickson, M.(1998). The relationship of Day Care Quality to Children's Free-Play Behavior and Social problem-Solving Skills. *Early Childhood Research Quartrly, 3*,

39–53.

Howes, C.(1997). Teacher Sensitivity. Children's Attachment and Play with peers. *Early Education and Development, 8*(1), 41–49.

Howes, C., & Smith, E.(1995). Relation Among Child Care Quality. Teacher Behavior. Children's Play Activities. Emotional Security, and Cognitive Activity in Child Care. *Early Childhood Research Quarterly, 10*, 381–404.

Hyson, M. C.(1998). The emotional development of young children. Building an emotion–centered curriculum. 정미라, 박경자, 배소연 공역. **유아를 위한 정서교육**(원서 출간 1994). 서울 : 이화여자대학교 출판부.

Kontos, S., & & Wilcox–Herzog, A.(1997). Teachers' interactions with children Why are they so important? *Young Children, 52*(2), 4–12.

Kostelnik, M., Whirn, A., Sodeman, A., & Gregory, K.(2009). *Guiding Children's Social Development and Learning*, 6th ed. CENGAGE Learning. 박경자, 김송이, 권연희, 김지현 공역. (2009) 경기도 : 교문사.

Kostelnik, M., Whiren, A., Soderman, A., & Gregory, K.(2009). *Guiding Children's Social Development and Learning, 6th Edition, Canada; CENGAGE Learning*.

Kostelnik, M. J., Whiren, A. P., Soderman, A. K., & Grehory, K. M.(2009). *Guiding Children's Social Development & Learning 6th Ed*. CENGAGE Learning: Nelson Education, Ltd. 박경자, 김송이, 권연희, 김지현 (공역), 2009. **영유아의 사회정서발달과 교육**. 경기도 : 교문사.

Landry, S. H. : Miller–Loncar, C. L. : Smith, K. E.(2002). The role of Early Parenting in Children's Development of Executive Processes. *Developmental Neuro psychology, 21*(1).

McCay, I. O., & Keyes, D. W. (2002). Developing social competence in the inclusive primary classroom. *Childhood Education*, 78(2), 70–78.

McClellan & Katz(2001). *Assessing young children's social competence*. ERIC Clearinghouse on Elementary and Early Childhood Education, Champaign, II: (ERIC Document Reproduction Service No. ED450953).

Mendelson, M J., Aboud, F. E., & Lanthier, R. P.(1994). Personality predictors of friendship and popularity in kindergarten. *Journal of Applied Developmental Psychology*, 15, 413–435.

Melendez, W. R. Beck, V., & fletcher, M.(2000). *Teaching social studies in early education*. Albany, NY: Delmar Thomson Learning.

Melendez, W. R., Beck, V., & Fletcher, M.(2000). *Teaching social studies in early education*. Albany, NY : Delmar Thomson learning. Merrill, Prentice Hall.

Michael, E.(2004). **간단명료한 심리학**. 서울 : 시그마프레스.

Michaelis, J. U.(1980). *Social studies for children: A guide to basic instruction* (7th ed). N.J.: Prentice Hall, Inc.

Mikie, M. A., & Mattingly, J., & Nomaguchi, K. M., & Bianchi, M., & Robinson, J. P.(2004). The time squeeze: Parental statues and feelings about rime children. *Journal of Marriage and the family, 66*(3), 739–761.

Mitchell–Copeland, J., Denhm, s., & DeMulder, E.(1997). Q–Sort Assessment Relationships and Social Competence in the Preschool. *Early Education and Development, 8*(1), 27–39.

Mussen, P. H., Conger, J. J., & Kagan, J.(1984). *Child development and personality*(5th ed.). New York : Harper & Row.

National Council for the social studies(1989). *Social studies for early childhood/elementary school children: Preparing for the 21st century*. Whashington, DC.

Parker, J. G., & Asher, S. R.(1987). Peer relations and personal adjustment. *Psychological Bulletin, 102*(2), 357–389.

Parker, J. G., & Asher, S. R.(1994). Friendship and Friendship Quality in Middle Childhood : Links with Peer Group Acceptance and Feelings of Loneliness and Social Dissatisfaction. Annual progress in child psychiatry and child development, 179.

Piaget, J.(1965). *The Moral Judgement of the Child*. New York : The Free Press.

Pianta, R. C.(1991). Life stress and parenting outcomes in a disadvantaged sample : Results of the Mother–Child Interaction Project.

Pianta, R., Nimetz, S., & Bennett. E.(1997). Mather–Child Relationships. Reacher–Child Relationships, and School Outcomes in Preschool and Kindergarten. *Early Childhood REsearch Quarterly, 12*, 263–280.

Romano, E., Tremblay, R., Boulercie, B., & Swisher, R.(2005). Multilevel Correlates of Childhood Physical Aggression and Prosocial Behavior. *Journal of Abnormal Child Psychology. 33*(5). 565–578.

Rubin, K., Bulpwski, W., & Parker, J.(2006). Peer interactions relationships and group. In W. Damon & R. Lerner(series Eds.), & N. Eisenberg(Vol ED.). Handbook of child psychology(6th ed., pp. 571–645) NY : John Wiley & Sons.

Rubin, K. H., Burgess, K. B., Dwyer, K. M., & Hastings, P. D.(2003). Predicting preschoolers' externalizing behaviors from toddler temperament, conflict and maternal negativity. *Developmental Psychology, 39*, 164–176.

Rydell, A., Berlin, L., & Bohlin, G.(2003). Emotionality, emition regulation, and adaptation among 5–to 8–year–old children. *Emotion, 3*, 30–47.

Schaefer, E. S.(1959). "A circumplex model of maternal behavior." *Journal of Abnormal and Social Psychology, 59*.

Seefelt, C.(2001). *Social studies for the Preschool/Primary child*. N.J.: Merril Prentice Hall.

________(2005). *Social studies for the preschool/primary child* (7th ed). Upper Saddle River, N.J.:

Merrill Prentice Hall.

Selman, R. L.(1981). The child as a friendship philosopher : A case study in growth of interpersonal understanding. In S. R. Asher & J. M. Gottman(Eds.). *The development of children's friendship*(pp. 242-272). Cambridge : Cambridge Univ. Press.

Shaffer, D. R., & Brody, G. H.(1981). "Parental and Peer Influences on Moral Development", *Parent-Child Interaction*, R. W henderson(Ed.) New York Academic Press.

Shaffer, D. R.(2009). *Social and personality development*(6th ed.) Belmont, CA: Wadsworth.

Siegler, R., Deloache, J., & Eisenberg, N.(2006). *How children develop*(2nd ed.). NY: MacMillan.

Slomkowski, C., & Dunn, J.(1996). Young children's understanding of other people's beliefs and feelings and their connected communication with friends. *Developmental Psychology*, 32, 4427.

Sunal, C. S.(1993). *Social studies in early childhood education*. In Bernard Spodek(ed.). A handbook of research on the education of young children.

Spodek, B.(1991). Early childhood curruculum and cultural definitions of knowledge. In B. Spodek & O. Saracho(Eds). Issues in early childhood curriculum. *Yearbook in Early Childhood Education*(vol.2). New York : Teachers College Press.

Termine, N. T., & Izard, C. E.(1988). Infants' responses to their mothers' expressions of joy and sadess. *Developmental Psychology, 24*, 223-230.

Tizard, B., Cooperman, Q., Joseph, A., & Tizard, J.(1972). Environmental effects of language development: A study of young children in long-stay residential nurseris. *Child Development, 43*, 337-358.

Weisz, J. R., Suwanlert, S., Chaiyasit, W., Weiss, B., Walter, B. R., & Aderson, W. W.(1988). Thai and American perspectives on over and undercontrolled child behavior problems: Exploring the threshold model among patents, teahers, and psychologist, *Journal of Consulting and Clinical Psychology, 56*, 601-609.

Wellman, H. M., & Gellman, S.(1998). Knowledge acquisition in foundational domains. In W. Damon (Series ED.), & D. Kuhn & R. S. Siegler (Vol. Eds.), *Handbook of child psychology Vol2: Cognition, Perception, & language(5th ed)*. New York: Wiley.

Wicks-Nelson, R., & Israel, A. C.(1991). *Behavior disorders of childhood*(2nd Ed.). Upper Saddle River, NJ: Prentice Hall.

찾 아 보 기

〈인명〉

〈내용〉

❀ ㄱ

❊ ㅊ

❊ ㅌ

❊ ㅍ

❊ ㅎ

저/자/소/개

■ **김 승 희**

현, 백석문화대학교 유아교육과 조교수

건국대학교 미생물학 전공
한국과학기술원(KIST) 도핑콘트롤 센타 연구원

중앙대학교 유아교육학 전공
해나라 유치원, 고은유치원 교사
HANDS 영유아 지원연구센타 선임연구원
백석문화대학교 유아교육과 겸임교수

〈저서〉
사람을 세우는 14가지 말
영유아인성교육의 이론과 실제
실천중심 영유아인성교육 이론과 실제

교육과정 현장적용을 위한
유 아 사 회 교 육

1판 1쇄 인쇄 — 2017년 2월 20일
1판 1쇄 발행 — 2017년 2월 22일

저　　자 - 김 승 희
발 행 인 - 강 철 원
발 행 처 - 양 성 원
주　　소 - 경기도 파주시 월롱산로 71
전　　화 - 031-946-3861(代)
팩　　스 - 031-946-3864
이 메 일 - tnwpub@naver.com
홈페이지 - tnwpub.co.kr
출판등록 - 2015년 8월 31일 제 2015-000211 호

ISBN 979-11-6126-012-9

정가 18,000원